沙漠之狐隆美尔

〔英〕德斯蒙德·扬⊙著

欧阳瑾⊙译

台海出版社

图书在版编目（CIP）数据

沙漠之狐隆美尔 /（英）德斯蒙德·扬著 ; 欧阳瑾译. -- 北京 : 台海出版社, 2018.5
ISBN 978-7-5168-1876-3

Ⅰ. ①沙… Ⅱ. ①德… ②欧… Ⅲ. ①隆美尔（Rommel, Erwin Johannes Eugen 1891-1944）—传记 Ⅳ. ①K835.165.2

中国版本图书馆 CIP 数据核字（2018）第 092074 号

沙漠之狐隆美尔

著　　者：〔英〕德斯蒙德·扬　　译　　者：欧阳瑾

责任编辑：武　波　　装帧设计：同人内文化传媒·书装设计
版式设计：同人内文化传媒·书装设计　　责任印制：蔡　旭

出版发行：台海出版社
地　　址：北京市东城区景山东街 20 号　　邮政编码：100009
电　　话：010 — 64041652（发行，邮购）
传　　真：010 — 84045799（总编室）
网　　址：www.taimeng.org.cn/thcbs/default.htm
E-mail：thcbs@126.com

经　　销：全国各地新华书店
印　　刷：香河利华文化发展有限公司
本书如有破损、缺页、装订错误，请与本社联系调换

开　　本：710mm × 1000mm　　1/16
字　　数：223 千字　　印　　张：14
版　　次：2018年9月第1版　　印　　次：2018年9月第1次印刷
书　　号：ISBN 978-7-5168-1876-3

定　　价：36.80 元

目　录

序　幕……………………………………………………………… 1
第一章　班加西（归来）………………………………………… 4
第二章　“我们的朋友隆美尔”…………………………………11
第三章　两次战争之间……………………………………………31
第四章　魔鬼师……………………………………………………51
第五章　“无人如此眼盲……”…………………………………63
第六章　沙海沉浮…………………………………………………72
第七章　兵临亚历山大港城下……………………………………99
第八章　非洲遇敌……………………………………………… 110
第九章　前往突尼斯与最终投降……………………………… 139
第十章　大西洋壁垒…………………………………………… 161
第十一章　“无情的命运”…………………………………… 185
致　谢………………………………………………………… 215

序幕

6月里的一个清晨，沐浴着第一道刺目的阳光，我们蹒跚而行，刚刚越过了贝勒哈曼德以西的一片雷区。那片雷区，位于驻贝勒哈曼德的第10印度步兵旅指挥部及其周围；前一天傍晚，我方刚在此地被德军的坦克打败了。与所有在旷野里熬过了一晚的俘虏一样，我们这帮人全身上下都肮脏不堪。我们当中，既有英国人，又有印度人；有些穿着制式衬衫和短裤，浑身颤抖，有些则用外套、毛毯蒙着脸，或者戴着巴拉克拉瓦式头套[1]，只露出眼睛。我方所有官兵都胡子拉碴，脸上脏兮兮的，又累又饿，心乱如麻。我们开始认识到，“钻进口袋里”这句中东地区流传甚广的俏皮话，完全没有那么好笑了。看管我们的德军，时不时地带着一种静静的轻蔑之色瞥我们一眼；以前在扫视一队队望不到头的被俘意军时，我们自己经常也是带着这样一种轻蔑之意呢。怀着一种害怕地雷的正常心理，我沿着比较容易走的雷区边缘，一路踉跄着往前走，直到一位年轻的德国士兵向我厉声喊叫，让我回到队伍里边去，我才低下头来，看清了自己所踩的地方——当时，我可并不是很在乎自己站在哪里呢。

我们经过的那片雷区对面，德军有一支炮兵部队正在作战。我方的火炮和一些隐蔽的、只露出炮塔的坦克，显然正在瞄准他们。从规格为25磅的坦克炮射出来的炮弹和曳光弹，开始在队伍的四周倾泻而下。我旁边的一位年轻军官，被炸掉了一只脚，队伍前面传来了阵阵惊呼。出于一种不约而同的冲动，每个人都突然开始急急忙忙地往回跑。我跟在其他人的后面，跑了几

---

[1] 巴拉克拉瓦式头套（balaclava helmet），一种戴在头上、仅露出脸上一部分的头套。在1854年克里木战争巴拉克拉瓦战役中，围攻塞瓦斯托波尔的英国骑兵曾配有这种头套以应对寒冷的海风，因此后来人们便把这种头套称为“巴拉克拉瓦式头套”。

码[1]远；接下来，由于往炮弹爆炸的地方跑与躲避炮弹的结果没什么两样，我便放慢了脚步，开始缓缓地往前走。很快，我就发现自己与那名殿后的德国士兵并排而行了；那是一名金发碧眼的士兵，正是“非洲军团”的典型。他向我示意，要我跑动起来。我脱下帽子，让他看了看我那一头灰白的头发。他就像一头年轻而没有经验的牧羊犬一样，不知道究竟是要把一只离群的羊儿赶回去呢，还是要让其余的羊儿继续聚集成群，犹豫了好一阵子。接下来，他还是弓起身子追赶队伍去了，并且示意我跟上去。

由于德军的那个炮兵连似乎正在忙着自己的事情，因此我漫不经心地走到了队伍的一侧。走了大约50码之后，我便看到了自己正在寻找的地方：一条狭长的战壕。我悄悄地溜到战壕里，用泥土把身体盖起来。在沙漠里被俘之后，找不到逃脱机会的情况是很少见的。运气好的话，我可以一直躲在这条战壕里，直到天黑，然后找到一条近路，穿过这片雷区。现在，我可能要走到阿代姆才能归队了；不过没关系，很多人曾经走过比这还远的距离呢。

可20分钟之后，我就被抓住了。有一名德国军官，站在军车上路过的时候发现了我，便停了下来。他把我从战壕里揪了出来，载着我向此时仍在遭受火炮零星射击的队伍前头而去。不待我重新加入队伍、加入到其他战俘里去，一名德军上尉就用英语向我大声喊道：“你是这里的高级军官吗？”可能吧。毫无疑问的是，我是战俘里年纪最大的一位。“你跟两位德国军官，乘坐一辆插着休战旗的指挥车到那边去，告诉你们的炮兵，不要再开火了。他们再开火的话，只会危及到你们自己人。”的确如此。然而，战俘的本能，就是不遵照敌人的命令行事。我回答说，我认为自己做不到。“那么，你就选派另一名军官去。”我回答说，我觉得自己也不能下达这样的命令（在接下来的那16个月里，我时不时地想知道，如果抵达了我方的炮兵阵地，如果不是那么愚蠢地拒绝了这一要求的话，德军又怎能把我抓回去）。

就在此时，一辆“大众”牌军车开了过来。一位身材不高、健壮结实却又修长精瘦的人，跳下了汽车；此人全身穿戴得很是齐整，上身是夹克衫，下身是马裤，与其他人形成了鲜明的对比。我注意到，他的双眼呈亮蓝色，下颌结实坚定，带着命令的神气。我们无须懂什么德语，就知道他正在询问：“这是怎么回事？”他们一起说了一会儿话。接下来，那名说英语的军

[1] 码（yard），英制距离单位。1码合3英尺（foot），约合0.9144米。

官便向我转过头来。“将军有令，”他悻悻地说道，“如果你决定不接受我刚才下达的那道命令，那么我就不能强迫你接受。”我看了那位将军一眼，竟然觉得他的脸上还带着一丝微笑。不管怎样，他的干预似乎都值得我去敬上一个军礼。我向他敬了一个礼，然后回到队伍当中，被德军赶往战俘营。

当时，我几乎不可能认出那是隆美尔。可是，我也全然没有想到，仅仅过了几年之后，他的遗孀就会把他去世时拓下的面具给我看，把他被杀的真相告诉我。

第一章　班加西（归来）

1941年2月中旬，英军在埃及的声望可谓是如日中天。开罗和亚历山大两地的酒吧老板有如晴雨表，反映出了我方运气的好坏，并且屡试不爽；此时，他们都变得无比热情，偶尔还忍不住要为顾客“免费”提供一轮酒水呢。“萨弗里奇”们[1]收敛了那种骆驼般的轻蔑神色，连埃及的出租车司机也变得勉勉强强地有礼貌了。在级别较高的圈子里，胖乎乎的巴夏[2]还会邀请英军的高级军官到“穆罕默德·阿里[3]俱乐部”里去玩玩。杰济拉附近的富人家庭，会在自家花园里举办花园派对。开罗的上流社会里，开始不再说意大利语。人们普遍认为，埃及国王与英王陛下派驻的大使之间的关系，此时差不多已经达到了亲切的程度。总而言之，东方地区（在这里，并没有“近东”“中东”和“远东”之分）正在本能地向胜利致敬。只有卡斯尼尔的商店店主们矛盾得很，一方面出于爱国情怀，希望把我们赶走，另一方面又出于那种更加根深蒂固的本能，不愿让我们的银钱就此流失；只有他们，才令人沮丧地反映出的黎波里流通的“皮阿斯特”[4]，面值可能很快就会变成负数了。

在我们这一方，每当第11轻骑兵团里哪位年轻勇敢的士兵穿着宽松的樱桃红便裤，信步走过“谢菲尔德酒店”里的酒吧间或者“大陆酒店”的屋顶花园时，那些年轻貌美的女性（她们或是在盟军总司令部里当电话接线员，或是在医院里当见习护士）都会带着毫不掩饰的钦慕之情，直勾勾地盯着。这是因为，第11轻骑兵团是威名赫赫的第7装甲师里最出名的“沙漠之

---

[1] 埃及旅馆里的服务员。——原注

[2] 巴夏（pasha），埃及的高级官员，旧时亦用于尊称土耳其的大官。

[3] 穆罕默德·阿里帕夏（约1769—1849），19世纪奥斯曼帝国的埃及总督，埃及阿里王朝的创建者。

[4] 皮阿斯特，埃及的一种辅币单位，100皮阿斯特合1埃及镑。

鼠"，正是他们率先向敌人发起了第一次重击，在意军参战的第二天晚上就越过"边境线"[1]，俘虏了一批意军，得胜归来。自那以后，在过去的8个月里，他们一直待在那片孤立无援的地区，开着装甲车在敌人的防线后面到处游荡，注视着敌人的一举一动，沿着海岸公路狙杀敌人，最终使得敌人胆战心惊，天一黑都不敢出动了。只有后来的"远程沙漠部队"，才拥有能够与之媲美的勇武威名。连陪同那些年轻女性的人也不得不承认，尽管整个骑兵部队可能有点儿自以为是，可一个优秀的英国骑兵团还是"有点本事的"。

在各个旅馆的衣帽间里，步枪旅官兵们的毡帽，以及他们那种银制的"马耳他十字架"[2]，与第60旅官兵的红色饰球和军号挂在一起。这两个旅都隶属于"支援集团军群"，差不多同样威名赫赫；到了酒吧里，两支部队的军官都勉勉强强地承认，彼此身上有一种共同的博爱精神，而不愿承认其他任何一支部队也具有这样一种精神——当然，骑兵部队和皇家乘骑炮兵部队除外。

至于澳军呢，他们都在大街小巷里闲逛，对高级军官视若无睹，或者按照他们自己的习惯，10个人挤在一辆破旧的"维多利亚"牌摩托车上兜风；他们带着讥讽之意，打量着这座在第一次世界大战结束时曾被他们的父辈"蹂躏过"的城市。时不时地，他们会突然唱起《丛林流浪》[3]或者《绿野仙踪》这两首曲子来。咖啡店店主、翻译人员、兜售扫帚和色情明信片的小贩，对他们都带有一种天生掺杂着畏惧而非喜欢的敬意。

在军装和敬礼两个方面给开罗树立了榜样之后，第4印度师此时已经动身前往厄立特里亚和阿比西尼亚[4]，去迎接新的胜利了；该师留下来的"特遣队员"，则难以察觉地混在人群当中。

---

[1] 边境线（frontier wire），指第二次世界大战期间，意大利在该国占领的利比亚修建的一条长达271公里的障碍线。此线从塞卢姆湾往南，一直到达利（比亚）埃（及）边境和利（比亚）苏（丹）边境。这条"边境线"上掩体和要塞林立，原本是意大利在1923年至1931年间的第二次"意大利—塞努西"战争中修建的，目的是防止反意大利殖民的埃及塞努西人越过边境进入利比亚。在第二次世界大战中，这里成了意军、英军和德军争夺的主战场。

[2] 马耳他十字架（Maltese cross），形状由4个"V"字组成的一种十字架，原本是天主教"医院骑士团"和"马耳他骑士团"的标志，据说其8个顶点象征着勇敢、诚实、虔诚等8种骑士美德。

[3] 《丛林流浪》（Waltzing Matilda），澳大利亚一首著名的民谣，因广为诵唱而被誉为该国的"第二国歌"，亦译为《背上行李去流浪》。

[4] 阿比西尼亚（Abyssinia），即如今的埃塞俄比亚。

如果说埃及人对“尼罗河军团”的看法不错的话，那么“尼罗河军团”对自己的评价也很好，并且是有充足理由的。在过去两个月里，这个军团已经推进了500英里[1]。该军团已经打败并消灭了一支由4个兵团组成，其中包括9个师以及第10个师一部分的意大利陆军。该军团俘虏了13万名敌军，缴获了400辆坦克和1290门火炮，还有大量的其他物资（所谓的“其他物资”当中，既有干净的床单、舒适的床铺、丝绸衬衫、用佛罗伦萨皮革制成的精制盥洗用具、香水和香喷喷的“头油”、发蓝的骑兵斗篷、各种各样的酒品、大批大批的圣培露水[2]，竟然还有一汽车的年轻女性，她们都是“供……用的军官”。意大利人来参战，完全可以说是来享受的）。贝尔贡佐利将军（绰号“电动胡须”）2月7日无条件投降之后，随后在印度投诚的意军将领人数总和，便成了该国自“1911年接见典礼”[3]之后最多的一次。

在前一年的夏季看来，似乎只能在兵力占优势的空军掩护下，乘坐军车前往开罗的格拉齐亚尼[4]部（该部的确很有可能是这样做的），已经被盟军打垮。格拉齐亚尼本人曾经抱怨说，是墨索里尼强迫他去作战的，“好比是让一只跳蚤去对付一头大象”（可意大利领袖却如此说道：“这可真是一只奇怪的跳蚤，竟然拥有1000多门火炮”）；此时，他已经将自己的遗嘱寄给了夫人，向后撤退，先是躲到了昔兰尼[5]一座深达70英尺[6]的古罗马式墓室里，后来又撤回了意大利。

获得这些胜利的代价，就是我方有500人牺牲、1373人受伤和55人失踪；作战的兵力只有3个师，而其中每次参与战斗的又只有2个师，即第7装甲师和第4印度师。西迪拜拉尼[7]一役之后，第6澳大利亚师就换下了第4印

---

[1] 英里（mile），英制距离单位。1英里约合1.609千米。

[2] 圣培露水（Pellegrino water），产自意大利阿尔卑斯山圣培莱格里诺（San Pellegrino）的一种饮用水，因水质优良而被誉为“水中之王”。

[3] 1911年接见典礼（the 1911 Durbar），旧时英国在印度德里“加冕公园”为印度藩王继任时举行的一种典礼。总计举行了3次，分别是1877年、1903年和1911年，但只有最后一次有英国君主参加。

[4] 格拉齐亚尼（Rodolfo Graziani，1882—1955），意大利陆军元帅，第二次世界大战战犯。

[5] 昔兰尼（Cirene），利比亚著名的一座古城，多拼作Cyrene。

[6] 英尺（foot），英制长度单位，1英尺合12英寸，约等于30.48厘米。

[7] 西迪拜拉尼（Sidi Barrani），利比亚东北部濒临地中海的一个小镇，是第二次世界大战中北非战场上意大利夺得的第一个基地，今属埃及，1940年英意两军在此进行了一场著名的战役。

度师。

韦维尔将军发动进攻并取得胜利的消息，很快就被俄国前线那一场场声势更加浩大的战役淹没了，人们纷纷开始贬低我方打赢意军的重要性。不过，从决定攻击兵力占压倒性优势的敌人，制订计划让我军在距敌人30英里远的地方、在空旷的沙漠中埋伏了一整天，到了夜间再神不知鬼不觉地穿过敌人那道要塞林立的防线，然后再回过头来，黎明时分从敌人后方发起攻击等方面来看，这无疑是第一次表现出了我方的军事天赋。

由于指挥蹩脚，加上无心打仗，因此意军在震惊之下，发现他们的野战炮竟然无法穿透我方“I型”坦克的钢板，并且受到训练标准与斗志同样高昂的我方部队进攻之后，就土崩瓦解、溃不成军了。意军一些较为精锐的师，此前和此后的表现也是这样的。不过，要是认为这些战役只是一种经过吹嘘的演习，那就大错特错了。在尼贝瓦要塞，意军的许多炮兵都尽职尽责，坚持到了最后，直到我方坦克从他们身上碾过去才停止战斗。原本已经负伤的马莱蒂将军[1]，也在自己的帐篷里用机枪向外扫射时战死了。而在贝达富姆，意军第2步兵旅也孤军奋战，击退了9辆坦克的进攻，毅然决然地坚持到底。

假如允许他去试一试的话，那么韦维尔将军能不能够前往的黎波里，并将原本计划为期5天的那次突袭变成一场大规模的进攻，就是另一回事了。我方那些磨损不堪的坦克和负荷过重的交通运输工具，还能不能再挺进500英里呢？此时意军驻扎在的黎波里、完好无损的各个师，在没有受到惊吓的情况下，会不会像差不多两年后蒙哥马利将军预计德军会做的那样，加强霍姆斯至泰尔胡奈之间的那道防线呢？在密集的轰炸之下，班加西有没有可能被敌人当成补给港呢？而最重要的是，德军会不会做出反应，将他们驻扎在意大利南部的那几个预备空降师空运过来呢？总而言之就是，即便抵达了的黎波里，指挥“西部沙漠部队”的奥康纳将军也会发现，自己完全会“孤立无援”。那个时候，我方还没有办法将一场已经成功得超过了期望的作战行动充分利用起来。[2]

---

[1] 马莱蒂将军（Pietro Maletti，1880—1940），意大利著名将领，曾参加过第一次世界大战、第二次意埃战争和第二次世界大战。在北非战役中，他率领的集团军是意大利的一支主要机动部队。

[2] 公平地说，奥康纳将军本人和绝大多数德军将领的看法都与此不同。——原注

尽管如此，埃及安全了，“轴心国”在北非地区的势力被打破，而英国在中东地区的威望也恢复了。自“不列颠空战”[1]以来，英国国内的民众终于第一次有了一件值得庆祝的事情。

两个月后，开罗出现了恐慌情绪，而英军的声望也迅速下跌，速度与其威望上升时一样快。战事失利的具体情况，慢慢地传开了。英军从班加西撤退了——虽说令人遗憾，但无疑还是“照计划行事”；刚刚从英国派遣过来参战的第2装甲师被打得溃不成军，师长甘比尔·帕里少将在梅基利成了敌人的俘虏，师指挥部也被敌人一锅端了；第3印度摩托化旅在首次作战行动中就被打垮了；第9澳大利亚师被敌人围困在图卜鲁格；因为不久前的胜利而被擢升并获封爵位的中将理查德·奥康纳爵士，连同获得过“维多利亚十字勋章”的菲利浦·尼姆中将，以及第11轻骑师的约翰·库姆中校，都成了敌人的“瓮中之鳖”；拜尔迪耶、塞卢姆和卡普措落入了敌人手中；敌人重新回到了“边境线”以东的陡崖上；埃及受到的威胁，比以往任何时候都要严重了。即便是“开罗的发言人”，也没法让全世界确信，这只是“一种成功的宣传”；连英国广播公司（BBC）那位语调悦耳的评论员理查德·丁布尔比，也粉饰不了这种形势。

起码来说，在埃及人面前，这种情况是没法粉饰的。由于埃及人很愤世嫉俗和崇尚现实，在涉及他们利益的那些方面尤其如此，所以他们很快便看到了危险。至于意大利人，他们从来都不怎么重视。可这些德国人呢，却是多么勇猛无畏的战士啊！他们都是真正的职业军人，就像我们自己的埃及陆军一样。他们希望，德军会尊重开罗人的财产，不至于拿货币开玩笑。或许，一个人不妨继续学习意大利语，甚至是学会说一点儿德语……与此同时，最好继续对英国人彬彬有礼，以防万一……但不要过分有礼。当时和后来，他们都没有彻底地抛弃“米考伯先生”[2]。然而，至于他们对这个“米考伯先生”的喜欢程度，却各种各样、差异显著。

尽管我方在前线地区的部队不必要地笼罩在一层厚厚的战争阴影之下，

[1] 不列颠空战（the Battle of Britain），指1940年至1941年间德国对英国发动的、第二次世界大战中规模最大的一场空战。由于损失了太多的战机和飞行员，又无法取得英吉利海峡的制空权优势，更无法借由空袭瓦解英国地面部队和海军的战斗力，因此德国最终不得不放弃入侵英国的“海狮计划”，转而开始制订入侵苏联的“巴巴罗萨计划”。

[2] 米考伯先生（Mr. Micawber），英国作家狄更斯所著小说《大卫·科波菲尔》中的一个人物，后喻为不筹划未来、老想走运的乐天派，此处指代英国人。

尽管出现了几桩“令人遗憾的事件”，但韦维尔将军的失败，其实却没有什么难以理解的。在班加西陷落之后不久，英军总参谋部就发电报给他，命令他做好准备，尽可能把最多的陆军和空军兵力从中东地区派到希腊去；此时，韦维尔将军失败的种子便已埋下来了，因为待这些部队按时调走之后，他便失去了“装备充分、适于作战的几乎所有兵力”。

最后，这种主张一定对士兵们产生了影响，因为只有他们看清了全局。情况有可能是，出于政治上的原因，英国政府无法拒绝向希腊派遣援军，哪怕希腊方面对此其实并没有表现出很大的热情；原因则是：援军兵力肯定是不够的，而分散兵力，则必然会让我方在两条战线上都遭遇失败。那些喜欢当“事后诸葛亮”的人可能会说，英国派遣部队的做法，让希特勒确信英国和苏联政府之间达成了某种秘密协定，使之延误了具有关键性的几周才去入侵俄国。我们获得的证据，似乎很难支持他们的观点，但我们可以肯定的是，失去5.7万名训练有素的官兵，则直接导致我方在中东地区遭遇了一次惨败。

当然，韦维尔将军或其情报参谋也犯下了一个错误，因此他必须首先对此承担责任。

根据手头已有的情报，他估计德军最早也不可能在5月份之前进攻昔兰尼加地区；哪怕德军此时正在向的黎波里挺进的消息属实，他也是如此认为的，因为当时还没有直接的证据，表明德军正在向的黎波里挺进（事实上，当时获得的情报似乎还与此相左呢）。到了2月底，有报告称德军已经抵达利比亚之后，他仍然认为德军在4月中旬之前不太可能发动进攻，并且希望德军在5月份之前不会实施突袭，可实际上，德军却在3月31日就发动了进攻。

不过，就算是这种失误，也远不能说全属他的过错。在1939年和1940年，英国仍在大力实行绥靖政策，并且，由于英国政府“不希望做出任何可能有损于现存之英意关系的事情”（可从墨索里尼那一方来看，这种关系却是建立在对这头显然没有利齿的狮子差不多既感到厌恶又非常蔑视的基础之上），因此他一直没有获准在意大利的领土上建立起一个情报机构。在意大利参战之前，他在北非地区根本就没有什么谍报人员，必须等到很久以后，才有可能“培植”出这样的谍报人员。因此，德军第5轻型摩托化师才会在他一无所知的情况下，抵达了的黎波里。

与以前许多处在战争早期阶段的英国将领一样，韦维尔将军也被迫承担起了“我的情报来源完全不足的责任”。他毫无怨言地承担起了这些责任，并且很快在伊拉克发动了一场反攻，还在叙利亚对维希政府领导下的法军发动了一场小规模的战争，从而在这些责任之外又为自己增添了一重罪状。成功地打败法军之后，他就被解除了指挥权。不管怎么说，这给我方在中东地区各支部队留下的印象就是，由于没能在希腊实现那个不可能完成的任务，他被明升暗降了；无论有没有充分的根据，说他需要休息或者说他被调到了一个责任更加重大的岗位上，这样的解释都没有改变他们的感受。不过，尽管为国家做出了杰出的贡献，这也并不是他最后一次发现，自己被英国政府几乎毫无礼貌地敷衍了事呢。

昔兰尼加一役的惨败，情况就是如此。但是，如果在1941年初夏的开罗街头拦住一名路人，并且问一问他，英国的运气为什么会发生如此惊人的逆转，那么，他很可能会用一个词来回答你：“隆美尔。”

第二章　“我们的朋友隆美尔”

送达：所有指挥官和参谋长

发自：英军第8集团军群兼驻中东部队司令部

目前出现了一种真正的危险，那就是在我方官兵看来，我们的朋友隆美尔正在变得有点儿像是魔术师或者妖怪，而我方官兵对他也谈论得太多。他绝对不是一个超人，但他无疑精力非常充沛，也十分能干。就算他是一位超人，我方将士相信他拥有种种超自然本领的想法，也是极不可取的。

我希望你们用尽一切办法，消除将士们心中认为隆美尔不只是一位普通德国将领的想法。如今之要务，就是确保在提到利比亚的敌军时，不要老是提到隆美尔这个人。我们须以“德军”或“轴心国”或“敌人”称之，而不要总是说隆美尔。

请确保这一命令得到立即执行，并且让所有指挥官牢记，从心理角度来看，这是一个极其重要的问题。

（签名）C. J. 奥金莱克将军

驻中东部队总司令[1]

在任何一场战争中，那些真正因为自己品格高尚而给手下官兵留下了深刻印象的将领，从数量上来看，要比那些可能自以为如此的将领少得多，而

[1] 尽管我清楚地记得有这道命令，而绝大多数在中东地区服过役的老兵也记得，可我一直无法找到这道命令的副本，连下达这道命令的奥金莱克将军本人手中也没有副本。因此，我只能根据隆美尔家人保存在隆美尔文集当中的译件，重新翻译过来。两个版本之间在措辞上可能稍有出入，但它们表达的意思是一样的。——原注

做到了这一点的敌方将领尤其罕见。以第一次世界大战为例，据说当时的英军士兵中，少有几个人知道师长的名字；这种说法，是有一定事实根据的。那些“高级军官”当中，又有多少人是“其他级别”的官兵所在意的呢？好吧，他们当然听说过海格伯爵[1]。此人在1918年下达的那道“背水一战”的命令，被一个“人性”的光环笼罩着。不过，也是直到此战中那些幸存下来的官兵复了员，并且开始得知他将自己的余生致力于为他们谋取福利之后，这个遥不可及、孤僻离群和稍微有点儿不近人情的人，才给他们留下那么一点儿好印象。事实上，从威灵顿公爵[2]以来，直到蒙哥马利勋爵，在如此广泛的范围内，属于底层士兵眼中的英雄人物的高级将领非但寥寥可数，其中还会包括一些非常古怪的人物呢。

至于说到第二次世界大战，“蒙提”[3]本人、“比尔”斯利姆[4]和“迪基”蒙巴顿[5]等人，全都拥有一种非比寻常的亲和力。亚历山大[6]也是如此，我们猜得到，他自己可从来都没有考虑过这一点。从某种奇怪的角度来看，韦维尔将军也是如此，尽管他本人极其沉默寡言。在美国陆军中，则有

[1] 海格伯爵（Douglas Haig，1861—1928），英军高级将领、陆军元帅，获封海格伯爵一世。在第一次世界大战期间，他曾统帅过英国远征军（BEF）。由于他指挥的历次战斗都伤亡巨大，因此他后来还获得了“屠夫海格”的绰号。下文所称的“背水一战”这道命令，是他在1918年4月11日下达的，内容就是命令手下将士坚持战斗到底，“背水一战，坚信我们的事业是正义的”（With our backs to the wall and believing in the justice of our cause），目的则是保护“我们家园的安全和人类的自由”（The safety of our homes and the freedom of mankind）。

[2] 威灵顿公爵（Duke of Wellington，1769—1852），英国历史上的杰出将领和军事家，原名阿瑟·韦尔斯利（Arthur Wellesley），获封威灵顿公爵一世，曾两度担任英国首相。

[3] 蒙提（Monty），蒙哥马利元帅的绰号。他还有一个绰号，叫“斯巴达将军”（The Spartan General）。

[4] 斯利姆（William Joseph Slim，1891—1970），英军将领，曾担任大英帝国总参谋长与第13任澳大利亚总督等职，获封斯利姆子爵一世。

[5] 蒙巴顿（L. Louis Mountbatten，1900—1979），英国海军元帅，曾担任东南亚盟军总司令、印度总督等职务，获封“缅甸的蒙巴顿子爵”。

[6] 亚历山大（Harold Alexander，1891—1969），英军元帅，第二次世界大战期间曾历任中东战区总司令、北非战区盟军最高副司令兼第18集团军群司令、地中海战区盟军最高副司令兼第15集团军群司令和地中海战区盟军最高司令等职，后因指挥突尼斯战役而获封“突尼斯的亚历山大勋爵”。

奥马尔·布拉德利[1]、"血胆老将"巴顿[2]以及其他几位将领，包括麦克阿瑟和"艾克"[3]本人。不过，要说真正的"军人将领"，却仍然罕见得很；而为敌方普通士兵所熟知的那种将领，那就更是凤毛麟角了。

在这样的将领当中，隆美尔就是一个奇迹、一个极品。本章开头引用的那道命令在开罗颁布之后，曾经引发人们的热烈议论，还招来了一些嘲讽之语。尽管如此，那道命令还是很有必要的，并且事实上颁布得太迟了。隆美尔非但已经让自己完全与"非洲军团"等同起来，给对手留下了深刻的印象，而且威望在英美两军级别与之相当的作战将领中正"与日俱增"，甚至在开罗那些亲英国的报纸上也节节高涨，以至于他变成了中东地区名气最大的人物，而距最受欢迎这一程度也不远了，丘吉尔先生称之为"战争大师"。我方官兵提到他的时候，都是带着一半的喜爱之情，叫他"那个混……[4]隆美尔"；而我不久前还得知，就算是在"非洲军团"内部，官兵们提到他的时候，也是这样称呼他呢。倘若像我方官兵常做的那样再加上一句，说"您不得不把这个交到那个混……手中"，那么无须是心理学家，我们就能看出，英军官兵心中的那种公平精神，可能很容易导致他们产生出一种轻微的自卑情结来。事实上，这种情况的确存在。刚刚派到北非沙漠的官兵，甚至是一小部分经验丰富的"沙漠之鼠"，常常都会这样解释说："我们突然遭遇了德军。"好像这句话本身就足以成为他们战败的理由似的。少数人可能还记得，我们在谈到第一次世界大战期间那些"可怜的老德国佬"时，用的常常是一种完全没有根据、带有同情和轻蔑之意的口吻；在他们看来，隆美尔和"非洲军团"却牢牢地拥有一种精神上的优势，因而构成了一种真正的危险。或许，毫不费力地打败意军而取得的一场场大捷，给我方根本就没有带来什么好处呢。

就算承认有日积月累的效果，我们如今也仍然难以理解，隆美尔为什么如此迅速地变成了一个"拿破仑式的人物"，变成了后方和开罗老百姓眼中

[1] 奥马尔·布拉德利（Omar Bradley，1893—1981），美国著名的军事家、统帅、陆军上将，是第二次世界大战期间北非战场和欧洲战场美军的主要指挥官，曾担任美国陆军参谋长及第一任参谋长联席会议主席等职，绰号"美国大兵的将军"。

[2] 巴顿（George Smith Patton Jr.，1885—1945），第二次世界大战中美国著名的军事统帅，以作战勇猛、快速进攻而闻名，在二战中立下了赫赫战功，绰号"血胆将军"。

[3] 艾克（Ike），艾森豪威尔将军的昵称。

[4] 此处应当是bastard（混蛋）一词。

的妖怪，为什么会对那些身处前线的人构成了一种更加直接的个人威胁。

尽管他如逃脱了束缚的“魔王”一样现身北非（可惜的是毫无征兆），但即便是我方的情报机关，对于这位军人和这个人也知之甚少。原因就在于，英国在很大程度上都是依赖法国这个盟友来提供德国将领的“简况”及其详细的个人情况，使得我方的指挥官能够据此来评估对手。法国的突然陷落，切断了两国之间的这种联系，而相关档案无疑仍然留在法国的战争部里，使得其中记录的对象也能够看到这些档案。因此，英国“战争办公室”提供给韦维尔将军及其参谋的，只能是一份关于隆美尔的、情况少得可怜的报告。从那份报告中可以看出，他似乎是一个相当鲁莽的人，虽然在第一次世界大战期间表现优异，并以师长的身份率军侵入了法国，但绝对不是德军将领中的佼佼者。那份报告还表明，他是一个狂热的纳粹分子，德国之所以派他前往北非，就是因为他深得纳粹党的偏爱。

这种背景知识既粗略，又不正确。诚然，关于隆美尔的出身情况与早期生涯，有一些最不可思议的逸闻奇事如今仍在广为流传。例如，从密尔顿·舒尔曼[1]那部在其他方面都证据翔实的作品《西线失利》中，我们得知，隆美尔与戈林[2]、赫斯[3]、罗姆[4]、鲍曼[5]以及更多诸如此类的人，曾经

---

[1] 密尔顿·舒尔曼（Milton Shulman，1913—2004），加拿大作家、影视和戏剧评论家，《西线失利》（Defeat in the West）是他在1947年出版的一部记录“二战”军事史的著作。

[2] 戈林（Hermann Goering，1893—1946），纳粹德国的政治和军事领袖之一，曾担任过德国空军总司令、“盖世太保”头子、国会议长、冲锋队总指挥、经济部长等多种职务，并且被希特勒指定为接班人。德国投降之后，他受到审判并被判处绞刑，后在狱中服毒身亡。

[3] 赫斯（Rudolf Walter Richard Hess，1894—1987），德国纳粹党副元首，曾被希特勒指定为接班人。“二战”爆发后，他于1941年独自驾机前往英国并被英国软禁，1945年又在纽伦堡审判中被判终身监禁，后死于狱中。

[4] 罗姆（Ernst Julius Roehm，1887—1934），德国纳粹运动早期的高层人士，“冲锋队”的组织者。1934年，“冲锋队”遭到希特勒手下党卫军的清洗，后来罗姆也被枪决。

[5] 鲍曼（Martin Bormann，1900—？），德国纳粹党的秘书长兼希特勒的私人秘书，人称“元首的影子”。“二战”结束后，属于纳粹“二号战犯”的他神秘失踪，但纽伦堡国际法庭仍判处他死刑。1973年，柏林火车站的工地上发现了他的骸骨，而1998年的基因检测也证明那具骸骨就是他的。

都是“自由军”[1]里的一员；这个组织里，全都是“不负责任、恃强凌弱的人”，在1918年停战之后德国“镇压动乱的过程中日益变得更加具有攻击性和野蛮残忍”起来，并且为“日后希特勒手下的纳粹冲锋队和纳粹党卫军这两个暴力团伙”提供了“最有前途的领导人”。有些报告则称，他是一位工人的儿子，是纳粹冲锋队最初的队员之一；还有些报告称，他原本是一名军士，在第一次世界大战中一步步地由士兵升至军官；还有一些报告则称，在两次世界大战之间的那个时期，他原本是一名警察。

不过，实际情况却并不是那么的光鲜。隆美尔从头到尾都是一名正规军官，并且正如本书最后节选出的服役记录中表明的那样，从参军到去世的那一天为止，他始终都没有离开过德国陆军。他从来没有参加过什么“自由军”，从来都没有当过什么警察，也从来都没有加入过纳粹党；他不是一名“冲锋队员”，就更不用说了。而他与希特勒发生联系，也纯属偶然。

关于有些人的说法（至少是那些传说），其源头都是不难找到的。1941年夏，戈培尔[2]手下的报纸《帝国之师》上，发表了一篇关于隆美尔的匿名文章。这篇文章被推荐给了驻柏林的外国记者，其中宣称隆美尔是一位工人的儿子，说他在第一次世界大战之后退了伍，进入图宾根大学学习，说他曾是“冲锋队”的首批领导人之一，后来成了希特勒的密友，等等。

远在北非的隆美尔看到了这份剪报，并且做出了强烈的反应。他曾给德国宣传部写信质问说，他们捏造他的履历并广为散布，究竟是要干什么？德国宣传部试图撇清关系，称这些情况可能是奇姆克中尉提供的，后者撰写过一本关于隆美尔在法国指挥的第7装甲师的著作。由于此时“哈勒法亚山口之战”已经结束，所以隆美尔便抽出时间，去找那位可怜的奇姆克中尉对质了。他是不是的确提供了这些信息，并且果真如此的话，他这样做的目的

---

[1] 自由军（the Free Corps），指德国1918年战败后出现的一些私人准军事组织。这些组织主要由退伍士兵、无业青年和其他一些对社会不满的人组成，由退伍军官指挥，在很短的时间内就发展到了65个以上。虽然名称、规模和特点各不相同，但其中绝大多数都崇尚民族主义和极端保守主义，被政府非正式地用于镇压各地的左翼革命和起义，到处掠夺，手段残忍，有时还搞政治暗杀活动。

[2] 戈培尔（Paul Joseph Goebbels，1897—1945），德国纳粹政治家和演说家，曾担任国民教育与宣传部部长一职，人称“宣传天才”和“纳粹的喉舌”。他鼓吹以铁腕政策来捍卫希特勒政权和维持第三帝国的体制，被认为是“创造希特勒的人”。1945年希特勒自杀之后不久，戈培尔也畏罪自杀。

是什么呢？奇姆克在回复隆美尔的时候，否认自己干过这样的事情。他也向德国宣传部去信，质问后者为什么要让他招惹这位将军。他收到的回信，来自位于威廉广场8–9号的“帝国政府新闻部外国记者司情报组”，日期则是1941年10月10日，签名处标有“希特勒万岁，梅斯纳博士”几个字；这封信，可以说是一部喜剧性的“杰作”，说明了德国的宣传从长远来看不可能有效的原因。梅斯纳博士声称，文章中关于隆美尔将军的内容，不可能有损这个杰出人物的名声，实际上，文中的内容只有可能带来好处，使得隆美尔成了外国战地记者更加熟悉、心中更能与之产生出共鸣的人物。最后他还称，或许从宣传的角度来看，虽说文中的内容无疑不正确，但若是事实如此的话，可能更是一件好事了。

奇姆克把这封信转交给了隆美尔，后者则在自己的文集里把这封信保存了下来。同时，对于任何一个与宣传或者“公共关系”有关的人，隆美尔都产生出了一种极其不喜和怀疑的态度。第一个因此而吃了亏的人，是一位运气不好的年轻军官，叫贝恩特，因为他加入“非洲军团”之前，曾在德国宣传部里任过职。虽然他本人十分崇拜隆美尔，可报到之后，隆美尔却马上命令他那天晚上出勤，让他第一次深入沙漠，到英军防线后方去进行“侦察”。贝恩特是一位勇敢而又聪明的年轻人，不但完成了这次原本毫无希望的任务之后安全返回，还俘虏了一些英军，带回了一些可贵的情报。此后，隆美尔便对他另眼相看了，后来还经常派他返回柏林，去送隆美尔不想通过参谋呈交的一些报告。不过，对于一些来访的宣传人员，他却始终都信不过。

那么，戈培尔手下那些年轻人从战争部或者从隆美尔的家人那里原本可以轻而易举地查明的情况，假如他们原本并不清楚的话，究竟哪些才是实情呢？

1891年11月15日是星期天，中午时分，埃尔温·约翰尼斯·尤金·隆美尔降生于符腾堡州[1]一个叫海登海姆的小城市，那里离乌尔姆市不远。他的父亲也叫埃尔温·隆美尔，是一位小学校长，而他的爷爷也曾当过小学校长。他的父亲和爷爷曾经都是小有名气的数学家，由于学问在当时的德国仍然颇受人们重视，而忠诚于政党却不那么招人待见，因此隆美尔教授在海登

[1] 符腾堡州（Württemberg），德国西南部的一个旧州，现为“巴登—符腾堡州”的一部分。

海姆非常受人敬重。1886年，他娶了时任符腾堡州州长卡尔·冯·鲁兹的长女海伦娜，从而变成了该州的一位出头人物。他们婚后一共生了5个子女：儿子曼弗雷德很小就夭折了；女儿海伦娜一直未婚，如今在斯图加特著名的华福德学校[1]任教；还有埃尔温·隆美尔，以及他的两个弟弟，即卡尔和格哈德。由于患过疟疾，卡尔如今几乎全然走不了路；他是在1914年至1918年的第一次世界大战期间，在土耳其和美索不达米亚地区当飞行员的时候，感染疟疾的。格哈德不再从事农耕，成了一位歌剧歌手，给原本保守的隆美尔家族带来了唯一一抹独特的色彩。如今，他依然坚守着这一职业，但没有做出什么斐然的成就，令乌尔姆的亲戚都觉得有点儿难堪。

1898年，隆美尔的父亲当上了亚伦“雷亚尔”文科中学[2]的校长，换言之就是，他成了一所教授“现代”课程而非传统课程的学校的校长。1913年，他在动了一次手术之后，突然离世了。他去世后，妻子又活了27年，直到1940年他们的次子已经荣升少将时，才与世长辞。

对于统帅“非洲军团”的隆美尔来说，“坚定顽强”显然是最适于形容他的一个词；可小时候的埃尔温·隆美尔，却完全说不上“坚定顽强”。“他是一个脾气很温柔、很听话的孩子，”他的姐姐曾经如此评价说，“与母亲很像。尽管年纪很小，可他的肤色和头发都很苍白，所以我们曾经叫他‘白熊’。他说起话来慢吞吞的，还要想上很久才说话。他的脾气相当好，很讨人喜欢，并且不怕任何人。其他孩子看到脸上和头盔都黑乎乎的烟囱清洗工时，常常都是跑得远远的，可他却会郑重其事地走上前去，跟这些清洗工握手。我们的童年时代都过得很快乐，因为养育我们的父母和蔼宽容、充满了爱，将他们自己那种爱的天性教给了孩子们。我们上学之前，常常都在花园、田野或者树林里整天玩耍。”

海登海姆自治之后，亚伦的学校就不适合小隆美尔去上了。由于发现自己的成绩不如同龄的孩子，他便努力要迎头赶上，因而胃口不好、睡不好觉，脸色也变得更加苍白了。接下来，他开始变得懒散，注意力不集中，

[1] 华福德学校（Waldorfschule），1919年由德国企业家埃米尔默特邀请教育家兼思想家鲁道夫·史代纳创立于斯图加特的一所学校，原本是一所工厂的子弟学校。这所学校办得很成功，受到了社会各界的好评，被认为是未来教育的典范。后来，凡是实践史代纳教育理念的学校，都被称为华德福学校。

[2] 文科中学（gymnasium），德国19世纪进行中等教育的正规学校，在奥地利叫作“高级中学”，相当于美国的大学预科学校。

学习也不努力起来。由于极其粗心大意，他还成了全班同学的笑柄。“要是隆美尔哪次听写没有出现一个错误，”校长曾经说，“我们就会雇上一支乐队，放假一天，到乡里去玩呢。”听了这话，隆美尔便坐直身子，立即交上了一份听写卷子，连一个逗号都没有错。等到校长食了言，没有实现他答应过的那次远游之后，隆美尔便故态复萌，对学习又像平时一样心不在焉了。在好几年里，他都是一个精神恍惚的小男孩，非但对书本和游戏毫无兴趣，而且没有表现出日后精力旺盛的一丝丝迹象来。

接下来，到了十几岁的时候，他却突然振作起来了。从智力上来看，他开始表现出遗传了父亲和祖父那种数学天赋的迹象。在身体方面，他开始把夏季的业余时间全都用来骑自行车，冬天则是去滑雪。他以优异的成绩，通过了一门门考试。他的身上，没有了那种精神恍惚、经常发呆的毛病，而是恢复了符腾堡这个“德国的常识之乡”的典型特点。他变得头脑冷静、讲求实效，并且用起钱来非常谨慎——这是符腾堡人的又一个特点。他有一位了不起的朋友，叫凯特尔（这个凯特尔与德国陆军元帅凯特尔[1]可没有关系，后者最终成了隆美尔最厉害的对手之一）；在这位朋友的协助下，他开始一心研究飞机。两位小伙子一起制造过飞机模型，后来还造了一架完整的滑翔机，并且尝试过多次，只是一直没能离开地面去翱翔。此时，他们开始考虑自己将来打算从事什么职业这个问题了。凯特尔已经拿定主意，将来要当工程师，到位于腓特烈港的“齐柏林飞艇工厂”去工作。后来，他的确如愿以偿；假如父亲同意的话，隆美尔很可能就跟凯特尔一起去了。

父亲反对隆美尔当工程师，也正是在那个时候，隆美尔决定去参军。隆美尔家族没有从军的传统，只有老隆美尔曾经在德国的炮兵部队服过一段时间的役，军衔则是中尉，后来才退役当了校长。隆美尔家族在军界也没有什么有权有势的朋友，他们是一个家境中等、受人敬重的斯瓦比亚[2]家族，在教育和环境方面都与普鲁士的军官阶层相去甚远。后来，隆美尔在非洲时，手下曾有过许多出身于贵族家庭、有钱有势和在军界有关系的将领；这些因

---

[1] 凯特尔（Wilhelm Keitel，1882—1946），第二次世界大战中德国资历最老的指挥官之一，陆军元帅，曾任德军最高统帅部总参谋长一职。“二战”结束后，他被国际军事法庭判处绞刑。

[2] 斯瓦比亚（Swabia），德国西南部的一个地区，包括如今的巴伐利亚州与巴登—符腾堡州。

素，使得他们必定会分配到一个不错的军团里，而就算能力平平，他们也一定会获得快速的升迁。隆美尔有可能在军队里获得一种什么样的职业生涯，却必须由他自己去开创；因此，我们似乎没有理由不认为，年老之后他最终的军衔最多就是少校，而退役之后则领一份中等津贴，在一个像海登海姆这样的小城市里生活。

1910年7月19日，他加入了位于魏因加滕的第124步兵团（即国王威廉一世的符腾堡第6团），身份是“候补军官”，差不多相当于预备军官；这就意味着，他必须先以普通士兵的身份服役，然后才能去上军官学校或者军事学院。10月份，他被擢升为下士，12月底又升为中士。1911年3月，他被送往但泽的军官候补生学校去学习。

在但泽的学习生涯对隆美尔具有重要的意义，并且不止是一个方面。正是在那里，他通过军事学院里的一位朋友，认识了日后他将迎娶为妻的那位姑娘，而她也是隆美尔终生唯一的女人。那个朋友有一位表妹，与这个姑娘在同一所寄宿学校里就读。露西·玛丽亚·莫林是西普鲁士[1]一位地主的女儿，那个家族的血统原本是意大利裔，只是自13世纪以来就定居到了西普鲁士。她很小的时候，父亲就去世了；此时她正在但泽学习，准备当一名语言教师。隆美尔对她一见钟情，而她对隆美尔也是如此；尽管在接下来的4年里他们都没有正式订婚，但两人的心中从来都没有产生过一丝疑虑。据隆美尔的遗孀称，此时的隆美尔已经是一个态度严肃的年轻人，一门心思要在自己的职业领域里有所成就。对他来说，考试依然不像实实在在地当兵那样容易，因此他不得不使劲，努力学习书本知识。然而，对于年轻人和恋爱中的情侣来说，但泽却是一个令人愉快的城市；由于两人都喜欢户外活动，都喜欢跳舞，因此，只要能够逃学，他们就会在朋友那位表妹的陪同下，去度过一个快乐的夏日。

尽管分数不是十分的出类拔萃，隆美尔还是按时通过了所有的考试，并且在1912年1月底获得了二等中尉军衔，回到了自己隶属的那个团。此后，他和莫林小姐每天都会给彼此写信。

124步兵团在魏因加滕的军营位于该市一座巨大的旧修道院里；隆美尔回到这里之后，便开始了两年的新兵训练工作。他长于操练，善于与人相

---

[1] 西普鲁士（West Prussia），德国中部和北部历史上曾属于普鲁士人居住的那个地区的统称。

处，与年轻时的蒙哥马利将军一样；后者刚到部队参军，人们就发现，他对军事组织的细节异常感兴趣。但在其他方面，我们却没法说此时的隆美尔有什么地方异于常人。他的个子仍然矮小，但很结实、很强壮；在智力上，他也没有什么过人之处。与蒙哥马利不同，他不喜欢与人争论，比较愿意聆听而非自己去说，并且终生如此。由于既不抽烟、又不喝酒，还已经心有所属，因此在这座小小的要塞城市里，天黑之后的娱乐活动对他并没有什么吸引力。其他的中尉军官都发现，相对于这样一种年纪来说，他沉默寡言，并且太过严肃；只是他脾气很好，讨人喜欢，总是乐意给别人替班，好让那些更喜欢社交活动的人出去玩，同时也不容易上当受骗。其中有那么一两个人看出，隆美尔身上具有一种独立的精神、一种坚定的意志和一种幽默感，而手下的军士们很快也认识到，他忍受不了任何粗心马虎的事情。因此，他天生适合当一名优秀的团部军官，并且到了适当的时候，他也会变成一名要求很高的副官。作为副官，他很有可能不会受到那些无能之人的欢迎；可对于受不受人欢迎的问题，他比绝大多数年轻人都更不在意，这一点在此时早已非常明显了。从整体来看，他似乎是一个相当典型的符腾堡人，头脑精明，实事求是，小心谨慎，并且性格顽强。

1914年3月初，他被调到了乌尔姆的一个野战炮团，并且在该团担任连长；其间，他很喜欢骑马，还为手下那个小小的炮兵连取得的成绩而感到自豪。同年7月31日下午，他返回军营后，发现部下已经将战马牵到操场上，还有一道命令在等着他，要他马上回到原来的第124步兵团。第二天，他的那个连就开始配备野战装备了。傍晚时分，团长检阅了身着灰色野战服的整个步兵团，发表了一场激动人心的讲话，并且在解散之前宣布了动员令。“这些勇猛的德国小伙子发出的欢呼声，在修道院一道道古老的灰色墙壁之间回荡。”在他那本论述战术的《步兵攻击》当中，隆美尔曾如此描述道；不过，这种言辞和其他诸如此类的说法，听起来却不那么像隆美尔所说，而是更像在准备此书供大众阅读的1937年普及版时，一名纳粹宣传人员做注解时的口吻。假如那些“勇猛的小伙子”能够预见到符腾堡各团成千上万名官兵如今仍然悬挂在乌尔姆大教堂里的一块块纪念牌，他们可能就不会那么兴奋了。第二天，第124步兵团就离营开拔，投入战斗了。

所有的部队当中，都有一小部分职业军人（以及少数非职业军人），在战争当中找到了非常适合自己的一种职业。年复一年，在《泰晤士报》的

《悼念》专栏里，我都会看到获得过“维多利亚十字勋章”、“优异服务勋章”和“军功十字勋章”，却在1917年的“康布雷之战”中阵亡，年仅25岁的“男孩”布拉德福准将[1]的名字；我还记得，曾经骑着一匹白马前往他位于布隆森林前面的旅部（连我自己都觉得这样做很冒失），而在跟他交谈的时候，我认为终于看到一个真正懂行、能够满足战争可能提出的任何要求的人了。我还记得奥运长跑运动员A. N. S. 杰克逊，他是我在牛津大学和团里的同事；1918年，我曾经看着他结婚成家后去巴黎度假，身上只系着一条三道杠的“优异服务勋章”绶带。还有一些人也跟他们一样，只是这样的人不多。

隆美尔就在这样一个由一群出类拔萃的年轻人组成的小连队里，只是他位于不恰当的一翼。从刚开始遭受火力攻击的那一刻起，他就脱颖而出，表现得像是一头完美的斗兽，冷静、狡猾、无情、不知疲倦、决断敏捷，并且异常勇敢。1914年8月22日早上5点，他在距隆格维不远的波雷村与法军交上了火。

此时，他已经巡逻了24个小时，非但因食物中了毒，而且非常疲惫，因此被上级派遣在大雾当中前去侦察的时候，他在马鞍上几乎都坐不稳了。确定这个小村的位置之后，他便把自己手下的那个排派了上去。由于遭到了敌人的火力攻击，他便让该排停了下来，自己与一名军士和两名手下则继续前进。走出浓雾后，他的眼前隐隐出现了一道很高的篱笆，围在一座农舍的周围，一条小路从这道篱笆旁经过，通往另一座农舍。隆美尔顺着这条小路前进。刚刚拐过篱笆的一角，他就看到路上站着15到20名敌军。他是不是应该退回去，把手下那个排拉上来呢？

在战争当中，最初的那个决定通常都不易做出。一个人过后的行动，全都取决于他做出的第一个决定。此时隆美尔做出的那种决定，后来他还会一再做出。凭借出其不意的效果，他把手下那3个人集中起来，从所站的位置开火，向敌人发动了进攻。敌人分散开来，侥幸逃得性命的人则隐蔽起来，纷纷开火。隆美尔发现，身后的那个排顶上来了。他让一半士兵扛着一捆捆稻草，派另一半人进行火力掩护。接下来，他又开始率领手下进击了。他们

[1] 布拉德福（Roland Boys Bradford，1892—1917），英国陆军军官，因作战勇猛而在1917年底被擢升为准将，成了英军现代史上最年轻的一位将级军官，但17天之后即在法国的康布雷之战中阵亡。

踹开一扇扇门，将稻草点上火，扔进房中和谷仓里。随着一栋一栋房子冒出火光，整个村庄都被扫荡干净了。这是一次小型的作战行动，并不具有什么重要的意义；不过，这也是隆美尔的第一场战斗，而他在整个军旅生涯里表现出来的那种大胆和独立作战精神，也已经呈现出来了。

尽管他在那段时间里一直生着病，并且在运动战中付出了巨大的努力，偶尔还晕倒过，可他从来没有向上级汇报过自己生病的情况；他一直坚持到9月24日，在独自一人且枪里没有子弹的情况下，于瓦雷纳附近一片树林里攻击3名法军时，大腿受伤才罢手。到了此时，营长已经开始倚赖他去完成所有特别艰难的任务，而他也被营里推荐授予了“二级铁十字勋章”。3个月后，伤口刚刚愈合，他便回到了营里。1月中旬，他在阿尔贡赶上了自己的那个营。1915年1月29日，他率领手下的那个排，从一个缺口匍匐着穿过了一条高达100码的铁丝网，摸进法军的主阵地，攻占了4座碉堡，击退了敌军1个营的进攻，重新夺回了他们被迫撤出的一座碉堡，然后在敌人发动新一轮进击之前，撤退到了己方防线上；由于此战中阵亡不到12个人，因此他还荣获了一枚“一级铁十字勋章”。

这一次，又是一场小规模的战斗；可此战表明，隆美尔能够迅速将一种有利形势发挥到极限，而不管此种做法会带来多大的风险。他的这种性格，曾经让他一而再、再而三地陷入巨大的危险当中，但同时也使得他能够争取每一丝优势；而在对抗一支优柔寡断的敌军时，就尤其如此了。

毫无疑问，正是这种勇于承担风险的意志和采取个人行动的能力，才导致他在升职为中尉（一等上尉）并且腿部第二次受伤之后，被上级调到了一个新组建起来的山地营，即“符腾堡山地营”。这个营的规模比普通的营大，由6个步枪连和6个山地机枪排组成，但这个营从来都没有整体作过战，而是以编队的形式，分成两个或多个战斗组（即大队），并且战斗组的兵力构成会根据手头的作战任务不同而发生变化。每个战斗组都有各自的作战任务，由各战斗组的指挥官指挥；这些指挥官具有酌情采取作战行动的自由，每天只需向营长汇报一次。在奥地利的一场山地战中经过强化训练，然后又在孚日山脉[1]一个宁静的地方度过了差不多1年的和平时光之后，这个营被编入了正在罗马尼亚前线的那个威名赫赫的“阿尔卑斯军团”；之后，隆美尔

[1] 孚日山脉（the Vosges），法国东北部的一条山脉。

便迅速被上级委以重任，去指挥这样一个作战组了；这些作战组的兵力规模不等，根据不同的作战行动，从一个连到整个营都有可能。在此期间，他还悄悄地请假回过但泽，并于1916年11月27日在那里迎娶了露西·玛丽亚·莫林。当时拍摄的照片表明，露西是位很漂亮的姑娘，身上带有显著的意大利人特点，脸蛋秀气美丽。由于照片中的露西表情很严肃，因此那张照片并没有显示出她具有一种了不起的幽默感；时至今日，她依然拥有这种幽默感。很显然，露西勤奋好学，勇敢无畏，性格坚定刚强。她很适合做一名军嫂。

隆美尔后来在罗马尼亚和意大利又获得过种种战功，要是我们没法从其他一些亲眼目睹过或者亲自参加过那些行动的人所说的话中加以证实的话，他的有些战功可以说是令人难以置信的。简而言之，他所用的方法就是：与少量官兵穿过敌人的防线，并且通常都是一边前进，一边在地下埋设一条电话线。在敌人可能占领了山峰和山谷的那种山区，他会沿着山坡向上推进，那些山坡，通常都陡峭得像是屋顶一样，只有经验丰富的登山者才能通行。不管是在冰冷刺骨的寒雾和厚厚的积雪当中，还是在夏季的炎炎热浪之中，他都会昼夜不停地飞速行动。他对乡村的辨别能力非比寻常，而且既不怕冷热、不怕疲劳，也不怕没有食物和不眠不休。一旦抵达敌军防线后方，不论自己所带的兵力如何弱小，他都会毫不犹豫地发动进攻，因为他十分正确地判断出，他和手下官兵突然出现在敌军阵地之后，并且在敌军后方发起第一阵具有毁灭性的机枪火力攻击，会让所有的敌人都吓得魂飞魄散；只有世间最优秀的部队，才不会因此而大乱阵脚，可罗马尼亚和意大利两国的军队显然不属这一类。1917年8月攻占罗马尼亚那个固若金汤的“科斯纳峰”阵地时，他率领4个连队，组成一个纵队，悄悄地从两个相距只有150码远的敌军哨所之间穿插过去，非但没有被敌方的哨兵发现，同时还铺设了一条电话线。率军抵达山顶时，他差不多有1个星期都没有睡过觉，并且几天之前一颗从后方飞来的流弹还击中了他的胳膊，伤情很严重。

1月份攻克“加盖什蒂村”的时候，他穿插到罗马尼亚前线后方，在零下10℃的气温中，一直潜伏到了晚上10点钟。接下来他正确地判断出，罗马尼亚官兵都在兵舍里睡熟了，便用机枪和一半的步枪向该村开火，打开了一条通道，然后率领手下其余的官兵，高呼着发动了进攻。待敌人睡眼惺忪、跌跌撞撞地跑出兵舍之后，他便把敌人集中起来，很快就俘虏了400人，关到了村中的那座教堂里。他手下官兵的伤亡情况，则几乎可以忽略不计。

如果不得不发动一场正面进攻的话，他的习惯做法就是：用机枪密集扫射敌人的整个阵地，并且集中最强大的火力，向即将发动进攻的那个地方扫射。接下来，他会用强大的兵力，对着一段非常狭小的战线发起袭击。担负进攻任务的部队都携带着机枪，一旦将敌人的防线撕开一个口子，他们就会架起机枪，对着敌军的两翼进行纵向扫射。进攻部队中其余的兵力则继续推进，完全不管他们后方的战况如何。换言之，他采取的完全就是一种纵向渗透的战术，也正是德军装甲师在1939年采用的那种战术。

我们必须记住，在这段时间里，也就是隆美尔指挥的兵力还没有超过1个营，已经能独立指挥对敌作战行动，在进攻方向和方法两个方面提出建议，并且这些建议常常都为高级军官们采纳，他还是一个年仅25岁的小伙子，相貌甚至比实际年纪还要小，而论起级别来，他也只是一个不是特别优秀的线列步兵团里的一名中尉罢了。在德国陆军里，这种情况相当罕见，因为德军对资历的重视程度超过英国，通常都不提倡年轻人公开发表自己的意见，而他们的训练标准也很高。他确立了一种可以说独一无二的威望，甚至是他还没有调往山地营的时候，在所属的那个师里就已经大名鼎鼎，这种情况是有据可查的。不过，他并不是那种在战争中突然出现、通过特立独行来给人们留下深刻印象的人，他只是具有勇敢无畏、有胆有识、果断坚毅、积极主动等品质而已，并且这些品质都程度非凡，使得人们不可能不注意到他。他是一个弗赖伯格[1]式的人物，而不是一个奥德 · 温盖特[2]式的人物。

他在第一次世界大战中的职业生涯，在1917年10月26日攻取卡波雷托西南的马塔究尔山一役中达到了巅峰。当时，奥地利军队在意大利军队面前遭遇了一系列失败，于是要求德国军队前去支援。尽管在其他地方还有作战任务，但德军最高指挥部还是派出了第14集团军，由7个经验丰富的师组成，与奥军一起，进攻意军在伊松佐河谷中的那些阵地。“符腾堡山地营”再次被分配给了“阿尔卑斯军团”；该军团的任务，就是从正中央向马塔究尔山发动进攻。山地营第一天的作战任务，是保护右翼一个率先发起进攻的巴伐

---

[1] 弗赖伯格（Bernard Freyberg，1889—1963），“二战”时新西兰的武装部队总司令，并曾担任英军多种高级参谋和指挥职务，官至中将，战后担任过新西兰总督，并获封弗赖伯格男爵一世。隆美尔对他极为推崇。

[2] 奥德 · 温盖特（Orde Wingate，1903—1944），英国陆军上将，特种作战的先驱之一，性格粗鲁、行为乖僻，很喜欢冒险。

利亚团。之后，山地营便会跟在这个巴伐利亚团后面进击。

这是一场漫长而复杂的战斗；简单说来就是，隆美尔不想跟在巴伐利亚团的屁股后面，便说服山地营的营长斯伯诺瑟[1]少校，让后者允许他率兵运动到巴伐利亚团的右翼，独自去进攻意军的阵地。就在巴伐利亚团进攻受阻的时候，他带领两个连，在破晓之前悄悄地越过了意军的防线，没有被敌人发现，并且让一支先遣队在黎明时分成功地深入到了意军前线，只用刺刀就占领了意军的一个炮兵阵地，让意军一枪都没有来得及发。隆美尔留下一个连来守住并扩大这个缺口，然后率领另一个连深入到了意军腹地。接下来，他不得不回师支援第一个连，因为该连遭到了意军整整一个营的攻击。他从后面追上意军之后，那个营的意军便迅速缴了械投了降。他派人回去给营长送信，同时押回了1000多名俘虏。得到这个消息之后，斯伯诺瑟少校又给他派了4个连上去。手下有了6个连的兵力之后，隆美尔少校便获准率军继续进行他那种突破到敌人后方的行动了。他找到了一条不易被人发觉的小路，让6个连的兵力排成纵列，趁着意军全部的注意力都放在主攻作战和正在对其防线进行的轰炸上，沿着这条小路前进了差不多两英里。来到敌人防线后方的空旷田野上后，他埋伏在通往马塔究尔山的那条主路边，俘虏了意军“第4步兵旅”1支正在行军的补给队伍、1辆指挥车、50名军官及2000名士兵。

夺取了那辆指挥车之后，隆美尔实施了一次初步的“侦察”，然后决定直接穿过那片田野，向马塔究尔山这个敌方阵地的咽喉部位进击。那天余下的时间和一整个晚上，他都不停地催促着手下那支此时已经筋疲力尽的部队前进。黎明时分，他偶然发现了意军“萨勒诺旅”的营地。带着两名军官和几名步兵，他径直冲进了一大群意军当中，命令他们缴械投降。犹豫了片刻之后，43名军官和1500名意军都放下了武器；日后来看，他们纯粹是出于震惊，并且慑于隆美尔眼睛里发出的那种力量，才放下武器的。

待隆美尔终于从敌人后方登上马塔究尔山，并且在山顶发射行动成功的信号弹后，他实际上已经连续不断地奔波了50个小时，已经像大雁一样，在崎岖的乡间行进了12英里远，攀登了7000英尺高，手下指挥的兵力始终都

[1] 斯伯诺瑟（Theodor Sproesser，1870—1933），德国军官，“一战”时是隆美尔的指挥官，曾与隆美尔一起因为对意大利作战英勇而荣誉德国的最高荣誉勋章“蓝色最高勋章”，后官至少将，1925年退役。关于此人的信息世人所知不多，主要见于隆美尔的《步兵攻击》一书。

没有超过6个连，却俘虏了150名军官、9000多名敌兵和81门大炮。他自己也发现，意军没有战斗精神这一点是完全无法理解的。在1937年版的《步兵攻击》中，他将不得不说出“如今的意大利陆军是世界上最精锐的部队之一”这句话；可人们再次怀疑，这句话也是军队宣传部门进行审查之后加上去的。

不管怎么说，虽然在卡文勋爵[1]统率的英军各师面前，隆美尔几乎不可能成功地玩弄这种把戏，但此战仍然是一次极其英勇大胆的行动。由此，隆美尔获得了“功勋勋章”；这种勋章通常都是颁发给高级将领的，而在奖励下级军官时，就相当于我国的“维多利亚十字勋章”了。他还被擢升为上尉。不久之后，他又跟6名士兵身上绑着绳索，连在一起，游过了冰冷刺骨的皮亚韦河[2]，以区区7人之力，向隆加罗内村发起了攻击，并且占领了该村，俘虏了村里为数众多的守军；当时，他们是趁着天黑，四处开枪，而到了黎明之后，他又独身一人前往，告诉意军说他们已经被包围了，并且命令他们缴械投降。接下来，他获准休假，并且被委任为参谋；对于这种职务，他是非常不喜的。后来，直到这场战争结束，他担任的始终都是参谋之职。

战争当中的领导才能，可能并不属于人类活动最高尚的形式之一。不过，尽管拳击赛场内的一位冠军，甚至是一位世界冠军，需要的也不过是一种异常具有进攻性的兽性，以及充分的体格和最好的专业技能罢了，但一个能够让其他人在战斗当中毫不犹豫地托付生命的人，需要的品质却不仅如此。所以，从开始追随隆美尔的脚步之后不久，我自然也开始问自己和他人，除了在战斗中取得的功绩，隆美尔究竟是一个什么样的人。

一开始，我碰到的是德国人与我国人民对待战争时两种截然不同的态度。对于这一点，我并不是全然没有心理准备。第一次世界大战结束后不久，我无意中看到了一个叫恩斯特·荣格[3]的人所写的《钢铁风暴》这本书的译本，其中描述的一件事情始终牢牢地留在我的记忆里；至于原因，部分

---

[1] 卡文勋爵（Frederick Rudolph Lambart，1865—1946），英国著名的军事家、陆军元帅，曾担任皇家参谋总部总参谋长一职。

[2] 皮亚韦河（the Piave），意大利东北部的一条河流，发源于阿尔卑斯山，在威尼斯附近注入亚得里亚海。

[3] 恩斯特·荣格（Ernst Jünger，1895—1998），德国著名作家，早期为军国主义者，但1920年后转变为和平主义者，著有《钢铁风暴》《战争与卫士》《在大理石峭壁上》等作品，1982年曾荣获“歌德奖”。

就在于当时的场景对我而言很熟悉。就在康布雷之战以及德军随后成功地发动反击之后，恩斯特·荣格所在的那个营正据守在赫尔墨斯运河附近、距莫埃佛不远的防线上。那是一个风和日丽、阳光明媚的星期日下午，他所在连队的军官们吃过午餐之后，正在前线的战壕里吸着雪茄，喝着白兰地。“我们何不出去，袭击英国人呢？”有人提议说。那个时候我们可无法想象，在英军连队就餐时，有人能够提出这样的建议。就算不能说渴望，但我们也已做好了充分的准备，只要接到命令，就可以投入一场正式的进攻战。一支精锐部队引以为豪的事情，就是进行积极主动的巡逻，以及在夜间控制好无人地带。不过，除此之外，绝大多数人都希望敌我互不相扰，好尽情享受一个宁静的下午，把这个下午当成一个看看书、写封家书的天赐良机；顶多只有零星的炮弹飞过头顶，落向后方。假如此时有人提议对敌人发动一场即兴的袭击（在这种情况下，当然是“只有军官”才能提出来），那么别人就会怀疑他是不是白兰地喝得太多了，就会建议他躺下来休息。

此次袭击，要越过将双方前线分隔开来的那个五六十码宽的地带。由于事先没有用大炮轰炸这种方式发出警告，由于双方都觉得那天午后并不是发动袭击的时机，因此这次突袭大获成功，该连的军官们10分钟之后便得胜归来，带回了两三名俘虏，还在身后留下了两三具敌人的尸体。

随之而来的事情，更加令人吃惊。在该营接下来即将撤离前线的时候，参与这次袭击的军官们，竟然向率领他们发动袭击的连长呈上了一个大大的银杯，上面刻着一行字：“献给莫埃佛的胜利者”。

德国的职业军人对待战争的时候，态度一向都很严肃；这种严肃的态度，英国人却只是在对待体育的时候才具有。因此，尽管有难度，我们也完全想象得出，假如有人在最后一刻跑完己方25码的距离而赢得了大学举办的橄榄球赛，那么其他的队友也会给他送上一座银杯的。不过，“献给莫埃佛的胜利者”这个银杯，却是德军的下属们郑重其事、赞誉有加地呈送给上级的，里面盛满了英雄为自己干杯的美酒；假如有人看到英军的军营里出现这种仪式，那么他定是在一个奇怪的连队里从军。

我在海登海姆同哈特曼上尉交谈的时候，这个故事始终都在我的脑海里萦绕不去；哈特曼上尉是我遇到过的、第一个曾经在第一次世界大战中与隆美尔一起服过役的人。生产数百万条绷带的哈特曼工厂里，充满着一种极端没有人情味、只强调效率的阴郁气氛，以及似乎只有德国和瑞士工厂里才有的、差不多纤尘不染的整洁景象。哈特曼上尉的办公室，也是那种典型的“董事长先生”办公室，里面阴森森的，墙壁呈深色，家具笨重，墙上到处挂满了哈特曼历代祖先的巨幅照片；在这种房间里，连一份文件也不敢乱放，连一张纸也不敢掉到应该盛放它们的文件盒外。然而，哈特曼上尉本人的态度，却一点儿也不像他所处的环境那样阴郁。他是一个皮肤黝黑、相貌英俊、身材瘦长的德国人，年纪似乎太轻，似乎不太可能与隆美尔（还有我）属于同代人。他从办公桌后站起身来，走过房间欢迎我的时候，我看到，他的一条腿从臀部往下都没了。这条腿是在第一次世界大战期间失去的吗？不是，是在这次世界大战当中，在一次滑翔机事故中失去的，当时，他是一名德国空军。以前他一直酷爱滑翔，如今依然如此；失去这条腿之后，出院的第一天，他就再次驾驶滑翔机去翱翔天际了。一谈到滑翔，他就满脸放光。他是一个很有魅力、令人愉快的人，态度非常随和。

接着，我们就开始谈到了隆美尔。的确，从第一次世界大战以来，直到隆美尔去世，他们都是很要好的朋友。他们曾经在同一个营里服过役，隆美尔荣获“蓝色勋章”的时候，哈特曼上尉就在隆美尔的身边。他描述了隆美尔当年在12月的一个冬夜里，带领手下的6位勇士游过皮亚韦河，占领隆加内罗的经过。他是多么英勇的一名战士啊！“隆美尔所到之处，就是前线。”该师的人以前经常这样说。他总是尝试其他人全都没有想过要去尝试的事情，并且总能做到。他似乎具有一种“指尖感”[1]，这种东西有点儿像是“第六感”，即指尖之间具有一种本能。（这个词，从我遇到的每一个熟悉隆美尔的军人嘴里，都会听到。）他的确冷酷无情，但他也从来没有要求过任何人，要他们去做他自己做不到的事情，甚至也没有要求过任何人像他那样去做，并且始终都在尽力通过战术，来将损失降到最低限度。他就是一个战术天才。或许，军官们并不像普通士兵那样喜欢隆美尔，因为隆美尔对他们的期望总是更多，而这些军官中，能够赶上隆美尔的人可以说是寥寥无几。不过，他仍是这些军官们“最优秀的同志之一”。

“最优秀的同志”这种说法，听起来更有承诺的意味。毕竟，他们全都是走到了一起的年轻人，而部队也并不是时时刻刻都位于战争的最前沿。想必，即便是在罗马尼亚，他们撤下前线去休整的时候，也有当地的亚眠人

[1] 指尖感（Fingerspitzengefühl），源自德语，指一种本能的、极强的形势意识，以及根据形势做出最恰当、最巧妙的反应的本领。

教堂可以去；在这种有点儿像是天主堂或者大教堂的地方，他们可以在一个角落里坐下来，好好吃顿饭，暂时忘掉战争。在这样的夜晚，开车沿着平整的道路而来，订下一个房间，用浴盐洗了澡，买点儿东西，跟部队里的其他战友喝喝酒，就成了大家对第一次世界大战的部分记忆；这种记忆，会让人这样去想：“哦，情况也不是完全糟糕得很啊。”（我的旅长“小山羊”肯尼迪不就是在大教堂里，盯着那个给我们上菜的年轻姑娘，用我以前从未听到过、从那以后也没有听到过并且永远都无法忘怀的话，赞美她吗？“天哪，德斯蒙德，她太可爱了。”他说，“你可以在她的肚皮上吃下一个荷包蛋呢。”）

不过，当我尽量巧妙地将话题从前线转向消遣和休整，想要了解一下隆美尔这位军人兼普通人的时候，却碰到了一种难以逾越的障碍。他有什么兴趣爱好呢？不，哈特曼上尉认为，隆美尔没有其他任何的兴趣爱好。在不用发挥出自己的天才，将小型战术付诸实施的时候，他就是在构想新的计划，去让敌人受苦。当然，他绝对不是只想着在后方“痛击敌人”，显然他也绝对不是只希望去看看敌人。我问道，1916年结婚之后重新回到部队里的时候，他身上有没有出现什么变化呢？没有，他一点儿都没有变，还是跟以前一样顽强，还是那样不顾危险，还是一心想着在自己这支部队打赢战争。“他是一个彻彻底底的军人。”哈特曼上尉说，他那英俊的脸庞上浮现出一丝丝心驰神往的神色，“他全心全意都扑在战争上。”

几天之后，我又尝试了一次，与阿尔丁格尔上尉进行了交谈。第一次世界大战期间，此人非但与哈特曼、隆美尔在同一支部队里服过役，而且在1940年的法国、北非和1944年的诺曼底，他还担任过隆美尔的初级参谋。这是一个相当于兼勤务、营区指挥官、副官和私人秘书于一身的职务，并且差不多是隆美尔生前见过的最后一个人。阿尔丁格尔上尉是一个小个子，可能很适于当哈特曼绷带工厂那种大企业里的总会计师。那样的话，审计人员审计起账目来，就会轻松得很了。不过，在日常生活中，他实际上却是一位园艺设计师，在斯图加特享有盛誉，还是一名品位很不错的建筑师。或许，他会明白我想要得到的是什么，会给我讲一讲隆美尔的情况的。可这一次，我仍然没有取得什么进展。他谈到的，又是隆美尔的“指尖感”和所有的军事才能。对许多人来说，尤其是对军官而言，隆美尔是一个很难对付的人。“不过，假如隆美尔处于您的侧翼，您就会很清楚，自己根本不用担心那一侧的安全……那个时期，他认为上级下达的每道命令都必须不折不扣地得到执行……对于最高统帅部和参谋部，他在第一次世界大战中要比在第二次世界大战中更加信任……”他有别的兴趣爱好吗？哦，做得到的情况下，他喜欢去打上一天的猎，或者钓上一天的鱼。他喜欢看书吗？他看的主要是军事著作。他喜欢音乐或看戏吗？不喜欢。他喜欢美食和喝酒吗？这些东西在他看来毫无益处。当时的他，完全是一本正经、严肃得很吗？哦，不是的，他喜欢与官兵开玩笑，也很喜欢与来自家乡的官兵用斯瓦比亚方言进行交谈。

我似乎是在追赶着一个罕见而相当枯燥、单调乏味的人，是在追赶着一个极其擅长于单向思维的人。在阿伦·穆尔黑德所著的那部传记当中，年轻时的蒙哥马利与隆美尔这个正规军官极其相近；除了自己的军人职业，他们根本就没有其他的兴趣爱好。不过，蒙哥马利好歹还是圣保罗学校里一位有名的运动员，也是该校最出名的男生。而在桑德赫斯特的皇家陆军军官学校里学习时，他还惹得教官们大为恼火，因此教官们都对他说，他这个人毫无用处，在英国陆军里也不会有容身之地。可隆美尔呢，身上连这种不好的特点也没有。

任何一支军队里的生活，范围都是很狭窄、很有局限性的，而原来的德国陆军尤其如此，因为德国陆军中等级鲜明，有着种种严格僵化的传统。所以，一个局外之人，或者一个从不同领域暂时性地进入德国陆军的人，即便是在战争时期，往往也会认为，一心只想着当兵而不考虑其他问题的职业军人，眼界必定也是狭窄而有局限性的。在诺曼底担任过隆美尔参谋长一职、极其厉害而聪明的施派德尔将军曾对我说，他认为隆美尔一生当中没有看过一本与战争无关的书籍；当时，我正是在这种心态之下，才问他：那样说来，隆美尔是不是“有点儿傻里傻气”呢？施派德尔将军惊讶不已地瞪了我一眼。“傻？天哪，不是的！”他说，“他可一点儿也不傻。”

最终，我还是满意地理顺了自己对隆美尔的看法，并将他与我以前的经历联系了起来。不过，我还是建议读者，应当去形成自己的印象，而把我的观点放到最后再看。

第三章　两次战争之间

失败的滋味总是令人痛苦。但1918年德国的惨败，与1945年5月德国的投降相比，却更让德国的职业军人感到惊讶和动摇，因为所有的人，除了党卫军里的那些狂热分子，全都早已看出，后面这次投降是不可避免的。实际上，1918年时，鲁登道夫[1]很清楚，3月发动的那场大规模进攻，就是他的最后一击。但是，等到夏季里德军节节取胜之势受到遏制，开始转胜为败之后，这位古板的德国兵团级军官却仍然没有想过要投降，德国陆军仍然屹立在外国的领土之上；自俄国1914年那场进攻以来，除了俘虏，还没有任何敌人踏足过德国本土呢。德国的战线必须缩短，就像索姆河战役[2]之后那样。法国的整个北部地区和比利时，可能必须放弃；德国可能不得不与协约国签订一份妥协性的和约，从而让德军在西线的形势并不会好于1914年8月4日[3]时的局面。不过，除了总参谋部和陆军司令们，少有几个人在最后那两个星期之前意识到，德国此时并没有其他的选择，要么投降，要么就彻底亡国。连协约国也在准备面对另一个冬天的堑壕战，并且计划在1919年春季发动最终攻势了。

事实上，此时的德国各军在战场上全然处于挨打的地位，而协约国的封锁，也已经动摇了德国国内民众的抵抗意志。战败的结局可以被延迟，但不

---

[1] 鲁登道夫（Erich Von Ludendorff，1865—1937），德国陆军将领，曾担任过德国陆军总参谋部处长、步兵团团长、第8集团军群参谋长等职务，参加过多次战役，并且著有《总体战》一书，是第一个系统论述总体战的人。他的理论虽然谬误很多，为后人所诟病，但仍然具有重大的历史影响和理论意义。

[2] 索姆河战役（the battles of the Somme），1916年7月初在法国北部索姆河地区英法联军对阵德军的一场战役。这是第一次世界大战中规模最大的一次战役，双方伤亡共计约134万人。虽说英法联军最终没有达到突破德军防线的目的，但此役钳制了德军对凡尔登的进攻，迫使德军收缩防线，从而进一步削弱了德军的实力。

[3] 1914年8月4日，德军入侵比利时，英国随即对德宣战。

可能完全逆转。

尽管如此，由于我们都喜欢把自己的失败归咎于其他方面，而不是归咎于自身的缺点，所以人们纷纷传说，应当把那些“背后捅刀子的人”抓起来，交由返回国内的战士们喝其血、啖其肉才是，这种现象就是合情合理的了。协约国怀有一种奇怪而错误的欣赏德军精神的心理，竟然允许德军全副武装地跨过莱茵河上的一座座大桥，在军乐队和彩色党旗之中撤退回去，从而进一步助长了这种观点，使之保持了下去。

接下来，协约国的做法又完全无视双方业已商定的停战条件，从而让德国获得了一种有根有据、永远都感到不平并且完全合法的理由。正如约翰·梅纳德·凯恩斯[1]在当时就已指出的那样，这些方面都是非常清楚、毫不含糊的。协约国宣称，它们愿意根据威尔逊总统在美国国会发表讲话时详细阐述的“十四点原则”[2]这一基础与德国媾和，而“巴黎和会”的目标则是“讨论应用这些原则的细节问题”。可实际上，“巴黎和会”从来都没有讨论过那些原则，而和约也是在德国没有进行陈述的情况下强行签署的。此外，正如哈罗德·尼科尔森[3]先生在《缔造和平》一书中指出的那样，这个“十四点”、“四原则”和“五细项”当中，“只有4条可以稍微准确地说加入到了和平条约当中”。结果就是，尽管《凡尔赛和约》无疑并不像德国人自己制定的那种和约一样严厉，却没有哪一位德国人认为这个和约对他们具有约束力。尤其是，对于将西普鲁士的大片领土割让给波兰，对于失去但

[1] 约翰·梅纳德·凯恩斯（John Maynard Keynes，1883—1946），英国著名的经济学家和逻辑学家，著有《就业、利息和货币通论》《论货币改革》《货币论》等作品。他创立的“宏观经济学”，与弗洛伊德的“精神分析法”及爱因斯坦的“相对论”一起，并称为20世纪人类知识界的三大革命。

[2] 十四点原则（Fourteen Points），美国第28任总统威尔逊（Thomas Woodrow Wilson，1856—1924）在1918年第一次世界大战结束后提出的、关于确立世界和平的纲领性原则。主要内容包括：战后的世界应该是一个开放的世界；抵制并消除苏俄布尔什维克主义的影响；要求在给欧洲及近东各民族以自决权的基础上，恢复与建立民族国家，或建立受到列强保护、实行门户开放原则的保护国；成立具有盟约性质的普遍性国际联盟，使大小国家都相互保证政治独立与领土完整。这实际上是美国在战后企图冲出美洲、争夺世界霸权的一个总纲领，但由于英法操纵巴黎和会，而美国国会又拒绝批准《凡尔赛和约》，因此这一纲领最终实际上无果而终。

[3] 哈罗德·尼科尔森（Harold Nicolson，1886—1968），英国外交官、政治家兼作家、编辑。《缔造和平》一书是他在1933年出版的一部作品，全名为《1919年：缔造和平》（Peacemaking 1919）。

泽市，对于让大约200万德国人永久性地服从于波兰的统治，没有哪个德国人愿意接受。我们必须在这种背景之下，来看待每个德国军官随之而来的行为才是。德国的军官阶层都认为，该国是受到了欺骗才投降的；哪怕我们辩解说，假如德国继续作战到1919年，那么无论协约国可能把一些多么令人无法忍受的条件强加给德国，德国都将不得不接受，这样做也毫无用处。

而在1945年，我们则看到，德军已经被同盟国摧毁和瓦解，就像他们那些夷为了废墟的城市里面的瓦砾一样，沉浸在阴郁和痛苦当中，暂时性地变得麻木不仁，连恨也恨不起来了。1918年时，他们仍然拥有相互翻脸的斗志，因为推翻征服者的日子当时还遥远得很。（但推翻征服者的日子终有一天会到来的，他们对此毫无疑问。“从这里脱身之后，我们就会用大棒把法国人赶回老家去。”1919年，一位德国实业家在杜塞尔多夫曾经这样对我说道；当时，还是法国占领鲁尔区的4年之前。）那时，我们都一心忙着抚平自己遭受的创伤，庆祝我们获得的胜利，花掉我们的战争遣散费，享受战后初期那段短短的经济发展，对德国正在发生的情况既所知不多，也不怎么在乎。然而，回国后的军官们在大街上被抓，或者被人从火车上揪下来，撕掉他们的军衔标志，并且经常被残忍地杀害的情景，却给德国人留下了深刻的印象，也极大地确保了这一点：到了一定的时候，民众就会欢迎希特勒上台。这个方面，极大地说明了德国“自由军”兴起、实施种种暴行以及出现戈林、罗姆、赛普·迪特里希[1]这种人的原因。这种情况，也说明了该国身为社会党人的国防部部长、以前的制篮工兼前军士诺斯克先生最终转向了德国军官阶层的原因，因为此时的他，就是唯一一个能够尊重并恢复德国一向试图强加给本国民众和其他民族那种“秩序”的人。

然而，这一切还有另外的一面。在经济陷入混乱，以及由战败、被别国占领和内战导致的心理迷茫当中，任何一个当时没有身处德国的人，都很难透过重重迷雾，描绘出德国中产阶层家庭正常生活的情况：丈夫前往气氛阴郁、追求效率的工厂与办公室上班，妻子则在家里无休无止地擦啊洗啊，逼迫那些可怜的女佣，并且将心思主要都放在食物价格以及难以获得食品这个问题上。一位德国的正规军军官，一下子回复到和平时期的从军状态，好像

[1] 赛普·迪特里希（Sepp Dietrich，1892—1966），本名约瑟夫·迪特里希（Josef Dietrich），德国党卫军最重要的将领之一，曾担任过希特勒的私人保镖和党卫军装甲集团军司令等职。

自己只是前去参加了几场时间异常冗长的演习似的：这种情况，我们就更加难以想象了。

不过，埃尔温·隆美尔上尉的情况正是这样，或者说差不多就是这样。1918年12月21日，他再次被分配回了原来的那个团，即驻扎在魏因加滕的第124步兵团；1910年参军伊始，他进的就是这个团。总体而言，他并没有看到多少“问题”。同一个月里，他不得不穿过正在爆发革命的德国，将妻子从但泽接过来；当时，她身患重病，住在祖母家里。由于前往但泽的时候他身穿军装，因此一路上受过盘查、受过不大的侮辱，有一次还差点儿被捕；可最终，他还是将妻子安全地带了回来，安置到了他母亲位于魏因加滕的家里。（这两位女士，始终都是关系最好的朋友。）1919年夏季，他有段时间担任过腓特烈港的一个国内安全连的连长；正是在那里，他有了第一次对付那些不愿意服从命令的德国军人的经历。

当时，他接受了任务，要将海军招募来的一批“左翼”海员训练成水兵。他们一开始的时候有点儿桀骜不驯，还因为隆美尔佩戴着“蓝色勋章”而向他喝倒彩，要求军方委任一位政治委员，拒绝走正步训练，并且举行了一次革命会议。隆美尔也参加了这次会议，他站到一张桌子上，当众指出，他指挥的应当是一群战士，而不是一帮犯罪分子。第二天，他便让这些人跟在军乐队后面，到阅兵场上去。他们拒绝进行训练之后，隆美尔就上马走了。这些水兵胆怯地随着他回到了营房里，过不了几天就都变得服服帖帖，以至于斯图加特的警察局长哈恩督察都要求隆美尔从中挑选出一些人，加入警察队伍；一旦加入了警察队伍，他们就会获得一笔特殊的津贴。他还邀请隆美尔本人一起前去，或许，这就解释了人们之所以传说隆美尔曾经当过警察的原因吧。隆美尔回答说，他打算回到自己的团里。绝大多数手下都愿意不要这笔津贴，愿意追随隆美尔而去。除了要求他们必须监视一家做黑市烧酒的工厂之外，后来他跟这群士兵之间就再无矛盾了；或许，指派这个任务，也是有失公允地想要考验一下他们刚刚确立起来的纪律吧。后来，他还带领手下的这个连前往鲁尔，执行国内安保任务；但在那里，他们没有经历什么太过令人激动的事情。到了1921年1月1日，在施瓦格明德值完勤之后，他又被调到斯图加特，成了第13步兵团的一位连长，而德国陆军此时已经将第124步兵团裁减掉或者说重编番号，因而不再有这个团了。在第13步兵团里，他身为上尉，一干就是差不多9年。

因此，对于除了战争一无所长，也不太在意与什么样的敌人作战的隆美尔来说，他又是怎么做到重新开始自己的职业生涯，而没有为形势所迫加入“自由军”，没有加入众多赋闲无事、心怀不满和凶狠好斗的退役正规军官的这个避难所的呢？那是因为，尽管1918年11月德国惨败，尽管随即该国又爆发了内乱，但德国陆军始终存在，并且即便是在这样一个弃军不用的时候，德军也始终怀有尽早进行扩充的意图。《凡尔赛和约》中，第160条规定：“到不迟于1920年3月31日之前，德国陆军的兵力不得超过7个步兵师和3个骑兵师。此后，德国陆军的总兵力……包括军官和兵站机构人员，不得超过10万人……军官总数不得超过4000人。”

这一规定，目的是允许德国保存足够的兵力来维持国内秩序。而其后果，却是让德军总司令汉斯·冯·塞克特将军这个“炮制出了下一场战争的人”，拥有了一批牢固的核心职业军人，使他可以围绕着这一核心，为日后的德国陆军打下基础。这些职业军人是德国陆军的强化剂和钢架；如有可能重新征兵，那么到了有可能的时候，应征来的兵源就可以像“混凝土”一样，迅速地注入其中：希特勒在1935年3月正是这样干的。佩有“蓝色勋章”、拥有身为团级军官声誉的隆美尔，“自然”非常适合这种工作。虽说他并不熟悉冯·塞克特将军，事实上除了在阅兵仪式上见过一两面，他也从来都没有碰到过这位将军，但他正是冯·塞克特将军需要的那种人，即那种严肃认真的年轻军人（停战时，他还要过4天才到27岁），而不是那种在战争中可能很有用处，在和平时期却不喜欢遵守纪律，忍受不了枯燥训练且虚张声势的人。

对于隆美尔本人而言，就算曾经希望自己能够有所选择，他其实也是别无选择的。军队就是他的职业，由于他已经结婚成家，又没有多少或者完全没有自己的谋生之道，因此能够从事军人这种职业，他还觉得自己非常幸运呢。而且，他并不觉得从军生涯很枯燥，他是一个善于思考的军人，喜欢把自己经历过的战斗重新来一遍；当然，这并不是抱有什么怀念战争的想法，而是为了从中汲取正确的战术教训。他跟蒙哥马利一样，也很喜欢操练和训练。

对于冯·塞克特将军实施那个扩大军备、隐藏德军实力的庞大阴谋的具体情况和目的，他非常清楚，这一点我们是毫无理由去怀疑的。精心挑选出来的那4000名军官，个个必定都清楚得很，他们的使命并非仅仅是维持国内安全，而是在原有德国陆军的残余基础之上，建立并训练出一支新的、更加强大的军队。他们必定都曾因为自己追求的目标具有非凡的巧妙性和坚定不移的精神而感到欢欣鼓舞，因为倘若我们处在他们的位置上，也会这样的。我还记得，在约翰内斯堡“兰德俱乐部”[1]的图书馆里，我曾经看过J. H. 摩根[2]准将在1924年10月的《评论季刊》上发表的一篇文章；此人是“裁军委员会”里的一员，他在文中指出，德国找了无数的借口，在“遣散中心”“福利中心”“抚恤金中心”等名义的掩饰下，让“裁军委员会”的种种措施都实行不下去，并且尽可能地让该国的整个动员机制做到了原封未动。此文描述的情况，像阿加莎·克里斯蒂[3]所写的小说那样刺激，还有更多方面则令人担忧。令人遗憾的是，这本杂志的发行量并不大。在那些积极参与此种欺骗行径的人看来，这必定是他们可能玩过的一场惊心动魄的游戏。“假如我身为德国人，并且热爱祖国的话，”摩根准将自己就曾说过，“我一定会向冯·塞克特将军致敬，认为他是最最伟大的普鲁士人。”沙恩霍斯特[4]曾经将《提尔西特条约》[5]中的裁军条款，变成让拿破仑狼狈不堪（顺便也让我们赢得了“滑铁卢之战”）的条款；但相比而言，他还只是个小人物，因为制定《凡尔赛和约》中的对应条款时，人们要仔细得多。因此，在紧跟1914年至1918年这场战争之后的那些年里，在德国的部队里从军，对于一名德国军官来说，并不像人们可能认为的那样，是一种沉闷无趣

---

[1] 兰德俱乐部（the Rand Club），南非约翰内斯堡市一个历史最悠久的个人会员制俱乐部，成立于1887年，其会员中有许多人物都曾在南非位高权重，对南非的历史产生了重要的影响。在19世纪20年代至30年代，该俱乐部曾经两次被当成宗主国英国皇室成员访问南非时的官邸。其中的图书馆藏书高达1万多册，大部分都是历史与学术方面的著作。

[2] J. H. 摩根（John Hartman Morgan，1876—1955），英国律师，在第一次世界大战期间志愿入伍，担任军务次官参谋一职，后官至准将，并在1919年以军务次官助理的身份参加了巴黎和会，是“战俘委员会”里的英国代表。

[3] 阿加莎·克里斯蒂（Agatha Christie，1890—1976），英国著名的侦探小说家兼剧作家，被誉为“三大推理文学宗师”之一，曾被英国女王授予“侦探女王”称号，代表作有已经改编成了电影的《东方快车谋杀案》和《尼罗河谋杀案》等。

[4] 沙恩霍斯特（Gerhard Johan David von Scharnhorst，1755—1813），普鲁士将军、伯爵兼军事改革家，曾是普鲁士总参谋部的奠基者，著有《炮兵研究指南》《军官手册》等军事著作。

[5] 《提尔西特条约》（the Treaty of Tilsit），法国1807年分别打败普鲁士和俄国之后，在提尔西特（即如今俄罗斯的苏维埃茨克）签订的两个和约。其中与普鲁士签订的条约，非但使该国丧失了大半领土，还迫使该国削减兵力至4万人。

和无利可图的职业呢。

驻扎在斯图加特，是隆美尔值得幸运的另一件事情，因为斯图加特是他家乡一座非常宜人的城市，而他的家人也都住在那里。所以，尽管要等到1933年才会擢升至少校军衔，他却完全说不上过得不快乐。1927年，他带着妻子前往意大利休假，并且重访了他在隆加罗内做出壮举的地方；其间，隆美尔夫人还在当地的公墓里发现了莫利诺家族的墓地——人们普遍都认为，她的娘家莫林家族就是这个莫利诺家族的后裔。（他们对当时那个战场的寻访过程被人打断了，因为一个德国军官公然前去寻访一个似乎能让他产生愉快联系的地方，这种做法让隆加罗内的意大利人感到愤慨。）

在另一次休假中，他和夫人一起划着独木舟，顺莱茵河而下，到了康斯坦茨湖[1]。夫妻二人都是专业的滑雪爱好者、登山运动员和游泳健将，两人都长于骑马，都喜爱马匹和小狗，并且极愿在乡村生活而不是在城市里生活；因此，只要做得到，他们就会到斯图加特以外的地方去。事实上，两人还喜欢跳舞，但他们对看戏、看电影都不太感兴趣，也不喜欢所谓的“派对”。

在家里，隆美尔会拉拉小提琴，水准只能说是业余，但在其他方面生活得很随和。他的酒量很小，从来没有喝过两杯以上的葡萄酒；他不抽烟，在吃的方面也不挑剔。他对家里的事情异常拿手，能够制作或者修补任何东西；刚买了一辆摩托车，他就把摩托车完全拆散，然后再一一组装起来，之后还扬扬得意地说，没有剩下一颗螺帽或螺母。

驻扎在斯图加特的时候，隆美尔与哈特曼、阿尔丁格尔一起，成立了一个3人原来都隶属的符腾堡山地营“老兵协会”。在这个协会里，会员之间不分军衔的高低。这是隆美尔的主要爱好之一，因此他用了大量的业余时间，亲自写信，与所有曾经在该营里当过兵的人进行联系，并且尽力帮助那些在战后德国生活得很艰难的老兵。协会每年召开一次年会，进行一次阅兵；1935年，隆美尔官至中校，当上了戈斯拉尔一个营的营长之后，还特意回到过斯图加特，去参加该协会的年会和阅兵。那一次，冯·索登将军前来检阅，并且邀隆美尔与他一起站在检阅台上。隆美尔曾说，他更愿意带领原

[1] 康斯坦茨湖（Lake Constance），位于阿尔卑斯山脉北麓，如今瑞士、奥地利和德国交界处的一个湖泊，由3个小湖组成，是欧洲最大的内陆淡水湖和饮用水源库，在德语里称为“博登湖”（Bodensee）。

来的那个连队回到过去；这句话，正好体现出了他的典型性格。

于是，数年间匆匆而过，隆美尔夫妇生活惬意，太平无事；其间最大的一件事情，就是1928年圣诞前夜，两人的独子曼弗雷德出生；此时，距他们结婚已有12年了。

隆美尔的遗孀说，除了受伤之处所结的疤痕，战争似乎在隆美尔身上并未留下什么痕迹。他在谈到战争的时候，仿佛那是一件愚蠢而残暴的事情，说任何一个神智正常的人都不希望看到战争再次打响，他在家里很少谈到战争。不过，他晚上不会做噩梦，似乎也不像1918年后所有部队里无数年轻的军人那样：他既不认为那4年光阴是某种奇怪而血腥的幻觉，也不持相反的态度，认为只有那4年时间才是真实的。他依然是一个严肃认真却脾气很好、作风朴素的人，享受着宁静的生活；除此以外，他便一门心思放在自己的职业上。可他的职业，却是备战；这是一种表面上的矛盾，职业军人解决起这种矛盾来，要比平民百姓更加容易。

1929年10月1日，隆美尔被任命去德累斯顿步兵学校里担任教官，然后在该校待了刚好4年的时间。他把自己在该校的讲义汇集起来，以战争期间在比利时、阿尔贡、孚日山区、喀尔巴阡山区和意大利的个人经历为基础，最终出版了《步兵攻击》一书。这本小册子，是一本关于步兵战术的优秀指南；其中，通过绘制得很好的示意图，他生动地描述了许多小型的作战行动，并且清晰地总结出了战术方面的教训。这本小册子，后来成了瑞士陆军的教科书；为此，一些瑞士军官还送了一块金表给他，表上刻有恰如其分的铭文。不过，这本小册子也引起了另一位关系更为重大的读者的注意，从而给隆美尔的命运带来了深远的影响。

1933年10月10日，此时已经晋升至少校军衔的隆美尔，受命前去指挥第17步兵团的第3营；这是一个步兵营或者山地营，其中的官兵都精通滑雪，或者说都应当精通滑雪。该营驻扎在戈斯拉尔，因为此地附近有一些不错的滑雪场；在他就任营长的第二天，手下的军官们便提出，他们应当一起出去活动活动。无疑，他们都是想要看一看，这位中年指挥官有没有本领来指挥一个由运动健儿组成的营。当时那里还没有滑雪缆车，因此他们费了九牛二虎之力，才爬到了最高点。他们原本打算在这里坐下来，先喝点儿酒、抽会儿烟，休息休息；可就在此时，隆美尔发话了："先生们，我认为该开始滑下去了。"沿着山坡往下滑去的时候，他们的速度非常快。到了山脚，大家便都一致认为，这位指挥官的滑雪本领不错。“非常不错，先生们，”隆美尔说，“我们再滑一次。”大家都觉得，隆美尔这是想表现出自己的冒险精神吧。不过，待他提出第三次爬到顶峰上去之后，大家就没有什么积极性了。等到他们终于第三次滑到山脚，所有军官就都受不了了，只有隆美尔一人除外；他竟然说，那些障碍雪坡看上去很不错，可以到那边再去滑上半个小时左右。在英国部队里，我们经常可以看到这样的现象：如果是要跟上校营长打桥牌，却“三缺一”的话，军官们往往都会悄悄地溜出休息室。可我得知，在隆美尔那个步兵营里，自告奋勇地跟营长去滑雪探险的人，是必须经过精挑细选的。

在1933年1月31日希特勒担任德国总理之前，隆美尔对政治几乎毫无兴趣，超然物外、远离政治与金融这两大“肮脏”领域，一直都是德国军官阶层坚持的传统。在停战之后的那几年里，冯·塞克特将军开始有意地促进这种传统，同时还开始打破传统上存在于官兵之间的种种壁垒。他的目的，是创建一支“新型”的军队，可他无意将这样一支军队，拱手交到魏玛共和国[1]的那些政客手中。何时动用这支军队，决定权将掌握在德军总参谋部的手里。与此同时，这支部队只能效忠于德国军方。因此，他下令禁止军队参与任何政治活动，甚至不准参与选举的做法，虽说无疑让协约国大感放心，其实却是一个长远计划的组成部分；假如协约国充分认识到了这一点的话，这个计划当然会让各国提高警惕的。

就隆美尔来说，他根本就不需要什么禁令。他是在德国一个很小的地方性城市里，在一个与政治无关的社区中长大成人的；他接受的教育，就是成为一名军人；还不到23岁，他就离家去打仗了。回来之后，能够避开战后德国混乱的政治纷争，进入一个自己觉得非常自在的领域，这种情况正合他的心意。在咖啡馆里跟人“胡侃”，他的消遣活动中可没有这一项；他书报看得很少，而且根本就没有政治头脑。隆美尔夫人记得他在早期对纳粹党的唯一评价，就是说他们“似乎是一帮无赖”，还说希特勒身边竟然有这样的人，令人觉得太遗憾了。这是因为，像90%没有直接接触过希特勒、没有接触过希特勒那场运动的德国人一样，他也认为希特勒是一个理想主义者，是一个拥有某些正确理想的爱国主义者，认为他可以将德国人民团结起来，挽

[1] 魏玛共和国（Weimar Republic），即1919年至1933年间存在的德意志共和国，因成立于魏玛而得名。

救德国于危难之中，使之不至于为共产主义所沦陷。这种看法可能看似天真，但与英国有许多人认为希特勒只是一个长着一撇可笑胡子的荒唐小个子的观点相比，其实也幼稚不到哪里去。

这两种看法，都是建立在一厢情愿的基础之上的。可业已饱尝了失败之苦、业已切实体会到了共产主义滋味的德国人，相信他们希望去相信的东西，起码来说还是有一定理由的。那些拒不承认这个荒唐人物身上具有的危险性，直到为时已晚的人，却仅仅是因为接受另一种选择太过令人不快，就不愿去相信自己不想相信的东西啊。

而且，隆美尔虽说是一名正规军军官，却并不是什么出身高贵、势利异常的普鲁士老爷。在他看来，一位奥地利下士[1]最终可能成为挽救德国于危亡之中的人，这种观点并不像德国国防军中许多高级将领认为的那样不切实际，因为他喜欢下士。他不喜欢的，是罗姆这种恃强凌弱的“褐衫党”[2]党徒。他虽说从未碰到过罗姆本人及其同伙，但也像绝大多数军人一样，怀疑这帮人是企图创立一个专门唱对台戏的组织。此外，他看到“褐衫党”党徒四下出没，而这些人的歇斯底里和没有纪律性，也令他深恶痛绝。因此，得知罗姆及其党羽在1934年6月30日的“长刀之夜”[3]里被清算的消息，他并不感到震惊。他相信这些人一直在密谋推翻希特勒、企图自己掌权的传闻，认为他们都是咎由自取。隆美尔夫人和其他一些人也曾信誓旦旦地对我说，整个事件在德国国内引发的动荡，其实要比在国外的影响更小，起码在德国首都以外的地方就是如此；而这场杀戮的具体细节，也完全是慢慢才流传开来的。

至于隆美尔本人第一次遭遇正在运行中的国家社会主义的情况，无疑并不能说明他对纳粹党心存高度的同感。1935年，戈斯拉尔被选为一场感恩节庆典活动的举办场所，元首将会亲临庆典现场；此时，他正驻扎在戈斯拉尔，担任山地营的营长一职。一切都必须布置得极其讲究，有乐队、横幅，

---

[1] 指希特勒。希特勒是奥地利裔德国人，在第一次世界大战期间，曾志愿加入了德国巴伐利亚预备步兵团第16团，并在1917年由传令兵（军衔为陆军下士）晋升为上等兵。

[2] 褐衫党（Brownshirt），即纳粹党，因其党徒身穿褐色制服而得名。

[3] 长刀之夜（the Night of the Long Knives），德国于1934年6月30日至7月2日实施的一次清算行动，是希特勒用暴力消灭政敌的一场行动。在这次行动中，纳粹政权进行了一系列的政治处决，包括罗姆在内的大多数受死者都是纳粹“冲锋队”的成员，故这次行动又称“血洗冲锋队”“蜂鸟行动”，而在德语里则更常称为“罗姆政变”。

还有附近地区身穿民族盛装的农民。当然，他率领的那个山地营也会举行阅兵仪式。敲定了阅兵仪式的具体细节之后，纳粹党党卫军的一位代表对隆美尔说，阅兵队伍的前面会有一列党卫军，来负责希特勒的安全。听到这话，他回答说，要是那样的话，他手下的那个营就不去参加了。接下来，他受命前往当地的酒店，去谒见希姆莱与戈培尔两人。这两个人都对隆美尔异常的彬彬有礼，邀请他留下来共进午餐。待他解释说，他认为党卫军的安排是对他本人和手下营队的侮辱之后，两人都表示同意，认为他说得很对。他们称，这完全是一位过分谨慎的手下所犯的错误，当然，这些命令会马上撤销。隆美尔达到目的之后，回到家里就跟妻子说，他不太喜欢希姆莱的模样，但戈培尔先生的确是一个和蔼可亲、很有意思的人。后来，他一直保持着当时形成的那种天真印象。在后来的那些岁月里，尽管并不经常，但只要碰到了一起，戈培尔都是千方百计地表现得和蔼可亲，释放出他身上无疑具有的那种魅力来。隆美尔这个人值得他去争取，就算不可能争取，也值得他去讨好。隆美尔与希特勒在这里的第一次会面，则纯属正式的接见。他敬了礼，被人介绍给希特勒，与希特勒握手；希特勒看到了他身上佩戴的“蓝色勋章”，然后祝贺他手下那个营出席了阅兵仪式。

1935年10月15日，此时已经晋升为中校的隆美尔，被派往波茨坦的军事学院去当教官了，这是他第一次靠近权力的中心。原先，他也有通过参谋学院的考试并参加选举的机会。不过，有人却建议说，鉴于他履历不凡，还获得过“蓝色勋章”，如果继续留在部队里的话，获得提拔和升迁的可能性会更大。由于他天生就是当军官的料子，因此这种建议正合他的心意。在波茨坦，他偕同妻子和年幼的儿子，在军事学院不远的地方过着宁静的生活，很少参与柏林的社交界；而在纳粹党的高层里，他非但没有朋友，连个熟人也没有。他们在社交场合下，甚至也没有碰到过德国国防军里的高级军官。与住在斯图加特时一样，夫妻二人的朋友主要都是正规军里级别跟他差不多的军官。

当然，他们也比以往更多地得知了高层的许多情况。例如，他们得知纳粹党与总参谋部之间的竞争日趋激烈了。凭借兴登堡去世后希特勒成了德国所有武装力量的最高统帅、军官团已经向他宣誓效忠这个事实，纳粹党的头目们决意要让这些军官一个个都变成优秀的纳粹党徒，并且把德国国防军并入所谓的“新秩序”中。他们相当清楚地看出，一个独立且具有扎根于过去之传统的组织，将来有可能与他们翻脸，并且取而代之。希特勒则看得更加清楚，因此他运用了最狡猾的手段，让双方来相互争斗、相互牵制。

就其本身而言，德国军方尽管自1935年3月以来便一直醉心于进行大规模的扩充，并且感谢希特勒给了他们超乎期望的进行扩充的机会，可他们却从未想过要臣服于希特勒的党羽。极少数品格和能力都最为优秀的军官，比如身为总参谋长的路德维希·贝克上将就认为，元首及其追随者之间并无区别；而基于道德来考虑，他们都认为国家社会主义及其创立者都属于国家之不幸。虽说贝克直到1938年才辞职，但他在抗议入侵捷克斯洛伐克的计划时，心中却并未抱有幻想——当然是对希特勒这位元首不抱幻想。其他一些人，比如总司令魏勒·冯·弗理奇上将，也对纳粹党及其领袖既感讨厌，又很瞧不起；至于原因，似乎主要在于这些人威胁到了军方的最高地位，因为他们都是一名德国军官实在无法与之打成一片的那种人。还有其他一些人，比如凯特尔将军[1]父子与约德尔将军[2]兄弟，则准备牺牲自己的职业操守来获得晋升；不过，他们若是知道希特勒很快就会把他们当成身穿制服的办公室勤杂工一样来对待的话，那么他们可能也会犹豫还要不要这样做呢。

至于总参谋部里绝大多数人的态度，沃尔特·瓦利蒙特将军曾经如此表述过："慢慢地，总参谋长发现，总参谋部必须获得某种稳定的影响力才行；于是，他开始指望希特勒，以为与其追随者相比，希特勒才是德国的新希望。除了重整军备的计划，和平占领莱茵兰地区一事也增强了希特勒在军官团内的个人威望，因为这一行动与军方的根本政策是一致的。"假如他们当时明白的话，这种情况其实可以说是每况愈下了；不过，当时这种做法可不像现在听上去这样愚蠢。难道希特勒自己不是一名军人，不是也为他在这场战争中服过役而感到极其自豪吗？难道他没有在背后提供支持，让他们去跟罗姆的野心作斗争吗？难道他不清楚，在德国臣服于他国的那段漫长岁月

---

[1] 凯特尔将军（Wilhelm Keitel，1882—1946），第二次世界大战当中德军资历最老的陆军元帅之一，曾担任德国最高统帅部总参谋长一职，战后被判处绞刑。他的儿子卡尔·海因茨·凯特尔（Karl-Heinz Keitel）是党卫军里的少校军官。

[2] 约德尔将军（Alfred Josef Ferdinand Jodl，1890—1946），纳粹德国的陆军大将，曾担任德军最高统帅部作战局局长一职及威廉·凯特尔将军的副手，负责制定了德国在第二次世界大战中的许多军事行动。在纽伦堡审判中他被判处绞刑。他的弟弟费迪南德·约德尔（Ferdinand Alfred Friedrich Jodl，1896—1956）也是德军的将领，曾担任挪威山地军团司令一职。

里，正是军方（也只有军方），才让德国对军事方面的热情始终保持下来、长久不衰吗？他手下的那些纳粹党徒，虽然在他上台掌权的过程中出了力，但谁又能说，他是真的偏爱这些恶棍，胜过那些保守的德国军官呢？难道他不是在等待时机，直到自己有能力除掉这些恶棍，然后再来倚重那些真正能够保护德国的人吗？

总参谋部里那些人士的观点，当时就是如此。这种观点，一直向下深入渗透到了团级军官当中；隆美尔由于身处其中，因而要说他考虑过这种问题的话，那他也是接受了这种观点。在他的心目中，元首及其追随者之间具有明显的差别。在痛苦的亲身经历让他大开眼界之前，他是非常崇拜和敬重希特勒，而厌恶纳粹党徒的；可这样的经历，要到阿莱曼战役以后才会出现。

因此，1935年得知军方提出接管纳粹“冲锋队”，并且由他去指挥的时候，他并没有感到极其振奋。他承认，假如能够“让这些人变得聪明起来”，他会很高兴；可他也认识到，这项任务既不轻松，也不会令人觉得舒服。后来，他并没有接到调令，军方想要控制纳粹冲锋队的企图没有成功。此后，军方也不太可能再有这样的机会了。

然而，隆美尔却必然逃避不了与纳粹党徒之间的联系。还在军事学院里当教官的时候，他就接受了一项特殊的任务。他被任命到了“希特勒青年团”，目标则是提高这些人的纪律性。这项任务很适合他去干，他一向都喜欢男孩子，与这些男孩子在一起的时候，他的状态最好。绝大多数男孩子都有一种英雄崇拜的天性和本能，因此都很崇拜他。虽说他是一位威名赫赫的军人，很不好惹，但隆美尔跟他们说话的时候，却非常平易近人，毫不摆架子。从这个方面来看，这些男孩子整体上都是不错的；而从身体上来看，他们也都很出色。

假如让隆美尔放手去干，“希特勒青年团”的最终结局将会如何，揣摩一下这一点是很有意思的。那些官兵可能会变得坚毅而勇敢，事实上其中绝大多数成员就是这样的。在濒临战败的最后那段日子里，他们可能会不屈不挠地作战，直到英勇牺牲；实际上，在第12党卫军装甲师（“希特勒青年团”）那位党卫军旅长库尔特·梅耶的率领下，他们中的许多人在卡昂[1]正是这样做的。他们可能会像恶狼一样向我方的坦克扑来，最终正如一位英军

[1] 卡昂（Caen），法国北部城市。

坦克指挥官所说的那样："我们不得不违背自己的意志，将他们打死。"可以肯定地说，他们很可能不会变成日后那种心胸狭窄、狂热盲信而又横行霸道的年轻人。他们无疑不会像接受了库尔特·梅耶的命令之后那样，去屠杀战俘。而如今幸存下来的人，也不会形成这样一种根深蒂固的观念：德国的年轻人都脸色阴沉、充满忿恨、非常危险，没有哪一个头脑清醒的人相信，他可以让这些人认同我们的观点。组成"非洲军团"的德军官兵，基本上都是这样的人；在这个军团里服役的小伙子们，一个个都坚忍不拔、勇敢无畏而又自信十足。

他们对自己的本领也很自负，不过，我们只有在碰到了"非洲军团"和党卫军里的幸存者之后，才能看出二者之间的差别来。

隆美尔一直都没有机会接触到这些人，因为他很快便与这些人的领袖，即巴度·冯·席拉赫闹翻了。此人年纪轻轻，长相英俊，擅长演讲，比绝大多数纳粹党徒都要更有教养，因为他是魏玛剧院一位导演的儿子，是个所谓的诗人，一直都被人们当成是该党内部的少数理想主义者之一。而另一方面，他给冯·哈塞尔[1]的印象却是，他不过是"一个言过其实的党棍……他的尊容体现出来的就是卑鄙"罢了。可以肯定的是，他属于那种能够吸引德国热血青年的人，并且盲目而明显地对元首忠心耿耿，因为他以前经常给元首写一些阿谀奉承的诗歌。自然，对指派一个来自外部甚至不是纳粹党员的正规军军官来训练"希特勒青年团"这一点，他是心存不满的。然而，隆美尔与之闹翻的那个问题，假若不了解隆美尔出身于一个校长世家这一情况，我们就会感到非常惊讶。隆美尔完全不是想要将"希特勒青年团"军事化，而是反对冯·席拉赫太过强调体育与军事训练，却对教育和人格培养关注不足的做法。他曾经指出，自己强烈反对将13岁的小男孩培养成一个个"小拿破仑"，并且说，要是一个时年18岁、身穿制服、开着一辆大奔驰车的小伙子前来，向他吐露心事说自己"觉得像是一员主将"，他也根本不会加以鼓励的。"希特勒青年团"当时早已对学校和校长不屑一顾，并且不愿被当成男生对待。为了纠正这种做法，隆美尔安排巴度·冯·席拉赫与时任教育部长的鲁斯特博士之间举行了一次会晤。不过，冯·席拉赫傲慢无礼，而鲁

---

[1] 冯·哈塞尔（Ulrich von Hassell，1881—1944），德国政治家，1933年加入纳粹党，曾担任德国驻意大利大使一职，后被希特勒解职。"二战"爆发后，他参与了推翻希特勒的计划，并在计划失败后被希特勒处死。

斯特则是一个蠢人，因此会晤无果而终。于是，隆美尔便对冯·席拉赫说，要想将男孩子们变成军人，那么席拉赫自己最好先去学会成为一名军人。冯·席拉赫尽管最终还是走了，可当时却反驳隆美尔说，如果别人看到他服从一名军士级教官的命令，那么他在手下那个“希特勒青年团”面前，就会丧失所有的影响力！

与此同时，一旦觉得自己做得到，他便打算开始赶走隆美尔了。身为希特勒的亲信之一，冯·席拉赫不难提出异议，说隆美尔不是一位足够优秀的纳粹党员，不能将训练“希特勒青年团”的重任交给他。当时，隆美尔只是军事学院里的一名教官，而纳粹党与军方之间也还没有出现公开的纷争。于是，隆美尔便回到了波茨坦，并且没有被授予“希特勒青年团”的金质徽章，这一点令他觉得相当失望。

在波茨坦服完3年役之后，1938年11月9日，他获得任命，于第二天去主管维也纳新城[1]的军事学院。在前一年里，他已经获得了提拔，因此在19年的时间里从上尉升至了上校军衔；在和平时期，这种升迁速度原本足够迅速，但考虑到他过去的履历，以及自1935年以来德国国防军的大规模扩军，这也不是一件会引起什么轰动的事情。情况就是如此，没人可以说他获得升迁是因为他在军方高层有影响力，而他没有获得纳粹党的任何偏爱，这一点就更不用说了。

他的从军履历没有显示的是，就在离开波茨坦之前，他已经从军事学院被借调去从事一项临时的任务了；这项任务，不论是好是坏，都改变了他未来的整个人生。1938年10月，德军在向苏台德区进军的过程中，需要一名军官来指挥“元首护卫营”，即负责希特勒个人安全的那个营。1937年，《步兵攻击》一书已经出版。希特勒看了此书，对其推崇备至。他亲自指定了自己的护卫营，并且决定由此书的作者来指挥。于是，隆美尔第一次与希特勒进行了近距离接触；后来，这个人不但会将他升至陆军元帅，还会杀害他。

由于人们已经将大量的事情归结为希特勒性格阴暗，由于人们全都了解了希特勒的背信弃义、残暴无道、狡诈多变、嗜杀成性、古怪癖好和狂妄自大，因此如今只剩下了一个谜题：他是怎么能够如此长久地进行欺骗——当然不是欺骗广大的德国民众（这一点是可以理解的，因为对于德国人民来

[1] 维也纳新城（Wiener Neustadt），奥地利首都维也纳南边50公里处的一座小城。

说，他只是一种声音与一个形象），而是欺骗一些相当正派、相当聪明并且每天都与他打交道的人呢？

隆美尔并不是一个训练有素的心理学家，甚至也算不上希特勒的心腹，不过，他非常精明，观察敏锐，对普通人的判断也很准确。在这一时期，他获得了一个研究元首处于压力之下会如何表现的机会。当时他得出的印象，可能对我们已经了解到的情况没有什么增益。不过，这些印象都很准确，他还在笔记中进行了记录；他的笔记，后来被他的儿子保存下来了。他称，希特勒身上无疑具有一种有如磁铁般吸引人的力量，或许还是一种催眠般的力量；这种力量，源自他认为自己得到了上帝眷顾或者是天命（即掌控尘世间一切的力量）所归，必须领导德国人民“走向太阳”的信念。（当时隆美尔甚至怀疑过，假如希特勒无法领导德国人民走向胜利，那么他可能做好了同样的心理准备，会领导德国人民走向毁灭；不管怎样，只要结局具有戏剧性就行了。）

这种力量，从他操纵一次会议的过程就看得出来。一开始的时候，希特勒会摆出一副几近木呆的表情，似乎愚笨得很，就像一个懒散地翻动着七巧板的人。可突然之间，他的“第六感”（也就是隆美尔身上的那种“指尖感”）就开始活动起来，他会开始凝神细听。接下来，他就会“从自己的内心深处”，得出一个让听他讲话的人全都非常满意的答案，起码来说也是暂时让大家满意的答案来。

“在这种时候，他说起话来就像是一位先知。”隆美尔意识到，“他总是凭直觉采取行动，而不是凭理智采取行动。”不过他也说，希特勒具有一种非凡的天赋，能够抓住讨论的要点，并且从中提炼出一种解决办法来。

这种相同的本能，使希特勒能够感觉到与他交谈的任何一个人的想法，然后决定说出一些他知道会让对方高兴的话语来。他恭维起别人来，手段非常老辣。因此，在某种方针之上早已下定决心之后，他就会去跟某个无疑也持有相同观点的人进行商量，并且显得像是被后者的论点说服了似的，甚至还会表现出一点点的不情愿来。而待结论做出之后，后者因为元首竟然会去询问他的意见而早已受宠若惊，所以一想到自己也对这种决定施加了影响，就会加倍地感到荣幸了。（探究一下希特勒是否读过戴尔·卡耐基先生的书，将是很有意思的一件事情。）

第二件让隆美尔印象深刻的事情，就是希特勒的记忆力确实惊人。与史沫资将军[1]一样，他对自己读过的书可以说是过目不忘；而且，读过之后，整页、整章的内容都如照片一样，定格在他的脑海里，这一点也与史沫资将军一样。他对统计数据的理解能力尤其厉害，他能够一口气说出军队的部署、摧毁敌方坦克的数量、汽油与武器弹药的储备等东西来，连总参谋部里那些高度训练有素的人员，对此也深表折服。

德国的战地记者巴伦·冯·埃西贝克，曾经给我讲过一个他第一手获得的故事；这个故事，说明希特勒始终都没有丧失那种业已引领着德军走向惨败的本领与直觉。1945年早春，希特勒视察了东线的一个陆军指挥部。“您认为俄军发动下一次袭击将会在什么时候？”他问军长道。

军长说了一个日期，解释了自己的理由。

“不，”希特勒说道，“一个星期以后，他们就会发动进攻了。”事实果然如此。

接着，他又问道：“您的中型火炮里，每一台有多少发炮弹？”

那位军长回答了一个数字。

“不对，”希特勒说道，“我派给您的可不止那么多，您应该有这么多才是。打电话，问问指挥火炮的那位将领。”希特勒说得对，而那位军长给的数字则是错误的。

这其实是一种惯用的把戏，到访的皇室成员与陪同希特勒视察的将领们都熟知得很；可希特勒却是这方面的一位高手，完全无须别人来提示。

希特勒让隆美尔印象极其深刻，并且让后者始终都高看一眼的最后一种品质，说来令人惊讶，竟然就是他的气血之勇。1939年3月13日，德军准备进入布拉格的时候，隆美尔曾经再次担任希特勒的护卫营营长。“假如您是我的话，您会怎么做呢，上校？”元首问他。隆美尔的回答，很符合他的性格。“我会乘坐一辆敞篷车，”他说，“不要护卫队，一路开着穿过街道，前往哈拉卡尼古堡。”由于当时捷克人对德军的敌视情绪可想而知，因此亲自负责希特勒安全的人当中，是没有几个会提出这样一种建议的。而对这样一种建议，身处希特勒那种位置的人当中，也是没有几个人会采纳的。可是，希特勒竟然采纳了隆美尔的建议；当时拍摄的新闻短片也表明，他们正

[1] 史沫资将军（Jan Christiaan Smuts，1870—1950），南非和英联邦一位杰出的政治家、军事领袖和哲学家。他曾两任南非总理，是英国战时内阁里的大臣之一，1941年升任陆军元帅。

是按照隆美尔的办法去做的。

在所有的驻地当中，位于维也纳西南山区的维也纳新城，给隆美尔一家留下了两次战争期间最幸福的回忆。隆美尔拥有独立指挥的权力，由于不受上级机关的任何干预，因此他做的完全是自己最喜欢的事情，给那些崭露头角的军官进行小规模的战术和军人行为训练。他跟妻子、儿子一起住在一栋迷人的小别墅里，别墅四周是一个巨大的花园。在这个美丽的乡间，他们可以经常去远足，并且练习他刚刚养成的摄影这一业余爱好的机会也多得很；我们想象得出，他在摄影方面非但技术超凡，还表现出了一种长于选择与构思的天赋。虽然其余同僚都与他意气相投，但隆美尔一家始终都满足于自己的家庭生活，认为这种生活对他们来说足够了。夏日一天一天地，在愉快当中度过了。至于战争的阴影，隆美尔也像许多德国人一样，认为在慕尼黑之后，甚至是布拉格之后，希特勒自然会“以某种方式摆脱战争”的。德国最高统帅部负责经济部门的托马斯将军自开战以来，一直都说：“每一个理解力强的德国人都得出了这样的结论：西方列强把德国看成是防御布尔什维主义的一道壁垒，因此希望德国重整军备。”这一点充分说明，绥靖政策可以造成什么样的误解。甚至是晚至1939年8月23日，当隆美尔被提拔为少将，成为元首指挥部里的一位参谋并且再次负责希特勒的安全工作时，他还不太肯定，自己会再一次去参加战斗。最后一刻的决定，并不会让他感到惊讶；德苏于同一天签署的那份结盟协定[1]，可要令他惊讶得多。

这次结盟，使得战争不可避免了；因此，9月1日凌晨4点40分，德军向波兰发动了空袭。在1919年3月25日就巴黎和会所写的一份备忘录里，劳合·乔治[2]曾经说：“波兰委员会提出，我们应当将200万德国人置于一个不同民族的掌控之下，可这个民族在整个历史上从未证明过自己有实施稳定自治的能力，因此在我看来，这种做法迟早会在欧洲东部引发一场新的战争……”结果证明，劳合·乔治说得很对。

想当然地认为隆美尔对德国入侵波兰一事怀有某种良知上的谴责感，是没有任何根据的。正如他不管是在私下里还是在公开场合下，都支持德国

[1] 即1939年8月23日苏联与纳粹德国在莫斯科签订的《苏德互不侵犯条约》，亦称《苏德条约》《莫洛托夫—里宾特洛甫条约》或《希特勒—斯大林条约》。

[2] 劳合·乔治（Lloyd George，1863—1945），英国现代著名的政治家、自由党党魁，曾历任财政大臣、军需大臣、陆军大臣等职，1916年出任英国首相。

重整军备那样，他认为只有强大起来，德国才足以与征服国平起平坐，否则的话，德国就不可能指望征服国会考虑到德国的利益。因此，他始终认为，"波兰走廊"[1]必须消失，但泽也必须重新回到德国版图之内；可能的话，不妨使用友好的手段，而必要的时候，也可以诉诸武力。隆美尔夫人的娘家人都住在西普鲁士，他是在但泽市遇到妻子的，而他第一次被委以重任也是在但泽的军事学院：这些事实，可能都会让他对这个问题产生直接的个人兴趣；不过，他的观点其实也是绝大多数德国人的看法。

而且公平地说，我们也要记住，在这种情况下，即便是这位受过良好教育的德国将领，也认可了戈培尔老奸巨猾地为他量身打造的那种宣传，因为他根本就没有机会了解到另一面的真相，就像德军占领苏台德地区和入侵捷克斯洛伐克时一样。贝克将军和乌尔利希·冯·哈塞尔这样的人，能够冷静地、从一种国际视角来看待欧洲的事务；可这样的人，事实上在哪一个国家里都如凤毛麟角。指出这一点，绝不是要给德国的侵略行为寻找借口，而仅仅是为了说明侵略之所以没有让德国的职业军人像世界其他各国的人一样感到害怕的原因。英国的一名正规军军官前去参加南非战争的时候，心情也是如此。

由于身处希特勒的大本营里，因此隆美尔看清了那场在4个星期之内就打败了波兰的闪电战；当时，连波兰军队的主力都还没来得及抵达集结区域，双方就胜负已定。9月2日他到了普罗斯捷约夫，10日到了凯尔采，13日到了罗兹，10月5日到了华沙，而华沙早在9月30日就投降了。一两天之后，他便在返回柏林的路上了。从体现了现代战争艺术的这个实例当中，他学到了许多的知识。他看到了空军与地面部队紧密配合的重要性，看到了飞机低空飞行时"对地扫射"的重要性；可令人奇怪的是，英国皇家空军却不愿意学会这种本领。他看到，在后方制造混乱与直接造成伤亡相比，对敌方士气的打击常常会更大。他看到，在机械化战争中，不断推进并开辟纵深方向的胜利，绕过敌方的抵抗据点，让即将到来的步兵好整以暇地去对付敌人，哪怕要冒着被敌人阻断的危险，也是很有效果的。（其实，这只不过是符合1918年3月鲁登道夫那种兼具防御性和进攻性的渗透战术，以及他自己在罗马尼亚和意大利的实际战法罢了。）他看到，坦克必须整体加以利用，而不

[1] 波兰走廊（the Polish Corridor），魏玛德国在1919年根据《凡尔赛条约》割让给波兰第二共和国的一块狭长领土，现属波兰领土，亦称"但泽走廊"。

能分散开来。最重要的是，他还看出，对于自己这种性格的人而言，去指挥一个装甲师最是合适。

顺便说一句，这场战役也坚定了他关于希特勒具有个人勇气的观点。“我在他那里遇到了很大的困难，”他曾经对妻子如此说道，“他总是想跟先头部队待在一起。他似乎非常乐意处在炮火之下。”在诺曼底登陆期间，隆美尔并没有看到元首身上表现出了什么出类拔萃的勇气。不过，到了那时，他早已有其他的诸多理由，去改变自己的看法了。

第四章　魔鬼师

在那些没有参与过作战的人看来，法国陷落之前那5个星期的战斗，似乎出奇的不真实。这就好比是一个人看着一栋熟悉的建筑被一枚重型炮弹击中，并在一瞬间化为齑粉似的。

我还记得，当时匆匆忙忙地在英国休了一个星期的假之后，我乘坐荷兰航空的班机回到了印度，于5月10日早上降落在焦特布尔。前一个星期天是一个神奇的春日，我在博伊斯吃的午餐；那儿的栗子树上，鲜花正盛。我吸着一支雪茄，喝了第二杯白兰地，开始无聊地想知道，要等到什么时候，我才能再次这样惬意地享受享受（如果有此种机会的话），因为当时的那场“假战争”，无疑很快就要结束了。不过，这只是一种模糊的、个人的预感罢了，巴黎似乎没有几个人有过这种预感。“这一次，”我离开旅店，赶夜班火车前往罗马的时候，旅店里的那位酒吧招待说道，“我们不会再像1914年那样了。”他的扣眼里系着一根“十字勋章”绶带，像是一个很有头脑的家伙似的。

大约一个星期之后，当我坐在西姆拉的“联合服务俱乐部”里，听到收音机里传来那些历史悠久而又熟悉的地名，比如康布雷、马尔宽、贝罗尼、阿拉斯、巴波姆、拉巴塞运河、贝蒂纳，接下来很快就是亚眠、阿布维尔、费康、圣瓦勒利时，觉得这一切似乎都不可能发生在我们熟悉的一个国度里；它们都与一场场战役相关，而在这些战役中，经过了数个月的血腥搏斗之后，成败只能在阵地图上看出来，或者是人们谢天谢地去休整的后方地区。英国军队真的再一次在这片古老的、曾经被炮弹撕裂过一次的土地上作战吗？一夜之间，他们便在防线上据守了多年的那些地方被敌人赶跑了，是不是真的呢？

敦克尔刻的情况则不同，我们可以想象出海滩的样子，以及人们排着长长的队伍，一直通往海中时的情景。可对我而言，过去几周至少也像是一个噩梦；在梦里，我心神恍惚地去乱成了一团的总司令部上班，认同某个人说的“情况似乎太糟糕了”的观点，可又期待着任何时刻都会从这个噩梦中醒来。直到胜利有如潮水一般再次扭转不利的局面，实际上是直到前几天，我才开始感受到和认识到，熬过那几个令人无所适从、毫无希望的星期是个什么样子，以及在敌人那一方熬过来是个什么样子。

在乌尔姆近郊赫尔林根的那座小房子里，曼弗雷德·隆美尔和我一起，在墙上一幅照片中身着戎装的隆美尔那种居高临下的注视之下，往餐桌上铺开一块红布，打开了那卷厚厚的、封面镶有天鹅绒、逐日详尽记载第7装甲师，即“魔鬼师”情况的记录。隆美尔是个非常擅长记录的人。阿尔丁格尔上尉是前一年他在符腾堡山地营任职时的老伙计了，原本已经退役，这一次又被征召入伍，不再去设计祥和的花园，而是成了他的初级参谋；隆美尔交给了他一项任务，就是专门收集该师在不作战时每天的命令、地图和伤亡情况，然后整理出来。阿尔丁格尔上尉不负所望，工作干得非常精确、出色。左页是用打字机打印出来的命令和战时日记摘要，右页则是一幅大比例的地图，该师各支作战部队和师指挥部每个小时所处的位置，都会标注出来，其中没有一处修正和擦涂的痕迹。从这卷唯一现存的记录当中，我们可以清楚地看出，自1940年5月10日越过比利时国境，到6月9日下午5点瑟堡向该师无条件投降、隆美尔在军事区接受阿布里亚尔上将率同法国其余4名海军上将以及3万名战俘缴械时，该师都干了些什么。

我认识到，没有什么事情会比如此精细入微地去关注该师的命运更加单调乏味。有朝一日，某些军事史学家可能会出于职责这样去做，但要说把这些旧的战役重打一遍，法国人会喜欢，英国人会尽力，美国人会兴致勃勃，德国人则会回顾反思，似乎是不太可能的。尽管如此，花了一个周末的时间逐页阅读了这份记录之后我敢说，与之相比，连巴顿将军在他那一场场进攻战中，也没有如此大胆地运用过装甲师，也没有如此表现出一名指挥官更加愿意承担风险并迅速开创胜利局面的心态。冯·托马将军[1]曾经说过，隆美尔骨子里其实是一名步兵，说他从来都没有真正理解过运用坦克的

[1] 冯·托马将军（Wilhelm Von Thoma，1891—1948），经历过两次世界大战的德军将领，曾在1942年隆美尔告病假时担任过“非洲军团”司令一职，后在阿莱曼战役中被俘，最终死于狱中。

“技巧”，说他理解的只是战术。（他也承认，隆美尔是一位一流的步兵战术家。）

由于冯·托马将军光是在西班牙内战[1]中就亲身经历过192场坦克战，其中多场都是对阵由科涅夫元帅[2]指挥的苏军坦克，之后曾率领一个坦克旅，在波兰势如破竹、所向披靡，后来又担任过德国机动部队总参谋长一职，因此他对这个方面应该是很了解的。不过，看了“魔鬼师”的故事之后，我们发现隆美尔在非洲时也给我方要过一两种运用坦克的花招，这是不足为奇的。

从波兰返回国内之后，他仍然留在元首的指挥部里，再次负责元首的安全保卫工作。但是，此时的他正渴望着接到作战命令；而到了此时，他也与希特勒这个人相当熟悉了，因此便向后者提了提。至于希特勒呢，他已经喜欢上了隆美尔，因为后者并不是那种贵族式的“容克”军官；无论怎么颐指气使，希特勒在那种贵族军官面前都觉得不自在，或许是因为他知道，那些军官都打心眼里瞧不起他吧。“您想干什么呢？”他问道。隆美尔的回答，自然就是“指挥一个装甲师”。于是，1940年2月15日，隆美尔便接替施图姆将军，成了驻扎在莱茵河畔哥德斯贝格的第7装甲师师长；不久之后，施图姆将军在阿莱曼战役伊始的时候就因心脏病而去世，他便再次接替了此人的职位。隆美尔夫人带着曼弗雷德，继续住在维也纳新城的家里。隆美尔刚刚来得及让该师的官兵都认识了自己，刚刚来得及初步了解该师的每一位军官，他们就开拔了。在随后那两个月的高强度训练中，他还挤出时间，确定了他的那一套坦克地面战术理论，并且将自己在波兰总结出来的教训，应用

[1] 西班牙内战（Spanish Civil War），1936年至1939年西班牙第二共和国发生的一场内战，由共和国总统曼努埃尔·阿扎尼亚手下的共和政府军与“人民阵线左翼联盟”，对抗以弗朗西斯科·佛朗哥为中心的西班牙国民军和长枪党等右翼集团。反法西斯的人民阵线和共和政府有苏联、墨西哥和美国的援助，而佛朗哥率领的国民军则有纳粹德国、意大利王国和葡萄牙的支持，因此这场内战被公认是第二次世界大战的前奏。

[2] 科涅夫元帅（Ivan Stepanovich Koniev，1897—1973），苏联军事家、军事统帅，在第二次世界大战中和朱可夫、罗科索夫斯基并称为苏联陆军的“野战三驾马车”。

到了实践当中。（他和古德里安[1]都已经研究过富勒将军[2]和李德·哈特上尉[3]的著作，并且他们比英军的高级将领更加关注这两个人。）接到挺进比利时的命令之后，该师已经做好了作战准备，并且非常清楚，指挥该师的是一位不管可能会犯下什么样的错误，也会毫不犹豫地去“试一试”的指挥官。

5月10日，该师已经越过边境，抵达了距列日市以南约30英里的地方。5月13日，该师受命完成第一个重大的任务，那就是在默兹河上打开一条通道。比利时军作战英勇，从经过加固、适合防御的房屋和碉堡里向外开火。他们躲在坚固的混凝土工事里，有反坦克炮和大量火炮掩护。第7装甲师必须在密集的火力之下搭建一座浮桥，连隆美尔也站在齐腰身的水里，帮着换下不合适的木板。“我会帮着你们一起干。”他说道，然后一直留在那里帮忙，直到确定那座浮桥可以建好之后才走。在前线，师级指挥官无疑是不该去胡闹的。但这个故事，很快便在整个师里传开了。隆美尔重新获得了原来的那种威望：他从来都不会要求手下去干他自己不愿意干的事情。傍晚，法军用坦克和步兵进行了反击，但这次反击被德军打退了。到了日暮时分，德军的第一批坦克便渡过了默兹河，首当其冲的，就是隆美尔率领的第7装甲师。

第二天，他差点儿就一命归西了。当时，他驾驶着自己的坦克驶入了一个采砂场，遭到了反坦克火力的猛烈攻击。坦克被打坏了，隆美尔脸上也中了弹；法国的本土部队逼上前去，准备将他活捉。正在此时，身为第25装甲团团长的罗森堡上校开着自己的坦克赶了过来，将法军打跑了；此人在作战

[1] 古德里安（Heinz Wilhelm Guderian，1888—1954），德国著名的陆军大将、军事家、理论家兼战术家，是“闪电战”的创始人，也是“装甲战”“坦克战”的倡导者，被称为“德军装甲兵之父”。他与曼施坦因、隆美尔被后人并称为“二战”期间纳粹德国的三大名将，也被称为德意志第三帝国的“帝国之鹰”。

[2] 富勒将军（John Frederick Charles Fuller，1878—1966），英国的军事理论家和军事史学家，曾历任坦克部队参谋长、参谋学院主任教官、英军总参谋长助理、野战旅旅长等职，获少将军衔。他一生著述颇多，涉及的军事领域也十分广泛，有步兵战术、机械化战争理论、国际政治、国家防务以及军事历史等。他最重要的理论贡献还是在机械化战争方面，著有《西洋世界军事史》《装甲战》等30余种军事著作。

[3] 李德·哈特（B. H. Liddell Hart，1895—1970），英国的军事思想家。第一次世界大战时曾在英国步兵队服过役，后来曾任《每日电讯》《泰晤士报》的军事记者与《大英百科全书》的军事编辑等职，并在第二次世界大战前担任过英国军政大臣霍尔·贝利沙的私人顾问，著有《战略论：间接路线》《第二次世界大战史》等作品。

行动中获得过“铁十字骑士勋章”，后来战死在苏联。

到了5月15日，位于右翼的第7装甲师已经远远跑到了第5装甲师的前面；到了晚上，仍然身先士卒的隆美尔还俘虏了法军的一个炮兵连。当时，那个炮兵连正在转移到他们连长看好的一个支援阵地上去。

第二天晚上，在克莱尔费特以西的要塞地区，该师对“马其诺防线”的延长线实施了突破。防线后方的阵地上，火炮和反坦克炮全都藏在混凝土工事里，笼罩在烟幕弹和炮火之下；两翼的村庄，同样也被封锁在烟幕弹和弥漫的硝烟当中。晚上11点，进攻趁着月光打响了，打头阵的就是坦克和摩托化营，该师的主力随之推进。上级原本下达过命令，要求坦克在前进过程中不得开火。隆美尔无视这道命令，鼓励自己的坦克兵一边前进一边开炮，说在这种情况下边走边开炮能够提升士气，弥补打得不准和由此带来的弹药浪费可绰绰有余。

“我们会像海军那样，”他说，“左右舷同时开炮。”在午夜时分，他们突入阿威斯纳然后又突围出来，任凭此地继续被法军占领，而法军的坦克疯狂地四面开火，双方仍在进行激烈巷战的过程中，德军的坦克就是一边推进一边朝着两侧的法国炮兵开火的。一个法国机械化师沿着大路朝西撤退，与难民挤在一起，因此法军那些停在路边的坦克还不待投入战斗，便被德军击毁了。德军一个炮兵团跟在坦克后面，趁夜穿过了阿威斯纳，俘虏了48辆完好无损的法军坦克。法国的步兵四散奔逃，丢下武器，在德军面前变得惊慌失措。假如法国的所有部队都坚守阵地的话，德军就会陷入麻烦之中，因为德军坦克上的大炮和那个摩托化营携带的反坦克炮，在面对驻阿斯威纳法军那些装甲厚重的坦克时，一交上火就有可能毫无用处。

“您是英国人吗？”在阿威斯纳郊外，隆美尔把坦克停在一个村庄的街道上，自己站在坦克边上休息时，一位法国妇女拍拍他的胳膊，如此问道。“不是的，女士，我是德国人。”隆美尔回答道。他略懂几门语言，但并不是一个语言能力极强的人。“啊，是野蛮人！”那位妇女惊叫道，把自己的围裙往脑袋上一罩，一溜烟跑回家里去了。

在此期间，由于所有的通讯都已中断，因此连那个步兵旅也不知道他们已经突破了“马其诺防线”。尽管如此，隆美尔还是自作主张，决定让整个师向西发动进击，试图抵达桑布尔河畔，攻下一座桥头堡，并且保持交通畅通。进攻于早上5点半左右开始（这可是在该师经历了一整夜的战斗之后），第25装甲团则朝着朗德勒西推进，那里的法国近卫军是第一次世界大战期间才首次参与作战的。他们原本两翼都遭到了机动部队的攻击，可法国步兵因德军装甲师突然出现而大感震惊，不由自主地投了降。到早上6点钟的时候，朗德勒西便被攻下，大批法军在兵营里被俘，德军还占领了桑布尔河上一座完好无损的桥梁。隆美尔命令法军放下武器，自己则驾驶着坦克开了过去。第25装甲团继续推进到了拉加多后，隆美尔命令该团在那里停下来，因为当时进击的只是其中的两个营，以及摩托化营的一部分兵力，而该师主力则被远远地甩到了后面。

在第25装甲团占领拉加多东面一处高地的时候，隆美尔自己驾驶一辆装甲车往回返，以便带领该师的主力赶上来。整整一天，第25装甲团遭到了敌方坦克的猛烈攻击。在该团后方，波姆勒伊被法军重新占领，然后法军又被顶上来的第7装甲师打跑了。到了5月17日傍晚，战局已经非常明朗了：该师的炮兵可以推进到前沿阵地上，还在贝尔蒙特又占领了桑布尔河上的一座桥，从而使得此时已经完全被隆美尔部远远地甩到了后面的第5装甲师终于可以赶上来，从右翼渡过桑布尔河。

看一看地图，我们就会明白，隆美尔推进时形成了一个狭窄的突出部；这个突出部长约30英里，宽只有2英里，就像一根手指，直指法国的心脏。（光是从阿威斯纳到勒托，就有差不多15英里。）这样干，他其实是冒着巨大的风险，因为两翼都有兵力强大的法国部队。不过，他已经突破了敌方的防区，并且占领了桑布尔河的那些渡口。人们认为，这些作战行动对此役的推进具有极其重要的作用；由于行动大获全胜和表现出了个人的英勇，所以隆美尔荣获了“骑士十字勋章”。

他为这种大胆所付的代价，从一个事实当中表现出来了，那就是该师的总伤亡情况为：只有35人牺牲，59人受伤；可在两天之内，该师竟然俘虏了1万多敌人，俘获或者摧毁了敌方100辆坦克、30辆装甲车和27门大炮。

尽管调配汽油困难重重，而敌方的坦克也仍在两翼发动进攻，第25装甲团还是以同样迅猛的速度推进，因此到了5月20日凌晨5点钟，该团绕过了康布雷之后，已经在马尔宽渡过了“北运河”，并且占领了阿拉斯以南的一个阵地。一路上，法军不止一次在兵营里被该团俘虏。“魔鬼师”的主力再一次被远远地甩到了后面，隆美尔也不得不再次带着两辆坦克、师通信班和一辆装甲车返回去，才让该师主力赶了上来。在阿拉斯到康布雷那条路上的

“阿图瓦的维斯”，他还遭遇了敌人，手下有两辆坦克被击毁，自己也一直被敌人围困了好几个小时。

5月21日在阿拉斯附近进行的战斗之所以让我们感兴趣，原因就在于：正是在这里，隆美尔在两次世界大战期间第一次遭遇了英军。他发现，英军比他以前碰到过的任何问题都更难解决；记住这一点，会令我们感到高兴。从瓦伊尼往南和往东南方向开拔之后，英军第1陆军坦克旅在阿希库尔和阿尼两地附近袭击了隆美尔部。他们突破了德军的防线，隆美尔手下的第42反坦克炮营被击溃，并且绝大多数炮兵都阵亡了，因为德军惊讶地发现，即便是在很近的射程之内，他们的炮弹也无法击穿“I型”坦克的装甲。只有1个炮兵团再加上一个配有88毫米口径火炮的高射炮连，这样的火力才压制住了英军的攻击；而这种88毫米口径的火炮，无疑也让我方部队惊讶不已、吃了大亏。即便如此，德军也不得不召来“斯图卡式”俯冲轰炸机，才让英军的装甲部队再次撤退到了阿拉斯。

在此期间，照例已经向前挺进并且抵达了阿卡区斯卡普尔河以南高地的第25装甲团，接到了隆美尔的命令，要他们掉头攻击后方的英军坦克。在阿格尼斯附近接下来进行的这场坦克大战中，尽管英军损失了7辆坦克和6门反坦克火炮，但第25装甲团也损失了3辆“马克IV型”坦克、6辆“马克III型”坦克和一些轻型坦克，因此德军这一方损失更惨重。只有一次不得不进行防御作战的隆美尔，又侥幸逃过了一劫：他和另一位军官正在看着手中的一幅地图时，那位军官就在他的身边被我军击毙了。

这是作战较为艰难的一天，因为事实上，尽管宣称击毁了英军的43辆坦克，但该师仅是战死和被俘的人员就达250名，可他们俘虏的英军却只有50人。

接下来的那几天，德军也打得很艰难。该师于5月22日渡过了斯卡尔普河，但日记中也表明了许多情况，比如他们费了九牛二虎之力才打退了英军坦克的进攻，他们必须布设地雷去对付英军，而圣伊洛峰这个阵地也得而复失、失而复得，等等。24日向拉巴塞运河进军时，据说英军的狙击部队就在运河南边的灌丛和树篱里出没，而德军却很难把他们赶出来。尽管如此，德军还是在26日占领了奎恩奇河两岸的桥头堡，27日第一批坦克和大炮过了河，28日该师已经形成了一条向东对着里尔的防线，29日又接到命令，开拔到阿拉斯以西去休整了。照常充满好奇之心的隆美尔，开着车到了里尔市里，想为接连作战了两个星期之后的第一个休息天庆祝庆祝。看到里尔市的大街小巷里全是英国和法国士兵之后，他才意识到自己犯了一个错误。只是因为那些士兵和他一样惊愕不已，但反应却比他慢了那么几秒钟，他才能够掉转车头，在那些士兵想到要拦住他之前，逃了出来。除了这位师长坚持要站在手下的先头部队前头并亲自参与作战而冒过的普通风险，倘若将他在这一时期记录下来的、他侥幸逃生或者差点儿当了俘虏的次数加起来，那我们就会觉得，要在非洲为埃尔温·隆美尔大伤脑筋，我方的运气实在是太差了。

几天之后，该师便接到了一项特殊的任务，结束了休整。此时，结果就在眼前，法国无疑已经到了被逐出战斗的地步，英军也已经被赶出了法国。从5月29日到6月4日，有超过30万名英军在敦刻尔克登船撤离；这可多亏了希特勒手下留情，因为他不愿让德国的装甲部队去对付这些英军。当时，英军只剩从圣瓦勒利边打边退的第51高地师没有登船撤离了。隆美尔部的任务，就是挡住该师，不让该师撤退。他首先必须渡过索姆河，突破“魏刚防线”[1]残余下来的那一部分才行。

与时间赛跑，正是隆美尔深感兴趣的事情；因此，他一点儿时间也没有浪费。与手下的团长和营长们亲自进行了一次“侦察”之后，他便在6月6日上午率军渡过了索姆河。那天和第二天，他都遭到了敌人的顽强抵抗，不得不策划了多场进攻作战，才扫清了障碍。接下来，他大手一挥，做好了向鲁昂东部进军的准备。

该师是在夜间挺进的，坦克隆隆作响，一路穿过座座宁静的村庄；法国的农民都以为他们是英军，都纷纷跑出来，向他们说“祝你好运”。德军一言不发，自行进军。6月9日晚，他们抵达了鲁昂西南10英里处的塞纳河畔。第二天上午，有些比较勇敢的人打算在伊夫洛奋勇抵抗。不管这是一些什么人，反正他们都被德军打了个落花流水。到了当天下午2点15分，该师已经控制了从伊夫洛到沃莱特之间那20英里的距离，并且抵达了费康和圣瓦勒利之间的海边。这一次，整个师都配合紧密，而该师炮兵的行动也非常迅速。

[1] 魏刚防线（the Weygand Line），指“二战”期间马克西姆·魏刚将军（Maxime Weygand，1867—1965）接任法军总司令后，在索姆河和埃纳河一线仓促构筑而成的一道防线，其目的是据险防守，阻止德军南下。1940年6月5日拂晓，德军143个师对这道防线发起大规模进攻，从而开始了法兰西战役的第二阶段。

第37装甲营在费康出现的时候，英军的几艘驱逐舰正泊在海面上；在火炮的支援下，该营立即对这些驱逐舰发动了攻击。一艘立即向岸边靠拢准备作战的英国驱逐舰，在1.8万码外就遭到了交叉轰炸。一艘正在以35节的速度行驶的鱼雷舰被击中，其他舰艇也是如此，而整个小港都遭到了猛烈的炮击。在这种情况下，英军白天是不可能登船撤离的。

圣瓦勒利才是隆美尔部真正的意外收获，因为那里是英军第51师师长福蒂纳将军的指挥部，而该师也正在那里准备登船撤离。从6月10日晚到11日上午，隆美尔部占领了圣瓦勒利以西的高地，德军从那里可以用大炮覆盖整个港口。下午3点半，隆美尔亲自率领第25装甲团及第6步兵团的部分官兵，在己方大炮的掩护下，发动了进攻。

“敌人孤注一掷地进行反击，先是用大炮和反坦克炮，后来又用机关枪和小型武器进行还击；在勒托特附近，以及从圣西尔万到圣瓦勒利的路上，战斗尤其激烈。”记录中如此写道。这句话，以及其中对阿拉斯附近英军装甲部队的赞誉之词，就是德方承认连“魔鬼师”也发现前进得非常艰难的证据，这种情况对该师来说可不多见。

到了傍晚，隆美尔已经俘虏了约1000名敌军；更重要的是，他占领了圣瓦勒利以西一个居高临下的阵地，德军的大炮可以阻止英军从该港登船撤离。尽管如此，战斗异常激烈，持续进行到了晚上；一开始是两个（先遣）营，接着该师余下的兵力都接到了命令，顶上去进行支援了。

隆美尔给福蒂纳将军送去了一封信，要求后者投降并率领第51师打着白旗向西开出来，可后者拒绝了；德军看到，港内码头的防波堤上正在竖起路障，英军正在将大炮和机枪部署到位。晚上9点，德军开始了猛烈的炮击。整个师的重型火炮和轻型大炮都集中火力，对准了圣瓦勒利的北部和港口，往这个面积很小的地方倾泻了2500发炮弹。与此同时，第25装甲团再次投入了进攻，参与进攻的还有第7步兵团和第37先遣营。战线向前推进，德军离圣瓦勒利更近了。不过，“尽管火力威猛，但顽强的英军并没有放弃。他们原本希望能够在夜间登船，但我方猛烈的炮火阻止了他们。凌晨时分，英军手忙脚乱，企图在战舰炮火的掩护之下，从圣瓦勒利以东的一处峭岸登船。但是，我师的炮兵先是阻止了敌人登船，后来又使得敌人再想登船也不可能做到了。英军的一艘战舰与我方的88毫米防空火炮展开了对决……第8机枪营发动了进攻……第6和第7步兵团发起进攻，夺得了圣瓦勒利附近的更多地方……在左翼，隆美尔率罗森堡上校指挥的第25装甲团以及第7步兵团的部分兵力，攻入了圣瓦勒利，迫使敌军的指挥官在看出他们无法继续抵抗的情况下缴械投降了。”

在圣瓦勒利，德军俘虏了1.2万人，其中有8000人都是英军。俘虏中，除了福蒂纳少将本人以外，还有法国第9陆军军团以及3个法国师的指挥官。缴获的战利品有：坦克58辆，火炮56门，防空火炮17门，反坦克炮22门，机枪368挺，步枪3550支（港口里肯定还有更多的武器），以及1133辆卡车。该师的炮兵还声称，他们击沉了英军的一艘装甲巡洋舰；对于一个装甲师来说，击沉一艘装甲巡洋舰可是非比寻常的壮举，可英国海军部却告知我说，这种说法属于无稽之谈。隆美尔后来一直都没有忘记第51高地师的福蒂纳将军，经常跟隆美尔夫人和儿子曼弗雷德说起他，说此人是一个精锐师里一位勇敢的师长，只是运气不好罢了。在德国的战俘营里，由于福蒂纳将军上了年纪，身体不好，德国人还给了他一个机会，要把他遣送回英国。可他觉得自己仍然能够通过一起当俘虏而给手下那个师的官兵提振士气，竟然拒绝了这个机会，仍然当他的战俘，直到这场战争结束。隆美尔偶然听说了这种情况，因而对这位昔日的对手更是增添了一份敬重之情。至于福蒂纳将军，他似乎也记得并敬重隆美尔。德国战败大约两年后，一位从“海峡群岛”[1]的英军战俘营里遣返回国的德军俘虏，来到赫尔林根看望隆美尔夫人。他说自己在海峡群岛碰到过从德国回到了英国的福蒂纳将军，将军请他在做得到的情况下，回国后去看望看望她，代为表达福蒂纳将军对她丈夫去世的哀悼之意。我无法在福蒂纳将军去世之前向他进行核实，但这个故事似乎是真的，因为一名德国士兵几乎不可能捏造这样一个故事，而且他几乎也不可能听说过福蒂纳将军这个人。我希望如此，因为我也是那种传统的人，对于“全面”战争中要牺牲骑士精神这一点深感遗憾。

幸好，骑士精神很难磨灭，并且会在许多意想不到的地方突然出现，大家在本书的后文中就会看到。

---

[1] 海峡群岛（the Channel Islands），英国英吉利海峡中的一处群岛，由于靠近法国的诺曼底，因此在法国被称为“诺曼底群岛”。

圣瓦勒利的英军是在6月12日投降的。6月17日，即贝当[1]要求停战那一天，也就是德军攻进巴黎3天之后，第7装甲师正在科唐坦半岛上推进，准备进击瑟堡了。其中一支纵队经由库唐斯，沿着海岸推进，而另一支纵队则经由圣洛岛推进；当时还很少有人能够在地图上准确地找到这个地方，可如今对许多美国人来说，此地肯定跟底特律一样耳熟能详呢。

该师几乎没有遇到什么抵抗。除了海军陆战队的1个营，绝大多数法军都听说了政府要求停战的事情，所以他们停止战斗也在情理之中：没有哪个人，会希望自己变成战争中的第一个或者最后一个牺牲品。英军第52（低地）师里，一支由"苏格兰佬"组成的后卫部队在马歇尔·康华里将军的率领下，越过半岛上那20英里的狭长地带，准备掩护第1装甲师和第52师从瑟堡登船撤退，从而让德军不得不避开他们的阵地。但到了6月18日午夜时分，德军由冯·俾斯麦少校率领的第7步兵团，连同两个装甲连，已经推进到了瑟堡市的郊区。当天夜里，德军第7装甲师的炮兵也向前推进，开始在第二天早晨对各个要塞进行轰炸。其实德军根本没有必要那样做。"第一缕曙光"出现之后，要塞里的大炮全都哑了，只有最后那几个掩护阵地上，英军还有少量的零星火炮仍在坚持战斗。

美军第7军团的科林斯将军，曾因在诺曼底登陆行动中只用20天就攻下了瑟堡而获得了"闪电乔"的绰号。然而，他必须在战斗中捍卫这一美名。1940年6月，法军驻扎在瑟堡那两个兵种的高级将领，却都无心战斗。说他们都是因为相信德法双方即将达成停战协定才那样做，有点儿太过宽厚了。否则的话，他们让这座要塞和3万法军向德军一个装甲师投降的做法，似乎就是毫无理由的；而且，当时距这个装甲师进入要塞火炮那种强大火力的射程之内，还不到12个小时。

当时的情况就是如此。6月19日下午2点，法国海陆两军的军官们都走出来，向德军无条件投降，战斗也停止了。下午5点，他们签署了正式的投降书。港口里面，一个英军机械化师的运输船还完好无损。

不待接管瑟堡和清点这个要塞内的武器，德军第7装甲师就受命撤离了此地。不过，在5月10日以后实施的作战行动中，该师俘虏了：法国的（北

---

[1] 贝当（Henri Philippe Pétain，1856—1951），法国陆军将领、政治家，曾任法国元帅、法国维希政府首脑和总理等职，1945年8月以叛国罪被判处死刑，后改为终身监禁，最终死于囚禁地。

部）海军司令，以及其余4名海军上将，1名军团司令，4名师长及其参谋人员，277门大炮和64门反坦克炮，458辆坦克和装甲车，4000到5000辆卡车，1500至2000辆小汽车，1500至2000辆马车和骡车，300至400辆公共汽车，300至400辆摩托车，还有该师所属集团军俘虏的那97468名战俘里的大部分。该师击落了52架敌机，还缴获了停在地面上的15架、摧毁了12架。此外，其余战利品更是数不胜数，因为该师的挺进速度实在太快，他们没有时间去清点该师给敌人造成的伤亡人数，连大致点一点的时间也没有。该师在这段时间内的伤亡情况是：48名军官战死，77位军官受伤；军士及以上职衔战死者108人，受伤者317人；其余士兵有526人丧生、1252人受伤；3名军官、34名军士及以上军衔者失踪，其他职衔者有229人失踪。该师损失的坦克数为："马克I型"3辆、"马克II型"5辆、"马克III型"26辆、"马克IV型"8辆。

上述伤亡人数与坦克的损失数与该师取得的胜利相比，可以说是微不足道的。与此同时，倘若我们还记得隆美尔一向都极其珍惜手下将士的性命这一点，那么上述数字也绝不是说可以忽略不计。上述数字证明，德军第7装甲师横扫整个法国时，经历了艰苦卓绝的战斗，而并非只是在追击一支业已四散溃败的敌军。

第五章 “无人如此眼盲……”

眷顾英军的命运女神，在1940年这个时候也不得不加班加点、殚精竭虑。她为英军带来的有利条件，莫过于这一点：尽管有丘吉尔先生做她的代表，她还是确保了法军在北非地区不再继续战斗下去。假如法军在北非地区继续作战，希特勒一定会密切关注他们。那样一来，西班牙可能参战，或者被迫允许德军经由该国南下，直布罗陀将会陷落，地中海的西端将会受到封锁。法国的殖民地军队，永远都是无法与德国的装甲部队抗衡的。

在德军两个装甲师的鼓励之下变得坚强起来之后，连原本胆小的格拉齐亚尼也必定被人从那个深深的掩体里赶了出来，在圣诞节前匆匆忙忙地率军开进了开罗，英国最后一个能够打击到欧洲的海外基地也将失去。丢掉苏伊士运河，将让地中海的另一端也受到封锁，通往叙利亚、伊拉克、伊朗并最终通往高加索地区的那条道路，将会完全敞开。土耳其可能会被敌人消灭，或者被迫加入“轴心国”阵营。一些比我更加优秀的战略家所持的观点，就是如此。就算其中的一半成为现实，命运女神也会手忙脚乱的。

只有德国的海军参谋部，才正确地看到了这些可能性的美妙之处。由于对入侵英国的“海狮行动”不感兴趣，海军上将雷德尔曾经在1940年9月6日提出，打击英国的最佳办法，就是将该国逐出地中海。9月26日，他说得更加明确了。“英国人，”他说，“一向都认为地中海是他们那个世界帝国的中枢……意大利很快就会变成该国主要的进攻目标……英国一向都想要扼制弱小国家。意大利人拒绝我们的帮助，是因为他们迄今还没有意识到自己面临的危险……正是出于这个原因，地中海的问题必须在冬季这几个月里得到解决才行。必须占领直布罗陀……苏伊士运河也必须拿下。仅凭意大利人能不能做到这一点，是很值得怀疑的，他们需要德国军队的协助。必须经由巴勒斯坦、叙利亚，甚至是绕道土耳其，从苏伊士运河出击。如果我们做到了这一点，土耳其将为我们所制。那样一来，苏联的问题就会呈现出一种不同的面貌了。从根本上来看，苏联是害怕德国的。有没有必要从北部向苏联发动进攻，这个问题是值得怀疑的……非洲西北部的问题，也至关重要。所有迹象都表明，在戴高乐领导的法国（很可能还有美国）的协助下，英国想要把这个地区变成一个抵抗中心，并且在此建立空军基地，对意大利发动进攻……那样的话，意大利就必败无疑。”假如希特勒的“影子”凯特尔和约德尔两人去拜会过雷德尔上将的话，后者很可能会用这样一句话来欢迎他们的：“别说我没告诉过你们！”

“元首同意这一总体思路。”会议记录上还说。那么，希特勒后来为什么没有照着这一思路去做呢？首先，他没有海洋观念。其次，即便是到了1940年夏末，他仍然半信半疑地认为，英国会做出妥协的。第三，正如10月4日的“布伦纳会议”结束之后，齐亚诺记下的那样，就算英国顽固不化，希特勒也希望能够“把法国拉到反英同盟的轨道上来”。最后一点就是，到了9月底，进攻苏联的问题已经像蜜蜂一样，在他的脑海中不停地嗡嗡作响了。在这些阻碍因素当中，第一点是一种缺陷，他与陆军元帅凯特尔、上将约德尔和上将哈尔德这些军事顾问们同样具有。第二点则是一种个人的错觉，丘吉尔先生其实早已想尽办法，要公开地消除这样一种错觉。至于对付法国的那条妙计，要是他迅速而慷慨地与该国达成了和约的话，原本是完全可以实现的。那样的话，绝大多数法国人无疑都会安下心来，起码也是暂时性地安下心来，承认德国对欧洲的霸权的。法国人对德军并未怀有什么极大的反感，相反，法国人还勉勉强强地佩服德军呢。此时，就算是原先那些抵抗组织的成员，恨的也只是：（1）达尔南[1]手下的维希警察和一般的投敌卖国者；（2）盖世太保；（3）党卫军。并且憎恨的程度也是按此顺序，从高到低，德国军队位居第四。我撰写本书时正在法国，那个地区的人经常还会这样说：“这些人，我们可没法说他们做得不对。”

至于最后那个致命的愚蠢念头，除了用苏联凛冽的冬天和勇猛的红军来打消，就没办法消除了。

尽管一心想着进攻苏联，希特勒却没有全然忘记北非地区的形势。里

---

[1] 达尔南（Joseph Darnand，1897—1945），法国军人，维希法国里那些与纳粹德国合作投敌者的领袖和党卫军成员。“二战”结束后，他潜逃至意大利，但被英军逮捕并送回法国，后被判处死刑。

宾特洛甫[1]做出了毫不松懈的努力，想把法国拖入战争当中。德国制订了一个攻取直布罗陀的计划（即“菲利克斯行动”）。戈林曾经大力鼓吹一个他非常喜欢的计划，准备兵分三路，突入摩洛哥、的黎波里塔尼亚[2]和巴尔干半岛；这个计划，希特勒起码也是考虑过的。此外，尽管我们当时并不清楚，但在德国陆军总司令部担任德军机动部队司令一职的冯·托马将军，10月份曾经受命前去会见格拉齐亚尼将军，商讨派遣德军前往利比亚的问题。冯·托马将军汇报说，他反对这一提议，因为他称这一提议主要是出于政治目的，即确保墨索里尼不会改变立场。他认为，如果派遣的兵力少于4个装甲师，就会毫无用处；并且说，即便果真如此，在面对英国的海上力量时，这些兵力也只能是勉强坚持下去，日后必须用意大利部队取代才行。格拉齐亚尼和巴多格里奥两人必定会反对这样的轮替办法，事实上，这两个人完全不想要德国军队去插手。

冯·托马将军还说，非洲这个舞台，只适合打第一次世界大战期间莱托·福尔贝克将军在东非地区实施过的那种战争。他声称陆军元帅冯·勃劳希契与上将哈尔德这两位参谋长都赞同他的观点，也都反对德国派遣部队前往非洲。这一点是很有可能的，他们两人都曾反对过冯·曼施坦因那个经由阿登高地攻入法国，而不是经由低地国家攻入法国的计划，而希特勒则驳回了他们的反对意见。当时希特勒还大发脾气，因此冯·托马觉得，在北非战争业已打输之前，他之所以一直都没有被派往非洲去指挥作战，就是希特勒刁难所致（后来他参加了阿莱曼战役，并且1942年9月20日也在此被俘）。

即便是这场战争结束之后，冯·托马将军似乎也没有想到过，不论希特勒是出于政治目的还是军事目的，他的决定都是正确的，而冯·勃劳希契、哈尔德以及冯·托马的观点是错误的。无疑，希特勒完全应当驳回这些军事顾问们的反对意见，而在冯·托马将军凭借自己在西班牙的经历、带着一定的自负之意向他指出意大利军队毫无用处，说“1名英军抵得过12名意军”，说“意大利人工作起来不错，可打仗不行：他们不喜欢听到噪音”以

[1] 里宾特洛甫（Ulrich Friedrich Wilhelm Joachim von Ribbentrop，1893—1946），纳粹德国的政治人物，希特勒上台后曾任驻英国大使和外交部部长等职务，对促成德日意三国结盟起过重要的作用。此外，里宾特洛甫直接参与了闪击波兰、入侵捷克斯洛伐克和苏联等战役。“二战”结束后，他被英军抓获，并于1946年10月被纽伦堡国际军事法庭判处绞刑。

[2] 的黎波里塔尼亚（Tripolitania），利比亚北部的一个地区。

及诸如此类的话时，则更当如此。不过，除了冯·托马将军之外，又有谁能够说，韦维尔将军会敢于向兵力优势如此巨大的一支部队发动进攻，而格拉齐亚尼所率的意军又会的确迅速而彻底地溃败呢？

在业已失去了第一次大好机会，而格拉齐亚尼部也已大败的情况下，希特勒采取行动了。西迪拜拉尼陷落之后，他向墨索里尼提供了德国的反坦克装备，并且建议由德国来指挥意大利军队（一国的独裁者向别国的独裁者提出这样一种建议，可是一个非常敏感的问题）；盟军夺取拜尔迪耶[1]之后，希特勒又完全清醒过来，对手下的参谋长们说，他已经下定决心，要尽其所能，防止意大利丢掉北非……“元首毅然决定支援意军。应当尽快派遣德国部队过去，并且这些部队要装备反坦克火炮和地雷、重型坦克、轻型及重型防空火炮……装备物资经由海运，而人员则进行空运……装备要到2月中旬才能运送，并且从装船的时候算起，又要过大约5个星期才能抵达。”

在希特勒、墨索里尼及其参谋们于1月19日和20日举行的一场会议上，意方称，他们正在给的黎波里的3个师补员，并且正在将1个装甲师、1个摩托化师从意大利调往北非，此次调兵差不多到2月20日就能完成，他们“热烈欢迎德国派遣第5轻型（摩托化）师的做法”。该师的调遣，将在2月15日至20日之间实施，但武器装备可以早一点儿运送过去。在2月3日举行的另一场内政会议上，希特勒曾对德国陆军参谋部说：“丢掉北非，从军事意义上来看我们是承受得了的，但它一定会对意大利产生严重的心理影响。英国可以说是拿了一把手枪，指着意大利的脑袋……英国部署在地中海地区的部队，将不再受到任何牵制。英国会随心所欲地利用十几个师，可以将它们部署在叙利亚，给我方造成极大的威胁。我们必须竭尽所能，防止这种局面出现……我们必须在北非地区为意军提供有效的支援。”业已受命支援意大利的纳粹空军，必须更加主动地阻止敌方的“斯图卡式”俯冲轰炸机和战斗机，必须利用威力最强大的炸弹，对位于昔兰尼加的英国军队发动一次打击。纳粹空军必须与意大利空军协作，保护交通补给线，同时破坏英军的海陆补给，与英国舰队对抗。不过，纳粹空军的首要任务，必须是压制英军在马耳他的空军基地。

希特勒还说，就算这种牵制足以让英军停下进攻的步伐，仅有第5轻型

[1] 拜尔迪耶（Bardia），利比亚东北部的一个港口城市。

师这支“封阻部队”还是不够的，必须有一支强大的装甲部队提供支援才行。派遣德国部队一事必须加紧进行，必要的时候可以利用空运，有了这一切，就足够了。然而，我们将会看到，这种想法其实纯属防御性的。在2月28日写给墨索里尼的一封信里，希特勒也说了很多。“如果我们能够耐心地再等上5天，”他如此写道，“我敢保证，英军向的黎波里推进的任何新企图，都必定会以失败而告终。我非常感激您，领袖，因为您已经将手下的摩托化部队交给隆美尔将军去指挥。他不会让您失望的，而我也确信，在不久的将来，他会赢得您手下部队的忠心，并且希望他还能够赢得您手下部队的喜爱。我相信，仅凭第一个装甲团的到来，贵方的形势就会变得异常牢固。”起码来说，结果很快就证明，他预计的最后一点是正确的。

因此，希特勒已经认识到了不让北非地区落入敌手的重要性。可是，他和参谋们似乎都没有看到德国占领北非的可能性，似乎都没有看到成功进击埃及之后可能带来意义深远的结果。例如，哈尔德一开始就没有认真对待过北非战役，始终认为那不过是一种将意大利拖在这场战争中的政治措施罢了。出于这一目的，派遣3到4个师的兵力前往，最终付出的代价可能不会太大。“当然，假如出现了采取进攻行动的机会，我们也会抓住，但从整体上来看，我们认为这个问题不过是在争取时间罢了。”后来他在受审的时候曾经如此说道，“我上一次跟隆美尔谈到这个问题，还是在1942年的春季。当时他对我说，他会占领埃及和苏伊士运河，接下来他又说到了东非地区。我情不自禁地露出了有点儿无礼的微笑，问他需要些什么才能实现这个目标。他认为，自己还需要两个装甲兵团。我问他：‘就算我们有这两个兵团，您又怎样给它们提供给养和军粮呢？’对于这个问题，他的回答竟然是：‘这对我来说完全不重要，因为这是您需要考虑的问题！’随着非洲的战局日益恶化下去，隆美尔不停地提出要求，希望获得越来越多的支援。至于支援从何而来，他一点儿也不操心。接下来，意方开始抱怨，因为他们的装备在运输过程中正在遭受损失。假如史书能够清清楚楚地说明北非的情况，那就是一大奇迹了：隆美尔把事情弄得乱七八糟，因此我怀疑，没人有能力搞清楚或者彻底了解当时的情况。”

虽说隆美尔已经过世，但搞清楚当时的情况，也并不像哈尔德上将认为的那样困难。而且，历史结论也不太可能像他以为的那样，对他本人有利。对于那些身处要职，却任由自己的判断为个人好恶所影响的人，历史对他们的评价都不会太高。从他本人说话的语气，从他狡猾地将隆美尔要求的“两个装甲兵团”换成了两个装甲师的做法，我们都可以看出，哈尔德显然并不喜欢隆美尔。他没有说出来的话语，也明显地表现出了这一点。哈尔德说到了“1942年春季”与隆美尔的那次谈话，他可没有提到，隆美尔早在1941年7月27日，就第一次请求获准发动一次进攻，目标是占领苏伊士运河，并且预定的日期是1942年2月。无论他在1942年春季可能提出了些什么样的要求，隆美尔接下来都只要了3个德军师，以及相当于1个师的混合兵力，还有3个意大利师。陆军司令部不愿再给他增派德国部队，而哈尔德或其手下的一位参谋，还在那份作战计划书的页边写下了一些无礼的评语。然而，就算隆美尔得到了另外的4个德军师（德军有200个师部署在苏联前线，而盟军1942年11月登陆北非的3个星期之后，德国才派了3个师抵达突尼斯），1942年初他率部挺进到开罗和苏伊士运河的机会也是非常渺茫的。

至于给养这个方面，哈尔德也没有提到，隆美尔其实早已看出，所有给养问题的关键之处就在于占领马耳他，实际上这一点还是控制整个地中海的关键；可德、意两国的总参谋部却很奇怪，直到为时已晚才看出来。

最后，或许是出于天性，哈尔德没有提及这样一件事情：有一次，隆美尔曾经称他是一个“大傻瓜”（或者是德语里一个意思差不多的词），还质问他，除了舒舒服服地坐在办公室里，他在战争当中干过什么。然而，我们并不能想当然地认为，哈尔德忘掉了这件事情。北非战争的经过，就可以让我们看出并且证明那是一场无休无止的斗争，是原本在那里可以取得重大胜利的隆美尔，与一个不愿意认真对待北非战役的德国最高统帅部之间的一场斗争。在这场斗争中，隆美尔毫无胜算。他远处北非沙漠里，而老话说得好，“缺席总是不对的”。他不是总参谋部里的一员，因此受到了那些同行的诋毁。在机会罕见的情况下面谒希特勒时，他也很少能够单独与后者会面。的确单独见到希特勒时，他发现希特勒一门心思都放在对付苏联上，这一点我们也完全可以理解。希特勒会鼓励鼓励他，答应给他提供支持；可隆美尔却觉得，一旦走了，他给希特勒留下的任何印象就会被后者的随从们清除得一干二净。最重要的是，凯特尔、约德尔和哈尔德对他深受希特勒和德国民众喜爱这一点，对他的战绩，并且无疑对他运气那么好、能够在元首鞭长莫及的地方独立指挥部队等方面，都心存妒恨。最容易“诋毁”隆美尔的办法，就是说他虽然有可能是战场上一位优秀的指战员，但他对于那些更重要的战争问题的观点，却不值得大家去认真对待。

至于隆美尔呢，他最瞧不起的就是凯特尔和哈尔德两人。在这个方面，并非是只有他一个人如此。冯·俾斯麦亲王曾称凯特尔是一个弱智，冯·哈塞尔也发现此人“愚蠢而又心胸狭窄，政见相当闭塞……他对待纳粹党的态度，有如一个彻头彻尾的奴隶”。此人感激涕零的那位元首，也曾说他是“一个有着影院看门者心思的人”。至于哈尔德，虽然表面上像是参谋部里那种令人讨厌却又高傲无比的军官，但他早在1940年就说过，冯·哈塞尔是“一个神经过敏的弱者……不过是希特勒的一个球童罢了”。在总参谋部里曾是哈尔德的前任、才华出众的贝克将军，认为他只是一个没有个性但有本领的技术人员。哈尔德密谋反对希特勒的过程表明，他一直都在悬崖边上浑身颤抖，却始终不愿纵身一跃。在纳粹党内很有头脑、名望也高的约德尔，却把战争当成了一盘象棋。他的任务是制订计划，而不是去质疑命令。这3个人都赞同希特勒对待苏联和其他地区的那些残暴政策，凯特尔与约德尔两人后来都在纽伦堡接受了审判，并且被处以绞刑。据冯·哈塞尔称曾经签署了残暴对待苏联人之命令的哈尔德运气好一些，或许是因为他当时已经在一个集中营里关了好几年，或许是因为他明显属于一位下级，或许是因为盟国需要他来当公诉方的证人，以便起诉其前上级的缘故吧。

隆美尔瞧不起这3个人，认为他们都是“坐办公室的军人”，他瞧不起这3个人对纳粹党的谄媚顺从。得知德军按照这几个人的命令都干了些什么之后，他深感憎恶，觉得他们玷污了德国国防军的名声。我们将会看到，隆美尔并不惧怕向希特勒本人提出抗议，反对德军的暴行。因此，如果我们可以根据一个人的对手来对其加以评判的话，那么这3个人就是对隆美尔一种很好的宣传。此时，他们如此牢牢地盘踞在德国的最高统帅部里，对盟军来说可真是一件幸事。

然而，所有这些令人头疼和心痛的问题，都会在未来出现；当时，隆美尔得到了元首的大力宠爱，已经成了德国民众心目中的英雄人物，前一个月刚刚被擢升为中将，并且在1941年2月15日被派去指挥“利比亚境内的德国部队”。这些问题的唯一迹象，是陆军元帅冯·勃劳希契在柏林的一场告别会晤上给出的（当时，隆美尔没有见到希特勒）。冯·勃劳希契对他说，他的任务只是协助意军，后者将会保留在北非地区的最高作战指挥权，以阻止英军向的黎波里推进。事实上，隆美尔所率的德军只是一支“封锁部队”，因此巡视一遍之后，他最好是回来报告，看那里是不是真的需要德国军队。希特勒的军事参谋希孟德将军会随隆美尔一起前往，并且无疑会对元首进行单独汇报。

结果，希孟德成了隆美尔的好朋友，只是隆美尔喜欢并极其信任此人，或许是一件憾事。希孟德是按照凯特尔哥哥提出的建议，接替了霍斯巴赫上校一职后受命的；后者是一位年老的普鲁士军官，在冯·弗里茨上将被希姆莱以莫须有的同性恋罪名“陷害”之后心怀厌憎地辞了职。希孟德是一位非常年轻的正规军军官，相貌非常英俊，极其聪明，野心很大，并且非常“持重”。他的朋友从来都不知道他是一名狂热的纳粹分子，不管是出于信仰还是出于自身利益，反正他变成了一名狂热的纳粹分子。也就是说，他变成了一个忠心耿耿的崇拜希特勒本人的人。在他似乎一直都真心实意地喜欢的隆美尔面前，他也表现出了与隆美尔一向都属于本能地做出的那种区别，即把元首和其追随者区分开来。他会这样解释说，可惜的是，希特勒的身边当然都是些流氓恶棍，其中绝大多数人都是过去遗留下来的。身为生活当中与希特勒个人关系最亲密的一个人，何况他必定还见证过希特勒多次勃然大怒时的情景，他有可能真的相信这一切吗？这一点，似乎难以令人相信。可对隆美尔而言，他的话却并非不可置信，因为隆美尔没有身处最核心的圈子里，直到很久以后都没有看到过希特勒表现出来的坏脾气与歇斯底里。

因此，在一起前往非洲的路上，以及希孟德留在非洲的那段时间里，两人之间建立起了友谊，建立起了一种搭档的关系。此后，只要是希望某件事情引起元首个人的注意，隆美尔就会直接写信给希孟德。凯特尔和哈尔德曾经怀疑隆美尔绕过了他们越级行事，只是一直没能找到证据。这种怀疑，自然也不会让他们以更好的态度来对待隆美尔了。

与希孟德的关系，说明了隆美尔长久以来一直对希特勒抱有幻想的原因；因为哪怕是从隆美尔的嘴里，希孟德也永远听不到一句不利于元首的话语。不管有什么事情做得不对，那都是戈林、希姆莱、鲍曼、凯特尔、约德尔、哈尔德这帮人的过错。不过，就在1944年7月20日那场阴谋的几天之前，就在隆美尔已经因为他对这场战争的结局感到悲观而与希特勒发生了争执的时候，希孟德还给隆美尔发过一封电报，说：“记住，您始终都可以信赖我。”炸弹爆炸的时候，希孟德正与希特勒一起待在房间里；大约两个月之后，希孟德便死了。死于受伤？人们都是这样说的。可隆美尔一直都不是很肯定。

与此同时，隆美尔与许多下级军官一样，与一些理应更有头脑的高级军官一样，在得知自己受命的消息之后，便不顾安全规定，写信给妻子，让她知道自己将要前往哪里。“现在，我应当能够为自己的风湿病采取一些措施了。”他如此写道。隆美尔夫人还记得，在法国战役期间为隆美尔治疗过风湿病的那位医生曾经说过：“您需要晒晒太阳，将军，您应当到非洲去。”因此她不难推断出隆美尔受命前往哪个地方。然而，到过柏林之后，他还是抽出了几个小时，回了一趟家。接下来，他便跟希孟德动身前往罗马、前往非洲，朝着阳光而去。忠心耿耿的阿尔丁格尔，也随之前往。

第六章　沙海沉浮

第一节　隆美尔对韦维尔

隆美尔来到北非，刚过两年的时间。他在那段时间里的命运轨迹（反过来，也是我方的运气轨迹），我们很容易看出来。1941年4月第一场大捷，使得这条轨迹出现了一次急剧而壮观的上升；接下来，就是因为没能在5月1日占领图卜鲁格而出现了小幅的下降。他在5月中旬至6月中旬挫败了韦维尔将军那一次次小规模的进攻，远非只是让这种下降趋势稳定下来了。然后，就是从11月底至12月初那一系列迅速的起起伏伏，就像一台功能错乱的地震仪记录下来的曲线一样；最后，这条轨迹以一段很长的下降而告终：当时，他被奥金莱克和里奇两位将军打得大败，退回到了昔兰尼加的边境地区。到了当年年底，他的轨迹又一次回到了“基准线”上。接下来，他在1942年1月和2月出其不意地进行了还击，反过来将我方部队赶回了贾扎拉之后，轨迹上又出现了一段急剧的上升之势。无论是从图上来看，还是从地面上来看，此时他在这道轨迹上的位置，都已经回到了前一年4月份那个最高点大约三分之二的地方。

1942年5月底，在经历了一段为时只有几天，但原本有可能使他突然陷入万劫不复之中的下降之后，他的整个命运轨迹开始出现了一段最为壮观的上升期：在一个月之内，隆美尔率军越过了图卜鲁格，越过了埃及边境，越过了马特鲁港、巴古斯和埃尔答巴，直抵阿莱曼，兵临亚历山大港城下，这是他职业生涯中最辉煌的一个时刻。奥金莱克将军在此地阻住了他，从而让他开始走上了一段虽说感觉不到却属不祥之兆的下坡路。蒙哥马利将军8月份在阿拉姆哈勒法、11月初在阿莱曼取得的两场大捷，打得隆美尔从此开始一蹶不振，直到1943年5月12日“非洲军团”的余部最终在突尼斯放下武器投降。至于隆美尔本人，他在这一天的两个月之前便飞回了德国，目的是想要说服希特勒，起码允许他去救出手下的官兵，却徒劳无果。

这一过程在图上很容易看出，但各场战役的情况却没有这么容易了。我还认为，试图再次详细地描述这些战役的做法，也没有什么太大的意义。那些希望了解1942年11月26日拂晓时分第4装甲旅位于何处的人，完全可以去咨询官方的历史学家，或者去查阅各师的历史文献。那些希望了解全局的人，最好的办法就是阅读或重读阿伦·穆尔黑德撰写的《非洲三部曲》，或者去看英军中其他一些非常能干的随军记者撰写的著作。由于是在当时形势带来的重重压力之下撰写出来的，因此这些作品都抓住了沙漠战争的精髓。不过，既然本书描述的主题就是统帅“非洲军团”的隆美尔，因此我也无法将他在北非进行过的所有战役全然略去不谈。我只能提出要求，请读者重走一遍对当时在地图上追随这些战役的人来说非常熟悉的那些地方，重走一遍那条相同的海岸旧路，重走一遍那些相同的沙漠小径。读者也可以稍加变化，乘一辆德国卡车走过一部分旅途。

我对阿伦·穆尔黑德提起自己想要撰写本书的时候，他曾建议说，与一位名叫韦塞尔斯的德国战地画家联系联系，可能会很有好处。韦塞尔斯曾经跟随隆美尔在北非待过，阿伦认为此人的西部沙漠水彩画，是他见过的最上乘的水彩画。可惜的是，他把此人的地址搞丢了。不待他把地址找出来，我便动身前往德国，在驻扎于伊瑟隆的第10轻骑师里待了一阵子，并从那里开始四处游历。我刚一抵达，该师师长便说，或许我会想要见一见一位名叫韦塞尔斯、曾经跟隆美尔一起在北非待过的德国战地画家；这位师长，是我军在意大利设立的第29战俘营里的一位“前战俘”。他说，如果想见的话，此人就住在伊瑟隆。当天下午，我就与韦塞尔斯见了面；此人既是一位非常优秀的画家，也是一个非常和蔼的人。我把心中的想法告诉他之后，他便问我认不认识冯·埃斯贝克将军（此人在北非沙漠中曾是德军第15装甲师师长），认不认识第21师师长冯·拉文施泰因将军；两位将军都住在伊瑟隆，与我住的那座房子相距不到500码，而他们两家之间相距还不到20码。

除了在两场战争中与德国人作过战，我认识的德国人一直都不是很多。除了隆美尔，我自然也没有遇到过德军中的其他哪位职业将领，哪怕只见过短短的几秒钟也行。对某个阶层心存偏见，正是我之所以会在一个枯燥乏味、无利可图的行业里待了10年时间的主要原因；这种偏见，起码也像绝大多数人的偏见一样强大。尽管如此，我还是必须承认，我发现这两个人都与本人意气相投。

冯·埃斯贝克将军是一位话语不多、上了年纪的人，独身一人住在顶层一个客卧两用的小套间里，四周墙上挂着他家17、18世纪时那些祖先的画像；我觉得他是很可怜，是一个“奇普斯先生”[1]式的军人。1941年，他在图卜鲁格附近被一块炮弹碎片击中脸部而受了伤，康复之后，又被调到了苏联前线；1944年7月20日刺杀希特勒的事件发生之后，他因为涉嫌而被当局逮捕，关进了一个集中营。如今还活着，他是不是很幸运呢？或许吧，如果一位将领体质虚弱，过早衰老，没有养老金，除了从军以外再无合适的职业或者兴趣，却能够在如今的德国活下来，那么他确实算是幸运的了。

住在马路对面的冯·拉文施泰因将军，同样出身于贵族世家，却是一个完全不同于冯·埃斯贝克将军的人，境况也与后者大不相同。他是一位清瘦而英俊的卫队军官，假如亲眼见到他的话，您就会看出，他文静优雅地身穿蓝色西服，脚穿擦得锃亮的皮鞋，领带上别着一枚珍珠别针，模样似乎要比50来岁年轻得多；假如他走进伦敦的卫队俱乐部或者骑兵俱乐部，人们马上就会认为，他是一位年轻而事业有成的将领呢。虽说经历了两场惨痛的战争，可他的身体和精神似乎都相当适合再去指挥另一场战争。在这两场战争当中，他都战功赫赫。1918年6月，他因为作战英勇而获得了“蓝色勋章”，只比隆美尔获得这一勋章晚了18个月。两次战争期间，他退了役，当上了杜伊斯堡一家新闻机构的负责人，直到后来被纳粹党徒赶下台来。1939年他重新入伍，成了一名陆军上校，在波兰指挥过一支装甲部队。接下来，1941年3月和4月在保加利亚和希腊两地作战过后，他前往北非沙漠，成了第21装甲师里一个装甲团的团长。在当年6月份的哈勒法亚山口与塞卢姆战役爆发之前，他接管了该师的指挥权。

在1941年11月24日至25日间隆美尔部进行的那场著名的突围中，冯·拉文施泰因正是率先出击的那个人。可他在北非沙漠里的从军事业，却在11月28日因为疏忽大意、陷入了我方“新西兰师”的包围圈中而突然走到了尽

[1] 奇普斯先生（Mr. Chips），英国作家詹姆斯·希尔顿（James Hilton）于1934年发表的小说《再见，奇普斯先生》中的主人公，此人是一位小学教师，年轻时固执木讷，老年时和蔼可亲。

头。“太糟糕了，”后来他对我说，“因为我随身携带着总参谋部的地图，上面将我军的部署情况标得清清楚楚，可我却来不及把地图毁掉。看到无法逃脱之后，我便决定自称施密特上校，并且希望他们不会注意到我的军衔标志。不过，接下来我就被带到了弗赖伯格将军那里。您知道我们德国人在介绍给别人的时候，是怎样自报家门的吗？我竟然双脚立正，鞠了一躬，然后就脱口而出：‘我是冯·拉文施泰因，将军！’”[1]

冯·拉文施泰因将军最后被送到了加拿大。从苏伊士往开普敦去的路上，他还组织实施了一场突袭，想要夺取那艘船，原本很容易就会成功，可船长在最后一刻发现了他的阴谋。我曾经也当过战俘，并且负责过带领大家逃出一座战俘营的行动，因此我给他的这次未遂出逃打了满分。尽管直到1948年才被遣返回国，冯·拉文施泰因将军却没有什么怨言，他受到的待遇算是够好的了。战争结束之后，当局几乎让他获得了彻底的自由。“那里什么都不缺。”他说道。

“我还能请您抽一支上好的哈瓦那雪茄呢，我留下了好几盒。”如今，尽管不得不与另外两位家人生活在一起，但他毕竟在伊瑟隆有自己的房子，生活得也很安逸。他家有一些上好的家具，墙上也挂着祖先们的肖像。他的夫人是一位迷人的葡萄牙女伯爵，与他住在一起，英语和法语甚至说得比他本人更好。他还有一份工作，他再次成了杜伊斯堡那家新闻机构的负责人。从各个方面来看，冯·拉文施泰因将军的境况都不是太差。由于被俘之前，他在西迪奥马尔曾经让第4印度师（和我本人）度过了一段非常难受的时间，因此我提出，将我在他进攻我方未果期间拍摄的一张照片送给他；那张照片上，他手下有7辆坦克被我军付之一炬。

至于弗里茨·拜尔莱因将军，我是在美军位于法兰克福的军史部那种非常讲究的办公室里，以一种更加正统的方式会见的；这位将军，可以说像是另外一类人。他是一个身材敦实而强壮的小个子，精力和热情十足，此时才50岁。在第一次世界大战期间，他从16岁起就参了军，以列兵职衔与英军作过战。他参加了1918年3月德军对凯默尔的围攻，还参加过同年夏季在索姆河与巴波姆、康布雷附近那几场具有决定性的战役。“一战”结束后，

[1] 第6新西兰旅一位曾经开车将冯·拉文施泰因将军送到该师指挥部的联络官告诉我说，当时他对后者的身份毫不怀疑，并且意识到他们逮到了一条比“施密特上校”更大的鱼。——原注

他起初并不想继续从军。由于没有更好的工作可做，因此他在1921年再次入了伍。1932年至1935年间，他在参谋学院就读，毕业后就被分配到了装甲部队。

十有八九，敌我双方当中，除了隆美尔本人，再也没有哪一个人在西部沙漠里连续服现役的时间，会比弗里茨·拜尔莱因将军更久的了。他是1941年10月从古德里安指挥的、当时正在苏联作战的装甲集团军调到非洲的，然后直到1943年5月受了伤、北非战役即将结束之前，才乘坐飞机离开此地。这19个月，就是双方战斗几乎持续不断的19个月。他担任“非洲军团”的参谋长一职，直到1942年5月；当时，高西将军受了伤，他便成了隆美尔本人的代理参谋长。（起初，隆美尔只是担任“非洲军团”的司令一职，但在1941年夏季，他获得了包括两个意大利军团在内的“非洲装甲群”的指挥权。）后来，他一直担任此职；其间，只有冯·托马将军在阿莱曼被俘之后那5个忙乱的星期除外，因为当时他负责的是指挥整个“非洲军团”撤退。

很显然，对于北非战役的情况，没有哪个人会比弗里茨·拜尔莱因将军更有发言权。不过，他在美军位于奥贝尔–乌塞尔那座审讯中心的一间临时营房里，展开那幅我们大家都很熟悉的、从阿杰达比亚到阿莱曼的沙漠地图时，他却告诉我说，这还是第一次有人来询问他关于非洲的事情，而我也是他碰到的、第一个曾经在非洲服过役的英国军官。对于隆美尔的情况，他也是一位权威人士。他非但在那段时间里与隆美尔一起生活，关系密切，而且以前就认识隆美尔；后者1930年至1933年间在德累斯顿的步兵学校里任教时，弗里茨·拜尔莱因就已结识了他。我们一起度过了漫长的一天，彼此问的都是“您还记得吗”这样的问题。我必须道歉，因为我喜欢某些德国将领。当然，对于德国的整个将领阶层，我可没有什么好感。不过，到那天结束的时候，我却喜欢上了拜尔莱因将军。从起初的这3个人身上，以及后来的其他一些人士身上，我对从德国这一方来看，北非战役是个什么样子就有所理解了。

在本书的开头部分我曾提到过，韦维尔将军或其参谋曾经在时间和空间的问题上做出了错误的估计，以为隆美尔最早也无法在1941年春季发动攻势。这一失误，并不会让盟军总司令部觉得光荣。倘若我们知道，隆美尔的做法非但让他们大吃了一惊，同时让他在柏林的那些上司也大吃了一惊，那么我方的情报部门就更有借口了。他在3月31日就发动了攻击。德国陆军司令部3月21日才下达命令，要他准备一份重新占领昔兰尼加的计划，并且要在4月20日前呈交上去以供参考。这份计划，应当是一份谨慎的计划。面对大量的英军，在第15装甲师抵达之前，隆美尔部不该贸然出击，越过阿杰达比亚。哈尔德及其参谋们无疑会花上一两个星期，带着一种批评和不友好的眼光，去研究这份计划。可他们根本就没有这样的机会。

就在他们理应接到那份计划的9天之前，隆美尔就已重新攻取了除图卜鲁格以外的整个昔兰尼加，并且已经抵达了埃及边境。他采取的行动，比等待上级允许之后才能实施的要多得多。连元首的命令，也被他撇到了一边。4月3日，希特勒曾给他发电报，嘱咐他小心行事，不要在没有等到第15装甲师的情况下发动任何大规模的进攻。尤其是，隆美尔部绝对不能转而向北进攻班加西，以免侧翼遭到敌人攻击。无视这道命令的最后一部分可能是安全的，因为就在这份电报发出的同一天，英军已经从班加西撤退了。至于第15装甲师，由于此时该师已经在的黎波里登陆，所以他也可以说该师已经“抵达”了。

“我认为，”一位当时正在开罗情报部门任职的、非常能干的军官曾经如此写道，“我方做出的是一种普通的军事形势评估，考虑到了双方的兵力、时间、空间以及所有的常规因素，从理论的角度来说，这是一种优秀的评估，因为隆美尔的进攻原本不应当获得成功。令我们遗憾的是，隆美尔赌了一把，并且赌赢了。按照常规，他是不应当在……之前发动进攻的。”毫无疑问，哈尔德将军定会赞同这种看法。

威廉姆斯准将也持有同样的观点，此人虽然后来当上了蒙哥马利将军的首席情报官，但当时还是国王骑兵卫队的一名团长，指挥着装甲师里的一个“侦察”团。“我个人认为，”他曾如此说道，“隆美尔开始的时候是慢慢逼近的，却发现阿盖拉很容易攻下（这一点我记得很清楚，因为被敌人攻下的时候，我就在那座要塞里，因而不得不匆匆忙忙地‘逃离’）；后来呢，一场精心计划的侦察行动就变成了一次成功的进击了……当然，隆美尔原本应该是不敢那么早地进攻我方的……”

隆美尔在北非沙漠这个舞台上的第一次亮相，情况就是如此。他攻占昔兰尼加的速度之快，给人们留下了深刻的印象，连专业人士也是如此。这更是让我方民众感到痛苦，因为他们都是根据地图来衡量我方之胜败的。其实，沙漠里的丢城失地几乎没有什么意义，胜败应当是根据海战而不是陆战来衡量的。一旦敌方的装甲部队失去战斗力，得胜方的坦克群就可以在茫茫的大漠上纵横驰骋；只要燃料足够，只要履带结实，想走多远就走多远，想开多快就开多快。令人更为担忧的情况，就是德军的装甲部队在战斗力上拥有巨大的优势。我方在阿莱曼战役前夕投入谢尔曼坦克[1]之前，德军一直保持着这种优势。可英国总参谋部和政府内阁里的人士从未认识到这一点，他们始终认为，数量可以弥补战斗力上的不足。起码来说，这种观念在沙漠里是行不通的。隆美尔大胆而娴熟地指挥着手下那支小型部队，手段非凡。事实上，他的经验更加丰富突出这一点，最终必将得到证明。他已经率领一个装甲师参加过作战，而一周时间的实战，抵得上半年的演习。可与之对抗的，却都是一些没有实战经验的部队与指挥官；由于我方坦克数量不足，因此他们连规模比较充分的演习都没有经历过。总而言之就是，隆美尔在个这方面的经验更加丰富，他手下坦克部队里的官兵也是如此。无论如何，“他们拥有更好的枪炮，一定会打败我们的。”“我认为不可能轻而易举地阻住他，”威廉姆斯准将曾说，“我方只有规格为2磅的反坦克炮和一些破旧不堪的坦克。”就算这些坦克是新的，它们与德军的装甲车也不可同日而语。

在战略这个方面，隆美尔遭遇韦维尔将军，算是碰到了对手。在当时那种情况下，攻取图卜鲁格是一个大胆的决定，但“该地守军的积极防御对敌人的交通运输线构成了威胁，很有可能阻止隆美尔部的进击”。事实上，情况的确如此，而埃及也十有八九是因为这一点而得以幸存的。隆美尔经常跟自己的儿子说起韦维尔将军，称后者是一位一流的指挥官，是“一位军事天才”。在隆美尔的书房里，除了弗洛贝尼乌斯[2]和其他人介绍北非地区各个方面情况的卷册，以及一些没有经过删节的文献，我还发现了一部翻得很旧了的作品，就是韦维尔将军论述为将之道的那部小册子的德译本，即《为将之道：爵士将军A·韦维尔》（苏黎世，1942年）。

正是因为隆美尔也认识到了图卜鲁格的重要性，所以他才在兵力得到了第15装甲师的增援之后，马上于5月1日对此地发动了大规模的进击。阿尔丁

---

[1] 谢尔曼坦克（the Sherman tank），美国在第二次世界大战期间设计和制造的一种中型坦克，是“二战”期间产量最大的坦克之一。

[2] 弗洛贝尼乌斯（Leo Frobenius，1872—1938），德国著名的人类学家和考古学家，法兰克福大学的荣誉教授，曾对北非和东北非洲进行过考察，在非洲历史研究方面做出过巨大的贡献，著有《非洲文化史》《非洲的语言》等作品。

格尔还称，尽管意军自行制订了一份全面的防御计划，可他们却否认有这份计划，没有将计划交给隆美尔。

不管情况如何，第9澳大利亚师可不会被隆美尔或其他任何一个人吓住。这种战斗中，最重要的就是各支部队和官兵个人的顽强不屈和主动精神，而澳大利亚官兵最擅长的就是如此。隆美尔"被狠狠地迎头痛击了一次"，被第9澳大利亚师顽强打退，人员伤亡和坦克方面的损失都很严重。德国陆军司令部抓住这次失利，提醒他说"占领昔兰尼加是'非洲军团'的首要任务，而攻没攻下图卜鲁格、塞卢姆和拜尔迪耶三地并不要紧"；至于继续进击埃及的重要性，则更在其次了。

5月中旬，在英军一批新的坦克还没有运抵非洲之前，韦维尔将军认为自己看到了"一个稍纵即逝的机会，可以抓住有利时机，在埃及边境的塞卢姆附近进击敌方的先头部队"。他利用一小批巡逻坦克和"I型"坦克，占领了塞卢姆和卡普措两地。第二天，隆美尔派出了手下的大批装甲部队，迫使韦维尔手下的部队撤了回来。5月27日，隆美尔部将我方驱离了哈勒法亚山口。除了塞卢姆，哈勒法亚山口就是坦克驶上那个海拔200英尺高的陡崖的唯一通道了；陡崖位于埃及边境那道铁丝网以东，向西南延绵50英里，伸入了沙漠当中。

韦维尔将军仍然一心想要收复昔兰尼加，起码也要收复远至图卜鲁格的地盘。另外，他还"受到了敦促，要他毫不耽搁地发动进攻"；我们也不难猜到，究竟是谁在伦敦催促他。此时，他已经有了足够多的新坦克来重新装备第7装甲师了；自打败格拉齐亚尼之后，该师已经全面撤出了战斗。当时该师武器装备严重匮乏，既没有坦克，也没有无线电设备，连训练也无法继续进行。新坦克当中，有一些是从未投入过中东地区的新型号，其中还有许多需要彻底检修，并且所有坦克都需要安装滤沙器、加涂沙漠迷彩。"官兵们彼此非常陌生，而他们对这些坦克的陌生程度也是如此。"

据估计，德军拥有220辆中型坦克、70辆轻型坦克，可我方呢，总计只有大约200辆。因此，我们起码也可以说，此时发动进击是一种鲁莽大胆的决定。而且，韦维尔将军还不得不让两个装甲旅联合起来作战；其中一个旅装备的巡逻坦克速度为每小时15至20英里，作战半径为80至100英里，而另一个旅装备的则是"I型"坦克，速度只有每小时5英里，要是中途不加油的话，作战半径只有40英里。这就好比是将一名男子和一个小男孩绑在一起，让他们去参加“两人三足”的百码冲刺。最重要的是，德军还拥有他们的看家装备，那就是88毫米口径的高平两用炮[1]。

这种高平两用防空火炮，可以在装填穿甲弹之后变成反坦克炮，可以像切黄油一样轻而易举地击穿我军的所有坦克。隆美尔关于“魔鬼师”的记录当中肯定会说到，该师曾在阿拉斯附近用这种火炮对抗过英军的坦克。可英军的情报却会同样肯定地说，情况不是这样的，我方直到1941年6月16日才在西部沙漠里首次遭遇这种火炮。不管怎样，这都是一种极其令人担忧的武器；直到战争结束，我方的坦克指挥官和其他官兵始终都畏惧得很。

无论如何，虽说开始时获得了一定的胜利，但“战斧行动”仍然是一次令人沮丧的失败行动，在此次行动中，我方损失了差不多100辆坦克。当时，我方一些部队根本就没有配备坦克，又没有空中掩护，被维希法国的坦克和飞机追击着，在叙利亚到处乱跑。得知用了6个战斗机中队、4个轰炸机中队和200辆坦克来实施一场似乎毫无效果的作战行动之后，我们自然都会心存不满的。因此，当冯·埃斯贝克将军、冯·拉文施泰因将军和阿尔丁格尔都分别告诉我说，隆美尔曾经非常严肃地对待我方的进攻，并且认为我方的这次进攻极其具有危险性时，我觉得很有意思。冯·拉文施泰因将军认为我方犯了一个错误，竟然企图进攻哈勒法亚山口这个“唯一的坚固据点”，尤其是用坦克去进攻，而我方在陡崖南端进行的迂回运动，原本也应当实施得更加巧妙才是。如果知道那里装备有88毫米口径的火炮，那么我方很可能不会去碰哈勒法亚山口这个霉头的；正是因为我方坦克的性能不一，才让第4装甲旅那些作战半径有限的“I型”坦克必须急转向北前往卡普措，而第7装甲师里的其余兵力也必须进一步在其侧翼阵地上散开来。得知“战斧行动”曾经让敌方感到担忧，起码也令人觉得舒服了一点儿。

从阿尔丁格尔的口中，我还听到了关于这段时间的一种非常奇怪的说法。我们前往叙利亚的时候，必须记住一点，那就是法国曾经强烈否认该国在支持德军。他们声称，法军之所以会阻碍我方进击，完全是因为我方那时是在入侵法国的领土，他们会同样地抗击德军和其他的所有侵略者。我曾经

[1] 自那以来，我一直与R. 冯·明登少校通信，他曾在1940年5月21日指挥手下的高射炮连（隶属于德军第161防空旅）用88毫米口径的火炮阻住了我方坦克的进攻。我还得知，在西班牙内战期间，这种火炮曾经做过打击坦克的实验，并且曾给英国供应部呈送过一份关于此种坦克的报告。——原注

当过法军3天的俘虏，因为在离大马士革不远的马泽郊外，我乘坐的军车被炮弹击毁了；在此期间，从法军司令部的各级参谋那里，我也听到他们气势汹汹、显然是发自内心地给出过这种解释。至于真相到底如何，我却一直都没有搞清楚。我们得知，在德军战机前往伊拉克去支援拉希德·阿里[1]叛乱的路上，法军曾经给它们加过油：那时，在大马士革和贝鲁特两地，穿着平民服装的德国人似乎一直都不多。阿尔丁格尔的说法是，就在我方发起"战斧行动"之前或之后，一架来自叙利亚的法国战机曾经在拜尔迪耶降落，驾驶飞机的是一位法国军官；此人马上就被带到了隆美尔那里，与隆美尔会谈了一个多小时之后，又驾机离去了。如果情况属实的话，那么此人大概是维希法国的总司令顿兹将军[2]派去的，阿尔丁格尔对此深信不疑。

当年夏季，剩下的时间平静地过去了；期间，双方都在想法集结兵力。在这个方面，隆美尔的处境很不利。德国最高统帅部的注意力全都放在苏联问题上，高层对北非战事根本就没有什么兴趣。最终，德军可能必须对苏伊士运河发起进攻，甚至是去进攻伊朗。然而，这一切都可以等到打败苏联之后再去实施。到了那时，德军可以经由安纳托利亚高原和高加索地区，打开苏联的大门。驻扎在利比亚的德军，只会起到支援的作用，因此高层不希望向这里增派部队。与此同时，由于不对马耳他发起一场作战行动，北非德军对军需给养问题就无计可施，因此隆美尔必须强自忍着，才没有打算去攻取图卜鲁格。假如此地落入了敌人的手中，他就不可能进军埃及，只能在塞卢姆止步了。可假如进攻行动失利，他就必须做好撤往贾扎拉去的准备。

英国和德国的专家们，经常都把隆美尔看成是一个纯粹的军事机会主义者、一个战术家，说他在战略方面没有资格提出任何看法。说他是"大战术"方面的一位高手，而不是一位战略行家，很可能是对的。不过，如果连那些范围更广的战略原则都无法理解的话，那么德国军方派他到波茨坦去当军事教员，这种做法就令人称奇了。而要说在波茨坦待了多年之后，他对这

---

[1] 拉希德·阿里（Rashid Aali al-Gaylan，1892—1965），伊拉克军人和政治家，曾先后担任过该国内政大臣和首相等职，1940年参加反英政变，在亲德军官的支持下建立国防政府。4月底，英国印度陆军司令奥金莱克将军直接派兵在巴士拉登陆去镇压这次起义，拉希德被迫潜逃至德国和意大利，后又流亡到沙特阿拉伯。1942年他被缺席判处死刑，1958年伊拉克王国被推翻后回国。

[2] 顿兹将军（Henri Fernand Dentz，1881—1945），法国陆军将领，在法国投降之后任职于维希政府下的法国陆军，1945年曾被判处死刑，但后来又被戴高乐将军改为终身监禁。

个方面竟然还是一无所知，那就更加令人惊讶了。

在这种情况下，他其实表现出了一种比绝大多数专业战略家更为清晰的理解。他在1941年7月提出了攻取苏伊士运河的计划，这一点我们在前文中已经提及过。冯·拉文施泰因将军告诉我说，隆美尔的想法实际上还要深入得多。此次进击，只是进一步攻入巴士拉的前奏，目标则是阻止美国经由波斯湾源源不断地为苏联提供军需装备。进击的第一阶段实施之后，隆美尔一方的军需给养就可以经由叙利亚来提供，就会获得保障；可隆美尔还认为，假如苏联那边的战局和北非战事全都进展顺利的话，就有可能诱使土耳其站到德国这一方来。如若不然，该国就有可能受到攻击，并且战败。

在别人都认为这个计划简直是异想天开而不予理会的时候（德国陆军司令部的态度正是如此，因为他们只看到了该计划的第一部分），隆美尔真应该看一看奥金莱克将军的电文（第38177号），其中涉及到了自1941年11月1日到1942年8月15日期间中东地区的所有事件。那样一来，他就会看出，我方在维希法国投降之后花了多大的力气来控制叙利亚，看出我们在伊拉克和伊朗花费了多大的精力，看出1942年夏末之前德国空军在任何时候都可以轻而易举地攻取塞浦路斯，看出他持续关注的实际上是己方的北翼。无可否认，隆美尔担心的就是，敌人会经由高加索地区发动进攻。但是，不论这次进攻从何处而来，如果的确实施的话，我方的地面部队兵力都太过薄弱，都是无法应付的。记住经由波斯湾而实际送到苏联的军需给养数量，也具有重要的启发意义。

至于马耳他，隆美尔曾不停地对自己的参谋说（后来他又对自己的家人提起过），他不明白，最高统帅部究竟为什么不打算攻取此地。他认为，在1941年夏季的任何时候，德军都可以利用烟幕弹和空降部队，轻而易举地将马耳他拿下。由于当年8月份他有35%的给养和支援装备被敌人击沉了，10月份击沉的比例又达到了63%，因此这个问题对他具有切身的利益。但是，直到1941年年底，被盟军击沉的给养和支援物资比例达到了75%左右之后，德国最高统帅部才醒悟过来，才认识到了马耳他对控制地中海地区的重要性。于是，他们便派出了U型潜艇和轻型的水面舰艇，去增援驻扎在西西里的纳粹空军。结果，到了1942年初隆美尔计划发动进攻的时候，德军几乎已经控制了地中海的中部。（这一结果，还要归功于一些年轻的意大利士兵，他们潜入了亚历山大港，将港内仅有的2艘英国战舰，即“伊丽莎白女王”

号和“勇敢”号击沉了。）

可到了那时，德国最高统帅部已经耽搁得太久，因而无法应隆美尔的要求，多派几个师前去支援了。事实上，他们似乎从来都没有想过要这样去做。此外，尽管他们已经让马耳他保持了中立，并且像凯瑟林元帅认为的那样，“使之不再是（英军的）海军基地”，可他们一直没有试过去占领此地。直到1942年4月底，在海军上将雷德尔的施压之下，又与墨索里尼商讨过后，希特勒才下令由德军和意军的伞兵部队在6月初对这个岛国发动一次突袭（即“大力神行动”）。“就算对马耳他实施行动采取了拖延策略，这也不是一种受人欢迎的举措，”德意两国这次会议上的德国海军代表曾经如此写道，“不过，我还是高兴地看到，元首对这个战略要地表现出了日渐增加的兴趣……整件事情迄今为止都被他认为是一个次要问题，如今却具有了重要的意义；以前，我方在这个问题上取得的胜利都被看成是上天的恩赐，却没有哪个人费神认真对待过这个‘意大利的战争舞台’。”

这次进攻，又被推延了两次。7月初，就在最后一刻，希特勒决定把“大力神行动”推迟到占领埃及之后再实施。他既没有跟意方协商，也没有同手下的海军司令部进行过商讨，不过，他有可能跟凯特尔与约德尔两人讨论过。

即便是在1941年夏初，“非洲军团”里的高级军官们都因取得了第一场大捷而精神振奋的时候，他们也觉得，德国最高统帅部仍然认为北非地区是一个次要战场，德军只是“替意大利人火中取栗”罢了。例如，关于空中支援的问题，德国怎么可能没有几个多余的战斗机中队呢？“我还记得德国空军的米尔希元帅1941年5月前来视察时的情形，”冯·埃斯贝克将军说，“我们全都祈祷英国皇家空军会趁着他在的时候大大轰炸一场，从而帮我们一个忙。幸好，英国皇家空军满足了我们的要求。米尔希将军当时身穿一件漂亮的白色军装。看到他一头栽进了一道狭长的战壕里，我感到说不出的高兴。他爬出战壕之后，看到那是炊事兵倒厨房垃圾的战壕，我就更高兴了。”

陆军司令部支持也好，不支持也罢，隆美尔都决意要发动进攻了。第一个目标显然就是图卜鲁格。“我们之所以能够在前线地区的4个半月里都没有陷入尴尬的境地，”奥金莱克将军曾经如此写道，“主要归功于图卜鲁格的守军。他们的表现，不像是一支处于重重压力之下的守卫部队，倒像是一支士气高涨、随时准备发动进击的部队，牵制住了一支兵力达到了他们两倍的敌军。通过让敌人始终都处于高度紧张的状态，他们挡住了4个意大利师和3个德军营向边境地区的进攻，时间从4月一直持续到了11月。”韦维尔将军的决定是在一场进展迅速、结局失败的战役中做出的，但获得了回报。只要图卜鲁格还在我方手中，敌人就不可能向埃及进击。

然而，连批准进攻图卜鲁格的命令，隆美尔也不容易获得。隆美尔想要在10月份或者11月份攻下图卜鲁格，可希特勒、约德尔和凯特尔却反对他在1942年1月之前轻举妄动。他们不希望在自己全力对付苏联的时候，北非地区再生出任何事情来。意军在开罗和亚历山大等地都派有间谍，他们的情报部门比德军的情报部门更加优秀，得知了奥金莱克将军即将发动进攻的消息，他们也反对名义上接受意方指挥的隆美尔采取任何行动。纳粹空军拍摄的照片显示，我方在马特鲁以西修建的那条铁路正在向前推进。隆美尔把照片往地上一丢的时候，冯·拉文施泰因将军正好在场。“我才不会看这些东西呢。”隆美尔暴躁地喊道。

接下来，德国最高统帅部收到了海军上将卡纳里斯[1]的报告。一名在耶路撒冷住院的英军士兵曾经对一名实际上是德国间谍的护士说，英军很快就会对隆美尔部发动一场大规模的进击。凭借这一点，希特勒和约德尔都指示隆美尔说，他最好不要轻举妄动，不要去管图卜鲁格，最好是做好迎战奥金莱克的准备。（他们二人似乎都没有想过，如果图卜鲁格继续留在英军手里，隆美尔反击奥金莱克的难度将会倍增。）

隆美尔已经下定决心，要拿下图卜鲁格。他不愿接受希特勒下达的那道命令，与冯·拉文施泰因一起飞回罗马，去据理力争。隆美尔在罗马“大发雷霆”的时候，冯·拉文施泰因也在担任德意两军联络官一职的冯·林特伦的办公室里。隆美尔说这个倒霉的冯·林特伦是“意大利人的朋友”，然后抓起电话，直接给约德尔本人打了个电话。“我听说您希望我放弃对图卜鲁格的进攻行动，”他说，“我对此感到十分气愤。”约德尔提起了英军即将发动进攻的事情。隆美尔回答说，在进攻图卜鲁格的过程中，他会让第21装甲师去进行阻击，还把该师师长也带了过来，此刻就在这间办公室里。约德尔建议他谨慎行事。“您能保证说，”隆美尔的记录表明，当时约德尔是这

---

[1] 卡纳里斯（Wilhelm Franz Canaris，1887—1945），纳粹德国的军事情报局局长，后因密谋推翻希特勒而被判处死刑。

样说的，“没有任何危险吗？”“我以个人名义向您保证！”隆美尔大声说道。于是，撇清了责任的约德尔便不再坚持反对了。

进攻定在11月23日开始，由于一切都已“安排妥当”，而冯·拉文施泰因女爵和隆美尔夫人也前来与他们相会，因此隆美尔决定留在罗马，直到11月15日过完生日再走。两位夫人到处观光，冯·拉文施泰因还记得，她们回到“伊甸旅馆”吃午饭的时候，都对圣彼得大教堂大感惊叹。隆美尔先是什么话都没有说，静静地听她们聊了一会儿。接着，他便一起攀谈起来。“您知道吧，冯·拉文施泰因，”他说，“我刚才一直都在再次思考我们应该怎么部署那些步兵营的问题……”

罗马的旅游景点，隆美尔一处也没有去看。然而，在意军司令部的邀请下，他的确在生日那天看了一部叫作《从班加西进发》的电影，其中描述了前一年4月份意军进攻时的情况。在影片中，得胜的意军用刺刀进攻，一些英军军官则全身上下衣衫褴褛，被一些意大利“特约演员”戏弄，惊慌失措地从他们面前跑过；可是，其中竟然没有出现一名参战的德国军人。“很有意思，也很有教育意义，”隆美尔对东道主说道，“我一直都想了解那次战役的情况。”

后来人们都说，正是因为隆美尔当时不在位于距昔兰尼不远处贝达里托利亚的那个指挥部里，他才逃过了一劫，没有战死或者被俘。当时的情况，简而言之就是：一支英军突击队在杰弗里·凯斯少校的率领下，乘坐潜艇登陆。一位非常勇敢的军官约翰·汉斯尔顿与突击队接上了头，给突击队做向导，但后来牺牲了。他伪装成一名阿拉伯人，一直生活在敌后。“从西利奈进入村庄后，右手边的第一栋建筑，”“远程沙漠集团军群”的肯尼迪·萧少校描述说，“是一座粮仓，接下来有一排平房，然后路边的柏树林里有一栋面积较大的两层楼房，黑乎乎的，阴森可怕。1941年，隆美尔就住在这栋房子里……午夜时分，凯斯带着坎贝尔和特里两个人摸到了前门，用德语大声喊门。哨兵打开了门，可待他们进去之后，哨兵却拒绝投降，被他们俘虏了。听到动静之后，两名军官出现在楼梯上，被他们开枪打死了。接下来，整栋楼房的灯光全熄了，四周寂静一片。凯斯先从第一层开始搜查。第一层空无一人，但有人在第二层的黑暗中开了一阵火，凯斯倒了下去，身负重伤。坎贝尔也被击中，并且被对方俘虏，只是特里逃走了。凯斯少校后来被追授‘维多利亚十字勋章’，与4名德国人一起葬在该村以南1英里外贝达里托利亚的一座小山上。”

11月16日已从罗马飞回北非的隆美尔，此时正在别的地方忙碌，为准备进攻图卜鲁格一役做最后的安排。不管怎么说，他都不可能困在柏树林中这座阴森森的、叫“督府”的房子里。其实，这里并不是他的指挥部，而是其军需参谋的指挥部。他自己的指挥部位于贾扎拉的卡萨比安卡，距坎布特不远。虽说偶尔会到贝达里托利亚去，但他从来不在那里过夜，只是那里预留着一栋叫“隆美尔府”的房子，供他和其他高级巡察军官所用。约翰·汉斯尔顿的情报有误；要么是阿拉伯人白天在那里见过隆美尔，要么就是阿拉伯人把隆美尔跟别人混起来了。关于此次偷袭的报告送抵之后，隆美尔命令自己手下的驻军牧师鲁道夫·达尔姆拉斯驱车回到贝达里托利亚，为凯斯和丧生的那4名德国士兵举行了基督教葬礼。当时正下着暴雨，达尔姆拉斯开着军车，在雨水浸泡的路上跋涉，趟过正在涨水的河谷，路上竟然花了36个小时。他是在葬礼开始的10分钟之前才赶到的，刚好来得及布一次道和清洁死者的墓穴；其中，凯斯的墓穴位于右侧。德军总参谋部的一位军官献了花圈，齐射了3次礼炮，竖起了用柏木制成的十字架，还在墓穴四周栽下了一株株小柏树。战争结束后，德军驻贝达里托利亚指挥部的司令欧内斯特·席林与达尔姆拉斯两人，曾把一份关于杰弗里·凯斯之死与葬礼情况的说明，连同当时拍摄的照片，寄给了凯斯少校的母亲凯斯夫人。

第二节 “十字军行动”

就算我方的突击队没有在隆美尔的指挥部里惊扰到他，奥金莱克将军发动的进攻作战，也完全打了隆美尔及其手下官兵一个措手不及。我方的装甲旅远处于其前方的装甲车的掩护之下，于11月18日拂晓迅速越过“边境线”，驶过空无一人的茫茫大漠，抵达了位于特里埃尔阿布德这条古道上的阵地。“十字军行动”是第8集团军群的第一次作战行动。对于这次行动，我方抱有很高的期望。丘吉尔先生甚至希望，此战能够取得可与布伦海姆之战[1]或者滑铁卢之战那样的决定性胜利。可惜的是，他的确这样说过。当

[1] 布伦海姆之战（Battle of Blenheim），1704年西班牙王位继承战争中，奥、英、荷联军与法国、巴伐利亚联军在德国巴伐利亚布伦海姆村进行的一次决定性会战，以前者获胜而告终。

时，人们并没有充分认识到这些期望，而随后的失利也很快让这种期望蒙上了一层阴影，因此除了第8集团军群自身，没有几个人知道，此战其实差一点儿就让我方取得了彻底的胜利。由于只有最终结果才重要，因此能够不厌其烦地将此战与阿莱曼战役中的一些数据进行比较的人就更少了。此战中，敌军总兵力为10万人，有6万人在“十字军行动”中被打死、打伤或者被俘，其中还包括2.1万名德军。第8集团军群的总兵力为11.8万人，牺牲的官兵总数为1.8万人。而在阿莱曼战役中，第8集团军群的总兵力为15万人，面对的德军与意军总数则为9.6万人，打死、打伤或者俘虏的敌军为5.9万人，其中包括3.4万名德军。[1]第8集团军群的伤亡数量为1.35万人。1941年11月，我方投入了455辆坦克，与隆美尔部的412辆坦克展开了交战。而在阿莱曼战役中，蒙哥马利将军手下有1114辆坦克，敌方的坦克数则在500辆至600辆之间，其中超过半数都是意军的坦克。

然而，数据并不会说明一切。在蒙哥马利将军那1114辆坦克中，有128辆属于格兰特坦克，267辆为谢尔曼坦克，它们装备有75毫米口径的火炮和全方位旋转炮塔，并且全都是崭新的。而在1941年11月，我方却还没有一辆坦克可以对付德军的“马克III型”和“马克IV型”坦克。当时，我方的坦克非但性能很不可靠，装备的也是那种可怜的、发射2磅炮弹的火炮，必须开到离敌人只有800码的距离，才能开始有效地击中敌人的坦克。可在向敌人靠近的时候，我方坦克始终都处在敌方50毫米口径（相当于4磅火炮）和75毫米口径大炮的火力之下，而且我方坦克的装甲毫无防御之力。当时，我方也完全没有什么有效的反坦克炮。

那么，奥金莱克将军又为什么会以一个半装甲师的兵力，而不是以他自己认为必需的3个装甲师发动了进攻呢？首先，只要“轴心国”在昔兰尼加地区部署有强大的兵力，埃及就会持续受到威胁，而他也不可能指望，确信我军的北翼能够挡住德军有可能经由高加索地区发动的入侵。其次，英国政府认为，我方必须尽可能早地在北非地区采取进攻行动。“尽可能”可是一个很有伸缩性的词语，尤其是在伦敦。

奥金莱克将军的进攻决定得到了上级的认可，因为这一总体计划无懈可击。我军主力将以南部开阔沙漠中的“吉拉布卜绿洲”为基地，经由吉

[1] 德国方面的数据是，在1941年至1942年的那场冬季战役中，德军伤亡1.476万人、意军伤亡1700人，而至12月1日止，德军在阿莱曼战役中的伤亡数字则是2.3万人。——原注

亚诺，穿过沙漠进击，然后转而向北，切断隆美尔部的交通补给线；不过，这种设想却被上级恰当地否决了。因为那样的话，后勤保障方面的困难就太过艰巨了。而且，在进击的过程中，我方部队的侧翼将会暴露在敌人从北方各个沿海机场发起的不间断空袭之下。敌人的这种空袭，可以在驻希腊和克里特岛的纳粹空军的支援下，随心所欲地“增强”。我方的兵力，包括皇家空军在内，将不得不分散开来。我方必须保留强大的掩护性兵力，牢牢地守住边境。不然的话，隆美尔部就会扭转劣势，从那道陡崖长驱而下，直逼亚历山大港。事实上，假如我军从南方发动进攻的话，隆美尔正想那样去干呢。因此，派遣一个加强旅在吉亚诺插入，只是一种佯攻。这种佯攻起到了作用，拜尔莱因将军后来曾对我说，他们当时的确以为我军将在那里发动主攻。

最终采用的进攻计划，则是朝着图卜鲁格穿插，同时声东击西，佯装从中部和南部发动进击。进攻的第一个目标，就是击溃隆美尔的装甲部队。敌军的精锐，就是那两个装甲师，即第15师和第21师。什么东西才能牵着敌人的鼻子走，让敌人按照我方选择的方式来交战呢？奥金莱克将军推断说，很清楚，那就是大张旗鼓地调兵，去解图卜鲁格之围。（实际上，对于将隆美尔部赶出昔兰尼加地区，以及下一步将其赶出的黎波里塔尼亚地区这个更大的目标来说，解图卜鲁格之围还是次要的。）由于我军坦克的战力不如敌方，因此我们必须尽量集中优势兵力，去进攻他手下的装甲部队。在任何情况下，我方的单个装甲师都不能陷入敌方两个装甲师的合围当中。在进攻时间和突袭方向上，我们必须做到让敌人出其不意才行。

简单来说，主攻将由威洛比·诺里中将指挥的第30兵团发起。该兵团下辖绝大部分装甲兵力（即第7装甲师和第4装甲加强旅），还有第1南非（步兵）师的两个旅和第22警卫（摩托）旅；各部将在贾布尔萨利赫集结，然后向东北或西北方向出击。在击溃敌军的装甲部队之后，该兵团会去解除图卜鲁格之围。图卜鲁格的守军（包括第70步兵师、一个陆军坦克旅和一个波兰加强旅，以及业已解围的澳大利亚部队），将在诺里将军认为时机成熟的时候进行突围。

与此同时，由戈德温·奥斯丁中将率领的第13兵团，下辖新西兰师、第4印度师和第1陆军坦克旅，则要阻击并且截断承担边境防御任务的敌军。接下来，该兵团应当向西朝着图卜鲁格进击，支援第30兵团。第30兵团的第4

装甲旅将会为其左翼提供掩护。位于塞卢姆陡崖以南的第11印度步兵旅和位于陡崖以北的第5印度步兵旅，它们的任务则是正面牵制敌军，掩护我军的基地与军需补给站。

隆美尔手下的兵力当中，三分之一为德军，三分之二为意军。其中包括3个装甲师、2个摩托化师和5个步兵师。德军第15装甲师和第21装甲师，再加上第90轻型（步兵）师，组成了“非洲装甲集团军群”。此时，第21装甲师正位于甘布特以南12英里之处，就在卡普措堡的对面。第15装甲师和第90轻型师，则在阿代姆、依都大和西迪拉齐附近集结。第21兵团由4个意大利步兵师组成，该兵团在3个德国步兵营的加强下，正在围攻图卜鲁格。意大利的那个装甲师（“阿里亚特师”）正位于埃尔古比，凭借大炮固守该地。那个摩托化师（“的里雅斯特师”）则位于比尔哈凯姆。哈勒法亚、塞卢姆和卡普措等地的边防任务，均由德军的步兵营负责。西迪和利比亚奥马尔两地，则由配备了少量德国火炮的“萨沃纳师”防守。拜尔迪耶的守军里面，既有德军，也有意军。

我方这一次进攻的准备工作，做得是煞费苦心。马特鲁以西修建的那条铁路，向前推进了75英里。我方从亚历山大港铺设了一条水管过来，并且在军需站后方10英里的地方设立了一个引水点。战斗打响之前，前线地区已经储存了差不多3万吨弹药、燃料和物资装备，这些弹药和物资，充其量也只不过是足以补上我军一个星期内每日补给量和消耗量之间的差额罢了。好几周以来，英国的皇家海军和皇家空军已经分别从海上和陆上，对敌军的补给线进行了持续不断的袭击。多亏了皇家空军和“远程沙漠集团军群”，英国驻中东部队总司令奥金莱克将军麾下指挥第8集团军群的坎宁安将军，才获得了关于敌军部署与作战序列方面几乎准确无误的情报。多亏了皇家空军和一流的管理、伪装及“安全”措施，敌人对我军的部署才一无所知。“出其不意”这种不可或缺的效果，的确达到了。

接下来，双方便展开了殊死一搏。就我方来说，士气之鼓舞、获胜意愿之强烈，自第一次世界大战结束前那一场终极之战以来，我还从来没有见到过。“再……给我一辆坦克。”我还记得，一位受伤的苏格兰军士探出身体，指着自己那辆坦克的火炮喊道；那辆坦克的炮口因为被敌人直接击中而塌陷下垂，就像一根被人嚼过了的芹菜。“伙计，我们干得很好，我们让这些混蛋够难受的了！”这一幕，就发生在指挥第30兵团的威洛比·诺里将军乘坐的那辆军车100码远的地方，诺里将军刚刚放弃了整个总指挥部。虽说在只有一位副将来打这场战斗的情况下，官兵们可歌可颂的事迹还有很多，但这一幕就足以概括出来了。（差不多与此同时，“非洲军团”的整个司令部都被新西兰师占领了。）

这是一场真正的军人式战争，是一场“彻底的缠斗”，就像1918年我们经常在前线上看到的那种了不起的空中混战一样。此战速度之快，双方运气转换之迅速，炸弹与燃烧的坦克冒出的浓烟笼罩着大地，疾驰而过的车辆卷起股股尘土，相互矛盾的报告乱成一团，都让人完全不知道1英里外的地方究竟发生了什么。即便是到了今天，我们也很难从显示当时战局的地图上看出每个小时的形势发展。时不时就有某个英雄人物冲破这团迷雾，屹立出来；比如“苏格兰人”坎贝尔，他在西迪拉齐开着一辆敞篷汽车，率领手下的坦克，身先士卒地往前冲，获得过6枚以上的“维多利亚十字勋章”。

还有成百上千人的战功，都没有记录下来。又有多少人，曾经听说过指挥吉拉布卜那个“印度加强旅”的丹尼斯·雷德少将的事迹呢？他曾经径直走进吉洛，凭借自己的那把手枪，就俘虏了60名正在吃晚饭的意大利军官，从而一举拿下了那个要塞。

此役的中心就是西迪拉齐，因为那里正是通往图卜鲁格的咽喉要冲。最艰巨的战斗就发生在这里，当时完全是坦克对坦克、官兵对官兵。然而，此役的“显著之处”，还是隆美尔指挥手下的装甲部队，11月24日下午在比尔舍芬泽越过“边境线”进行的那场具有戏剧性的反击战。在《一年之战》一书中，阿伦·穆尔黑德曾经生动地描述过这次对盟军后方进行的袭击，以及随后成千上万辆没有装甲的军车在沙漠之上四散溃逃，就像一群在鲨鱼前面逃命的马鲛鱼的情景。

为什么隆美尔会突然放弃主要战事，而率领手下的装甲部队急速东击呢？他是有什么计划，还是说他完全是在“乱搅一气”？他的这一步棋，究竟是一着高招呢，还是赌博式的孤注一掷？富勒少将、中将吉法德·马特尔勋爵和其他一些人都曾讨论过这个问题，并且得出了截然相反的结论。然而，找出这个问题的答案，对评价身为指挥官的隆美尔来说，又是必不可少的。再说，他们在一两英里开外经过的时候，隆美尔手下的坦克为什么没有停下来，烧毁我方那两个主要的军需补给堆集处，即位于埃尔古比东南15英里处的第63号食品装备堆集处，以及位于贾布尔萨利赫东南15英里处的第65

号食品装备堆集处呢？没了那两个军需补给堆集处，“新西兰师”就不可能再坚持下去。没有了那两个军需补给堆集处，第30兵团就不得不从西迪拉齐撤退。当时，守卫这两个堆集处的，可只有一个警卫旅呢。

我之所以可以先回答第二个问题，是因为它的答案很简单。虽说这两个堆集处每一个都占地6平方英里，可德军根本就不知道那里有这两个堆集处。“天哪！”拜尔莱因将军惊叹道，“您不是故意要告诉我这个吧？”冯·拉文施泰因将军同样震惊不已。“想一想吧，”他说道，“我既看到了，也认出了那个警卫旅，可始终都不曾费神去想一想，他们究竟在那里干什么！我想，我都没有向他们开过火呢。”两人都再次谈到了这个问题，并且说法都一样。“如果知道那里是两个军需给养堆集处的话，那么我方可能已经打赢了这场战役啊。”他们的确有可能打赢的，因此不管是谁，我方那个负责将这样一大批汽油、饮水和给养隐蔽和伪装起来的人，都可以将这一功劳的一部分归于自己。[1]

英国皇家空军也能将功劳的一部分归于自身，因为正是皇家空军，才让德军的侦察机无法靠近这个地区。

至于那个更重要的问题，拜尔莱因将军完全清楚当时隆美尔心里的想法。隆美尔仍然决意要攻取图卜鲁格，只是在自身受到攻击的情况下，他是不可能做到这一点的。假如他率部进攻我军第70师，那么该师只会撤退到周边地区去。沿着卡普措古道进军的“新西兰师”令他大吃了一惊，感觉很不舒服。如果集中所有兵力进攻该师，他无疑可以消灭该师，并且再次打开通往其前沿阵地的通道。但那样一来，就会让第7装甲师的余部有了整休的时间。与此同时，他的侧翼还有我军第70师。假如他去进击位于西迪拉齐东南的第7装甲师（马特尔将军认为他应当那样干），那么“新西兰师”就会与第70师会合。如果他稳扎稳打，撤退到贾扎拉，那就意味着放弃前线的要塞，放弃那里的给养以及德军位于沿海地区的军需给养堆集处。他的战斗力，就在于手下的那两个装甲师。他有没有什么办法利用好这两个师，不仅让自己摆脱目前所处的尴尬境地或者进行一场难解难分的缠斗，而且重新获得主动权，一下子反败为胜呢？有的，于是他才决定突然挥师向东，插入我军的后方，大肆破坏我方的交通补给线，让坎宁安将军欣然放弃此役，从哪

[1] 最近我听说，负责这一任务的是贾斯帕·马斯基林少校。如果属实的话，那么马斯基林和德文特这两位声名赫赫的魔术师的确干得极其出色。——原注

里来再退回哪里去。接下来，他就会去解决图卜鲁格的问题，只是比他原先设想的推迟了几天时间罢了。

“您有了一个机会，今晚就结束这场战役！”隆美尔下达命令的时候，曾经对即将率领第21装甲师发动进攻的冯·拉文施泰因将军说道。该师将径直向“边境线”及更远的地方推进，“心无旁骛”，然后转而向北，直抵海边的塞卢姆。与此同时，一支由一个摩托化旅和一个坦克连组成的“作战小组”，将进击坎宁安将军位于马达莱纳的指挥部。另一个从第15装甲师里抽调兵力组成的“作战小组”将紧随其后，沿着陡崖而下，攻取位于比尔哈巴达的军需库，那里储存着大量的汽油。隆美尔非常正确地推断出，假如敌人在陡崖与亚历山大港之间没有部署什么劲旅的话，那么第21装甲师应当与这个“作战小组”会合，随后该师起码也能突袭进入埃及境内。到了那个时候，他们应该已经给敌人造成了巨大的恐慌与混乱，盟军第8集团军群则会狼狈不堪地撤回原先的阵地去。

实际上，陡崖底下有一片面积很大的雷区，雷区后方则部署有第4印度师的1个旅。除此之外，那里就只有几乎没有受过训练、装备也很差劲的第2南非师了，该师迄今还没有经历过任何实战呢。离该师最近的旅群，也驻扎在马特鲁港。

没有谁可以说，他的这个计划不是在一场艰巨的战斗中制订出来的一个鲁莽大胆的计划。那么，这一计划为什么没有成功呢？答案就是，该计划在一定程度上完全获得了成功。11月23日，坎宁安将军实际上已经希望停止战斗了。如果不是奥金莱克将军从开罗飞过来阻止他这样做，坎宁安将军无疑在第二天晚上就放弃作战了。在随着第8集团军群进击时研究过种种危险之后，11月24日，奥金莱克将军在该军先头指挥部所写的一封信里，曾经如此说道：“第二条路，就是继续动用我们能力范围内的一切手段，继续加强我方的进攻态势。毫无疑问，第二条才是唯一正确的道路，我们必须接受其中可能存在的风险。因此，你们必须继续无情地进攻敌人，运用所有的资源，甚至是坚持到最后一辆坦克……”富勒将军称之为“将才在作战行动中发挥影响力的一个杰出榜样”，这是一种非常正确的评价。

隆美尔则恰好相反，不得不受到一位下级军官的掣肘。照例，他身先士卒，亲临前线地区。11月25日差不多正午时分，冯·拉文施泰因将军接到了隆美尔的命令，要他做好进攻埃及的准备；此时，冯·拉文施泰因将军正位于哈勒法亚山口的后方，原先手下的60辆坦克只剩差不多二三十辆了。下午2点钟，他又收到了一份无线电报：“此前给你部所下的命令，全部撤销，第21装甲师必须突破拜尔迪耶方向上的印度师防线。”当天上午和下午，在我方第7印度旅位于西迪奥马尔那片雷区的后方，率军对该旅（以及第4印度师的司令部）发动了两次没有成功且似乎毫无必要的进攻之后，冯·拉文施泰因将军便开始怀疑，自己究竟能不能突破敌人的这道防线了。然而，他还是派了一名军官，率领一队重型卡车（他希望，在黑暗当中，敌人会把这些重型卡车误认为坦克），在塞卢姆和卡普措之间“打开一个缺口”，然后驾驶坦克跟在这些卡车后面插了过去。第二天即26日上午，他抵达了拜尔迪耶。在该地，他发现隆美尔坐在军车里，睡得正香。“将军，”冯·拉文施泰因说，“我很高兴地向您报告，我率领手下这个师到达了这里！”隆美尔却勃然大怒。“您是什么意思，说您到达了这里？”他质问道，“您到这里来干什么？我不是给您下达过命令，要您准备好从哈勒法亚山口向埃及方向发动进攻吗？”冯·拉文施泰因将军拿出了那封取消命令的无线电报。隆美尔再次勃然大怒。“假的！”他大声说道，“这是英军下的一道假命令，他们一定是破译了我方的密码！”

那封电报，其实是德军中的韦斯塔法尔中校发出的。此人虽说后来被擢升为中将，并担任了陆军元帅冯·龙德施泰特的参谋长一职，但当时还只是德军第55航空轰炸团（代号G1，特种作战部队）里的一名军官；该团留在后方，职责就是保卫图卜鲁格附近的后方司令部。他看到了纳粹空军的所有报告，认识到隆美尔进击埃及的计划不可能实现，因此自作主张，取消了后者的命令。隆美尔是个大度的人，后来还祝贺过此人呢。“您做得很对，”他说，“我感谢您。”冯·拉文施泰因似乎也心存感激。

与此同时，从正在西迪拉齐拚命阻挡“新西兰师”的德军第90轻型师那里，传来了要求紧急支援的消息。在11月26日至27日的那个晚上，西迪拉齐陷落。当天下午，我军第70师攻下了依都大，第8集团军群和图卜鲁格的守军第一次会师了。（戈德温·奥斯丁将军把第13兵团的指挥部迁进了图卜鲁格，据说还在那里发出了“图卜鲁格和本人都解放了”的消息。）11月27日，取代坎宁安将军一职的瑞奇将军截获了一份无线电报，说德军那两个装甲师正全速回撤。

于是，隆美尔发动的这场东征便结束了。到头来，这场战役除了在后方地区引发了恐慌和失望情绪之外，几乎没有对我方造成什么危害。（有些军车司机说，他们是全程没有刹过车，或者说他们的脚是没有离开过油门，一路直抵开罗的。虽然这种说法可能有点儿夸张，但许多军车当时仍在向马特鲁全速前进，却是实情。）隆美尔没能重新获得全面的主动权。由于损失了大批装甲部队，尤其是在西迪奥马尔第4印度师的火炮之下损失惨重，因此隆美尔最终的处境比刚开始时更糟糕了。尽管如此，奥金莱克将军还是承认，隆美尔这次突如其来的袭击“令人感到无比震惊”。假如成功了，军事史学家们就会把这次进击看成杰作。

对于德国人和我们而言，此次突袭当中的有些时刻，回顾起来会比当时更有意思。11月24日傍晚，隆美尔与拜尔莱因将军、克鲁维尔将军率领“非洲军团”，越过了“边境线”。当时，隆美尔开着他那辆叫“猛犸象”的英式装甲指挥车；那是他在以前一次战斗中缴获的战利品，隆美尔非常喜欢。往回返的时候，由于天已经黑下来，他们竟然找不到“边境线”上的那个缺口，也就是“边境线”上那片防御性雷区里的通道了。（我记得自己曾经放弃寻找那个缺口，在那辆客货两用车里美美地睡了一觉，第二天早上醒来后却发现，汽车的两个前轮都已经开到了雷区里。）隆美尔和手下睡了一觉，只是在我方“印度师”的包围圈里或许睡得不那么安稳罢了，因此天刚破晓，他们便悄悄地、平平安安地溜走了。

前一天下午，隆美尔刚刚视察了一所战地医院，里面全都是受伤的德国和英国官兵。在病床之间走动的时候，他竟然发现，那所医院仍然掌控在英国人的手里，因为那里到处都是英军士兵。实际上，领着他四下视察的就是一位英国军医，把他误认成了一位波兰将领（至少隆美尔是这样认为的）。一名受伤的德国士兵瞪着他看，开始在病床上坐起身来。“我想，我们最好还是走吧。”隆美尔悄悄地说。跳进那辆“猛犸象”之后，他还敬了最后一个军礼呢。

冯·拉文施泰因将军也跟我说过，隆美尔曾经想要抓获一帮人，因为他坚持说那帮人就是坎宁安将军及其手下的参谋。“我可没有时间来抓俘虏。”冯·拉文施泰因将军说，“事实上，每当我开着车子从被俘的英军官兵当中穿过去，看到坦克靠上去他们就想要投降的时候，我都不得不大声朝他们喊道：‘走开！我对你们不感兴趣！’我拿战俘怎么办呢？接下来，隆美尔与我会合了。在边境线以东的一处高地上，我们在望远镜中看到了一队拿着地图的参谋军官。'那是坎宁安将军！'隆美尔说道，'去抓住他们！'我准备调来一两辆坦克，可他却按捺不住了。'不要紧，我自己去把他们抓住！'他站在自己的那辆军车上，将太阳镜推到前额上，一边挥手一边大喊，领着3辆没有装甲的指挥车和大约20辆摩托车便冲了下去，卷起了一阵尘土。然而，坎宁安将军（如果那人的确是坎宁安将军的话）看到他们冲过去之后，便跟手下的参谋跳上汽车，一溜烟逃跑了；我猜想，那是因为他们当时既没带武器，又没有卫队保护吧。"

如今我仍然无法得知，那个原本应当进击马达莱纳、从第15装甲师里抽调兵力组成的"作战小组"后来怎么样了。当时指挥该师的是诺伊曼·西尔科将军，他的母亲是苏格兰人；此人10天之后就阵亡了，可其他人似乎都不清楚这件事。如果这个"作战小组"按照计划抵达了该地的话，他们就会发现，我方第8集团军群的司令部里正慌成一团，急于组织一支防坦克部队来进行防御；非但其中的坦克兵是凑合起来的，而且没有弹药。所以，隆美尔那个计划中最重要的部分就此流产了。

双方在西迪拉齐附近的拉锯战重新开始了，一切全都取决于我方第1南非师的第1旅能否及时赶上来支援"新西兰师"。可第1南非师完全不熟悉沙漠战，其中的第5旅已经被敌人击溃；而在一个星期之前，德军一次伪装得很到位、执行得也很出色的进攻，又差不多彻底消灭了该旅。指挥该师的"丹"皮纳尔少将是一位参加过上一场战争的狡猾老兵，他非常谨慎，不敢在乡间行军，因为那样的话，或许会让他在开阔地带落入敌军装甲部队的手中，这种心情是可以理解的。他的进军速度既缓慢，又犹豫不决。敌军第15装甲师和第21装甲师抵达之后，由于"新西兰师"已经在回师的路上与德军第7装甲师集结起来的坦克部队进行过一场恶斗，因此弗赖伯格将军再也无法坚持下去了。于是，"新西兰师"被敌人赶出了西迪拉齐。到12月1日，图卜鲁格便再次变得孤立无援了。尽管如此，瑞奇将军和已经与之在马达莱纳会合的奥金莱克将军两人正确地推断出，隆美尔部此时已经是强弩之末。他们决定，不让隆美尔部有喘息之机。事实上，隆美尔又努力过两次。为了与己方的前线守军会合，他曾派出两个兵力强大的纵队，一支沿着海岸公路、另一支沿着卡普措古道向东进击。这两支纵队都被我军击溃了：前一个纵队是被第5新西兰旅打败的，而第二个纵队则是被第5印度旅击退的。第二天，即12月4日上午，隆美尔又对图卜鲁格的突出部发起了一场猛击。在已经近距离推进的88毫米口径火炮掩护下，这次进击差点儿就成功了。假如德军第二天继续进击，他们是很可能完胜我方的，因为此时德军已经深深地楔入了我方的阵地。可就在那天晚上，由于收到了我方第8集团军群准备再次向他进击的情报，因此隆美尔部开始撤退了。

这次撤退，绝不能说是一次溃败。意军在埃尔古比实施了一场防御行动，表现得令人惊讶的英勇；在他们的协助之下，隆美尔部这次撤退就变成了边战边退，各个阶段进行得都很简单。在反坦克炮的掩护下，德军的装甲部队指挥得极有水准，挫败了我方从侧翼包抄、迫使敌军主力退向中央的企图。只要有机可乘，隆美尔部就会进行反击。我仍然记得这样的情景：12月15日那个天色阴沉的下午，我在距阿拉姆哈扎不远的地方，站在第5印度旅的一辆军车旁边，听到了“皇家东方肯特团”的一位指挥官在手下那个营被德军坦克击溃后的最后一次电话报告。尽管如此，隆美尔部还是被我军逐渐击退，不得不放弃每一处试图据守的阵地。此时，由于我方坦克的数量已经大大超过了敌方，由于第4南非装甲兵团摧毁了敌方在埃尔古比附近一个主要的军需堆集处而使得敌军的汽油短缺，因此隆美尔部除了进行一系列的阻滞战，就无计可施了。到了1月11日，隆美尔部退入了阿盖拉附近一个防御力量极其强大的阵地；在那里，“有一条由盐田、沙丘和无数小崖组成的地带，向南延伸50英里远，南侧位于利比亚沙漠广袤的流沙上”。我方第8集团军群剩下的武器装备，根本就没法把隆美尔部赶出这个阵地。

“对于那些在远方焦急地关注着此战的人来说，”我方第7装甲师里的卡弗中校曾经如此写道，“此战中的种种变数与机会都是非常令人费解的；他们只知道失望的情绪高居不下，希望一次又一次破灭，因此待到胜利最终出现、隆美尔部对昔兰尼加的固守被粉碎之后，他们便没能认识到我军坚持到最后并取得胜利的那种英勇决心和不屈精神。而对亲身参与了此战的人来说，留下的却是一种苦涩的滋味；坐在坦克里面作战的官兵，全都诅咒那些派遣他们前来作战的人，因为我方装甲部队的兵力和武器装备都不如敌人，坦克也总是出故障。我方步兵的反坦克炮既少得可怜，又毫无用处，全都指望着己方的坦克去保护他们，让他们不遭到敌军坦克的攻击；因此，我方坦克做不到这一点之后，步兵们便都极其不满。装甲部队的指挥官们，急急忙忙地从一个地方跑到另一个地方去保护步兵，或者从敌方坦克的威胁之下将步兵解救出来；可敌方的坦克并非总是给步兵带来了实实在在的威胁，所以他们又指责步兵，说步兵让坦克和坦克兵疲于奔命，说步兵是在沙漠战中滥用了这样一种具有决定意义的武器。”

关于这个方面，我还要补充说明一点。尽管奥金莱克将军在电文中提到了这种情况，但没有在沙漠当中服过役的人都无法充分认识到，完胜、部分成功以及最糟糕的局面，究竟在多大程度上取决于我方的某种武器。不管是谁，让我方部队装备规格为4加仑[1]的油罐到沙漠中去参战的人，都必须承担大部分责任。据奥金莱克将军估计，这种“容易损坏、做工粗糙的油罐”，导致了从基地到用油单位之间高达30%的汽油损耗。由于车队在运送汽油的时候，每运送一次，本身每天就要消耗掉18万加仑的汽油，因此总的损耗量几乎是无法计算的。要想算出因为在某个关键时刻没有汽油而被敌方击毁的坦克数、坦克兵的阵亡数或者被敌人俘虏的人数，要想算出在运送汽油过程中损失的舰船和海员数量，完全是不可能的。非但像奥金莱克将军往轻里说的那样，规格为4加仑的油罐导致了“运输车辆的极大浪费”，而且此种情况还助长了我军官兵极度浪费的现象。如果坦克和车辆的油箱是满的，那么这种油罐泄漏的时候，他们又能怎么办呢？“把这鬼东西扔到一边去。”喜欢浪费的英军士兵往往都是这样说，也是这样做的。

不过，待我1942年初回到印度时，开罗郊外仍有一家工厂在生产这种可恶的油罐呢。起码来说，这也部分地驳倒了当时的一种流言；那个时候，人们都说是英国政府的供应部里有人下令生产数百万个此种油罐，并坚持交付给部队使用。不过，我曾在新德里与一位非常杰出的美国工程师讨论过这个问题，他的话却没法驳倒。这位工程师说，在瓜廖尔[2]的火车修理厂里，他看到过一种模具，适于大规模生产质量上乘的德式4加仑油罐；在沙漠战当中，凡是找得到这种油罐的人，用的都是这样的油罐。我问他说，火车修理厂要那种模具干什么；他回答说，那种模具竟然是用来冲压出钢制火炉，去给意大利战俘们使用的！在此期间，“我方进击的装甲部队，先是被敌人的后卫部队所阻，最终又因为汽油匮乏而完全停了下来”。白白地漏进沙漠当中的汽油，又达多少千万加仑呢？

尽管有这些不利因素的制约，加之坦克在数量上几乎不占优势，武器

---

[1] 加仑（gallon），液体容量单位，英制1加仑相当于4.546升（litre），美制加仑约合3.785升。

[2] 瓜廖尔（Gwalior），印度中央邦北部的一座城市。

差、装甲差、性能不可靠，坦克修理系统也远差于敌方，还由于缺少反坦克火炮而不得不用规格为25磅的大炮来阻挡敌方的装甲部队，更有一个师没有受过沙漠作战训练，总兵力也只比敌人稍强一点儿，可第8集团军群还是打败了隆美尔，将其逐出了昔兰尼加。假如有100辆“谢尔曼坦克”的话，第8集团军群原本是可以彻底击溃隆美尔部，让北非战役就此结束的。此役中的幸存者，却没法将第8集团军群的番号贴到他们的“非洲之星”上去。出于某种原因，对这一切负有责任的英国当局，竟然伪称第8集团军群完全是在1942年10月23日的阿莱曼战役中突然组建起来的。不过，此役的幸存者还是可以感到自豪的，因为他们在最辉煌的岁月里，曾经与这个集团军群并肩战斗过。

第七章　兵临亚历山大港城下

要说隆美尔身上具有一种杰出品质的话，那就是他的达观精神。与不倒翁这种玩具一样，一旦被击倒，他又会站起来。到了1942年1月11日的时候，他正率部在阿盖拉的后方进行整休。同一天，东边300多英里以外，我方的南非部队攻取了塞卢姆。至于拜尔迪耶，在本月初就早已攻陷。1月17日，哈勒法亚山口的德方守军由于供水被切断，由于食物短缺而变得疲惫不堪，终于也投降了。一些边境要塞，都被我方轻而易举地以很小的代价攻取了。这些地方的命运，其实从隆美尔开始撤退的那一刻起，就已注定。

“轴心国”的部队当中，三分之二都被我方消灭了。“非洲军团”里面，只有半数兵力没有战死、被俘或者伤残。“非洲军团”余部的士气，不可能再处在巅峰状态。至于意军的各个步兵师，即便以前有过什么战斗精神，这种精神也在撤离图卜鲁格那段漫长的行军过程中化为乌有了。（他们还埋怨说，德军占用了他们的全部车辆。）那两个德军装甲师，或者说那两个德军装甲师的余部呢，也已撤退，重整装备去了。隆美尔部的412辆坦克里，有386辆都趴了窝，烧成了黑乎乎的废铁，散落在战场上。他手下的1000架战机中，有800多架被击落，或者被我方摧毁在地面上。一段时间里，他是不可能指望有新的德国空军部队前来支援的。他的所有希望，似乎就是据守阿盖拉，直到被我方第8集团军群逐出此地，或者因为补给困难而被迫撤退。据奥金莱克将军估计，一直要到2月中旬，隆美尔才能解决其后勤补给问题，然后集结足够的部队，重新发动进击。

然而，隆美尔却在1月21日发动了进攻。“不可能发生的事情发生了：‘轴心国’部队竟然毫无征兆地开始了进击。”与1941年3月31日那时一样，隆美尔起初有可能是想进行一场大规模的侦察。不过，在当时那种情况下，就算是想一想这个问题，也需要一个人精神和身体上都顽强不屈才行。

隆美尔与我方的指挥官一样，已经经历了长达两个月的不停作战。与我方的指挥官一样，隆美尔也是睡在自己的战车里，或者睡在自己的指挥车边，从来都没有不受干扰地、安安稳稳地睡上一两个小时。与我方的指挥官一样，隆美尔也是有什么吃什么，能吃的时候才吃。与我方的指挥官一样，隆美尔也面对过彻骨的寒冷、暴雨和伸手不见五指的沙尘暴。而比我方的指挥官更加常见的情形则是，隆美尔绝大多数昼夜都是开着军车，高速颠簸着穿过战场。在那段漫长的撤退中，他既无追击敌人时的兴奋感，也无胜利的前景来让他忘掉自己的疲惫。实际上，抵达阿盖拉之后，他已经精疲力竭了。尽管如此，他为"非洲兵团"所有官兵定下的目标却不低。官兵们应当带上3天的军粮，竭尽全力跟着他深入、迅速地出击。虽说兵力有所增强，但此时他手下的坦克不足100辆，其中还有一些属于轻型坦克，并且差不多完全没有空中掩护；在这种情况下，他率领3支纵队出击了。兵力既弱又很分散的掩护部队，很快就被他们撇到了一边。"照例，"奥金莱克将军曾经如此评价道，"隆美尔起初迅速而熟练地取得了很大的胜利。"于是，这次侦察马上便演变成了一场进击。我方刚刚换下第7师里那些经验丰富的"沙漠之鼠"的第1装甲师，并不熟悉沙漠战。该师的150辆坦克中损失了100辆，同时还损失了大量火炮，第8集团军群陷入了无法应付的危险局面。到了2月7日，隆美尔只以德军损失了大约30辆坦克的代价，便迅速将第8集团军群赶回了贾扎拉至比尔哈凯姆一线。用任何一种标准来看，都可以说这是一种大胆而出色的指挥才能。

不止是昔兰尼加的战局变化对英军不利，远东地区也吹来了一股寒风，空气中弥漫着一种大难临头的味道，日军正在迅速横扫马来半岛上那一片片"无法穿过的丛林"。新加坡这道所谓的"铜墙铁壁"，也将遭到敌人从不可能的那一侧发动的攻击。在缅甸，兵力很弱的两个师可能不得不在乡村地区进行撤退，要是它们做得到的话。而在离英国更近的欧洲，"轴心国"最高统帅部也终于开始认识到马耳他和地中海地区的战略重要性了。因此，"轴心国"对马耳他岛进行了无休无止的空袭；结果就是，隆美尔部的军需给养在1月份完全没有遭受损失。敌军的战机与潜艇，将地中海中部封锁住，我方的护航队根本无法靠近。我方海军遭受了沉重的损失，坎宁安上将的手下，只剩3艘巡洋舰和寥寥几艘驱逐舰了，他的旗舰也被死死地困在亚历山大港内。这些事件，引发了一系列的连锁反应。正如韦维尔将军因为兵力弱小而不得不放弃支援希腊那场早已注定的战役一样，奥金莱克将军也没法指望从远东地区获得支援，来增强手下部队的战斗力。早在前一年的12月份，即隆美尔部还没有被我方赶出位于贾扎拉的德军阵地之前，我军的第18师就从中东地区调往马来半岛去了。（该师正好在新加坡投降之前登陆，因此在进行了一场英勇却毫无希望的抵抗之后，其中的两个旅最终全军覆灭，落入了日军的战俘营。）与此同时，我方派遣的第17（印度）师，也因为受到了敌军的阻击而无法前进。该师的坦克、战机和火炮，都不得不丢弃。

不过，除非我方能够确保西昔兰尼加地区各个机场的安全，为马耳他岛及解围部队提供空中掩护，否则该岛似乎必将落入敌人之手，因此英国内阁坚持认为，我军必须尽早发动一次进攻。究竟有多早呢？“现在，立即发动。”这是丘吉尔首相的观点。“只要出现机会，只要有一线成功的希望。”奥金莱克将军也说。发起一场不成熟的进攻，可能会让奥金莱克将军此时正在努力组建的那些新装甲部队被敌人逐一消灭掉。那样的话，他在试图挽救马耳他的过程中，就有可能丢掉埃及，进而将整个中东地区送给敌人。有一个事实，会让这种恶性循环最终形成：由于马耳他的战局无法对隆美尔部“逐渐积聚力量”这一点形成干扰，因此随着时间一天天过去，我方成功进击隆美尔部的可能性也就越来越小了。就在2月份，德军一支运送大批坦克的护航队已经抵达了的黎波里。我方在电话里进行的远程争论，比如印度打来的长途电话，给原本就恼火不已的参战官兵留下了一种印象，那就是在电话另一端说话的人肯定是个弱智。

尤其是，从各自的角度来看，双方都觉得自己做得对。幸好，斯塔福·克里普斯爵士[1]和身为皇家副总参谋长的奈伊将军被人说服，来到了开罗；当时，谁也说服不了奥金莱克将军，让他离开中东地区，回伦敦去一趟。在开罗，这位总司令终于让克里普斯爵士和奈伊将军两人确信，他手下的坦克和空中力量加起来都太过弱小，连立即发动一次成功的进击行动的合理可能性都没有。

经过批准，这次进攻行动定在5月中旬实施。由于在此期间隆美尔收到了那么多的坦克，因此即便是到了那时，我方兵力在数量上是否能够占有优

[1] 斯塔福·克里普斯爵士（Sir Stafford Cripps，1889—1952），英国20世纪上半叶著名的工党政治家，曾担任过英国皇室的法律顾问、英国驻苏联大使、财政大臣等职。在第二次世界期间，他曾在丘吉尔的战时内阁里担任过掌玺大臣、飞机生产大臣等要职。

势，这一点仍是值得怀疑的。然而，英国的战时内阁却下定了决心：为了拯救马耳他，就算是丢掉埃及，这种风险也必须接受。奥金莱克将军接到命令，最迟必须在6月中旬之前发动进攻。到头来，隆美尔部却在5月27日率先发动了攻势；德军的坦克在数量上与我方差不多，可质量却要上乘得多，即便与美国的“格兰特将军”型坦克相比也是如此。西昔兰尼加的机场并没有被敌军占领，而且，多亏希特勒愚蠢地决定推迟空中轰炸的时间，马耳他也没有陷落，只是我方差点儿就丢掉了埃及。1942年6月的一场场灾难性事件，对英国民众来说完全是一种突如其来的重击。图卜鲁格陷落的消息，最让他们感到震惊；可事实上，如果形势不对，我方原本就没有打算固守此地。（由于担心此事会对国内民意带来巨大的影响，英国政府还是在最后一刻改变了这一决定。可到了此时，许多地雷都已清除，图卜鲁格也变成撤退部队的集结地，不再是一个驻有守军的要塞了。）由于有大量南非部队在此投降，而澳大利亚也联想起了昔日的经历，所以两国都吓破了胆。连在最初几天里已经感受到了胜利滋味的第8集团军群，也搞不懂到嘴的胜利为什么又会在自己的手中成了泡影。因此，人们始终都没有认识到，隆美尔部距战败和投降的结局究竟有多近。

“这一切，全都取决于乌勒布戈泰尔第150旅的碉堡。”拜尔莱因将军曾说，“我们一直都不知道该团驻守在那里。我方对该旅发动的首次进攻就失利了。要是我们没有在6月1日占领此地的话，贵方就会俘虏整个‘非洲军团’的。到了第三天傍晚，我们陷入了包围圈中，并且几乎没有了汽油。可结果呢，我们却穿过了雷区，及时地获得了军需补给，真是一个奇迹。”贾扎拉阵地主要由雷区构成，从沿海的贾扎拉一直延伸到了比尔哈凯姆，并且插入南边的开阔沙漠达40英里。仅凭雷区是无法阻挡住坦克的，因为坦克很快就能清理出一条条穿过雷区的通道来。雷区后面，必须再部署某种东西才行。不过，我们是不可能再像在1914年至1918年那场战争里一样，掘出并守住一条延绵不断的壕沟了。

此外，即便是掘出了这样的壕沟，也会毫无用处，因为无论壕沟延伸多远，其左翼也必定是不设防的。因此，奥金莱克将军和瑞奇将军便设计出了一系列严密设防的“碉堡”（或者说要塞），第一座位于贾扎拉，最后一座则设在比尔哈凯姆。这些要塞四周都设有铁丝网，里面埋有地雷，做好了全方位的防御准备；因此，它们实际上相当于一座座城堡。其中守军的军需给养足以承受一次围攻，并且“碉堡”内部还有自己的火炮补给。

这些“碉堡”发挥着双重的作用。首先，它们可以保护雷区，防止敌人轻而易举地在雷区中开辟出通道。其次，它们像中世纪的城堡一样，都是一个个阻击点；行事谨慎的敌人，一定得努力攻下这些阻击点。如若不然，“碉堡”中的守军就可以出来，从后方袭击敌人，或者破坏敌人的交通补给线。当敌人与“碉堡”中的守军交战时，我方距“碉堡”很远的装甲部队，就会向敌人发动进攻。

用此种方式迫使敌人在我们选定的地方放弃战斗之后，一旦时机合适，我方就可以采取攻势了。作为一种牢固坚实的防御体系，这种部署进可攻，必要的时候退可守，因此对于第8集团军群来说，贾扎拉阵地有点儿像是斯卡帕湾[1]。正如奥金莱克将军正确推断的那样，隆美尔的首要目标，必定会再次指向图卜鲁格。在攻取此地之前，隆美尔是不敢向埃及进击的。

要想进攻图卜鲁格，隆美尔只有两个选择：他可以奋力前冲，穿过雷区和“碉堡”，径直进击图卜鲁格；或者，他也可以绕过整个贾扎拉阵地，取道比尔哈凯姆，然后向北进击。隆美尔选择了第二种方案。在做得到的情况下，意军的“阿里亚特”装甲师应当在第一天晚上就攻下比尔哈凯姆。不管怎样，“非洲军团”都应当径直向海边进击。事实上，“非洲军团”的任务就是在第三天攻下图卜鲁格，其间还要击溃英军的装甲部队！

意大利各师则应牢牢守住前线，防止我方从贾扎拉阵地向西突围。其中的一个师，即“的里雅斯特”师，应当在雷区与特里埃尔阿布德古道相交的地方，打开一个穿过雷区的缺口。这是为了防患于未然：万一比尔哈凯姆没有马上攻下来，这个缺口就可以缩短德军的供应补给线。我军第150旅驻守的“碉堡”，正好位于这片雷区的后方。

“我完全不喜欢这个作战计划，”拜尔莱因将军曾说，“并且，身为‘非洲军团’的参谋长，我也不断地对隆美尔提到过这一点。在我看来，如果没有先把比尔哈凯姆攻下来，这个计划实施起来就太过危险了。6个星期之前，他曾问我说：‘假如您是瑞奇将军的话，您会如何部署手下的装甲部队呢？’我回答说，我会将手下的装甲部队远远地部署在东边，部署到阿代姆附近的某个地方，一开始的时候拒绝交战，然后，待德军进入贾扎拉阵

---

[1] 斯卡帕湾（Scapa Flow），英国苏格兰最北端一座优秀的天然港湾，战略位置重要。在两次世界大战中，英国皇家海军都曾据此控制北海，对取得胜利发挥出了重要的作用。

地之后，再进攻德军的侧翼。‘您太不切实际了，’他说，‘他们是绝不会那样干的！’可是，他自己却完全会那样去干。实际上，我认为瑞奇将军的兵力部署得非常出色。美式的‘格兰特将军’型坦克装备有75毫米口径的火炮，也大大地打了我军一个措手不及，导致我军第15装甲师在第一天的战斗中就损失了100辆坦克。

“指挥‘非洲军团’的克鲁维尔将军被敌人的子弹击中倒地，不由自主地掉入了第150师的‘碉堡’里，成了敌人的俘虏，隆美尔手下的参谋长高西将军也受了伤。内宁将军接过了‘非洲军团’的指挥权，而我则接替了高西将军的职位。我军未能攻下比尔哈凯姆，并且没能在雷区里打开一条通道之后，我们俩都曾请求隆美尔不再战下去，可他不听。我记得那是在5月31日的傍晚，当时我军真的陷入了绝境当中，背靠着雷区，既没有食物，没有饮水，也没有汽油，弹药很少，更没有打通雷区与护卫部队会合的通道，而且比尔哈凯姆仍在坚持抵抗，让我军无法从南方获得给养。我们一直都在遭受空中打击。再过24个小时，我军就不得不缴械投降了。”

这种情况，证实了一种说法；这种说法，是此战结束几天之后我在巴塞罗那战俘营里首次听到的。在发起进攻的第一天，我军第3印度摩托化旅就被敌人击溃了。

第10轻骑师里有一位军官，是我的一位老朋友，他的坦克在此后不久便被敌人击毁，他也在距隆美尔设在雷区以东的司令部不远的地方，成了印度籍战俘里的一员。指挥部的周围部署了88毫米口径的火炮来对付我军的装甲车，隆美尔则在拼命想要攻下第150旅的那座“碉堡”，想要打通其军需给养线。印度籍战俘们都渴得要命，都在抢夺发给伤员的寥寥几滴水。阿奇尔·希少校是一位威风凛凛的军官，他要求面见隆美尔；结果出乎意料，他真的被人带到了隆美尔面前。他说了一大通德国话，表达出了自己的抗议。如果不给战俘饮水和食物，那么德军就无权扣留他们，应当把战俘遣送到英军防线上去。隆美尔通情达理，甚至对他们深表同情。“你们的食物配给量，与‘非洲军团’和我本人的配额是完全一样的，”他说道，“都是半杯。不过，我完全同意，我们不能继续这样下去。如果今天晚上我们还是无法让一支护送队抵达的话，我就必须与瑞奇将军谈谈条件了，您可以帮我带封信给他……”

虽说我们无法想象隆美尔会乖乖地被俘，但如今看来，当时的情况应该与此差不多。不过，回到了开罗的奥金莱克将军，却比瑞奇将军先看出，攻下第150旅的“碉堡”会让这一切全都发生变化。“您认为形势依然对我方有利，并且正在好转，我很高兴，”他在6月3日曾如此写道，“尽管如此，对于第150旅被敌人消灭，以及敌军会合一处，大范围深入地楔在您的阵地中央这一点，我还是有点儿心存担忧。我觉得，如果任由敌军会合起来……那么我方的贾扎拉阵地，包括比尔哈凯姆在内，最终都会变得难以防守，即便敌军不再重新发动进攻……由于所处位置关键，敌人很快就能够重新掌握主动权，可您在上个星期的战斗中刚刚从敌人手中夺得这种主动权……”

是哪里出了问题呢？做“事后诸葛亮”并不难。但在这种情况下，我当时的看法非常正确，这一点却是有据可查的。在《一年之战》一书中，阿伦·穆尔黑德曾经回忆起，我在6月2日或者3日曾经对他说过，由于没有趁隆美尔部困在雷区里面动弹不得的时候用布里格斯将军指挥的第5印度师发动一次进攻，我担心我军已经错失了一个大好的机会。事实上，我方已经讨论过发动这样一次进攻的问题。6月2日那天，我每隔不久就会见到布里格斯将军，此人是一位外表温文尔雅的军官，“优异服务勋章”上还有两道绶带，我们都为这种贻误战机的做法感到遗憾，我军曾经做好了进攻的准备。还有一次，整个第5印度师都准备南下，前往比尔哈凯姆附近，然后马不停蹄地赶往德尔纳。可最终呢，我们却留在原地，什么都没干。到6月5日终于正式发动进攻的时候，已经耽搁了3天，为时已晚了。此时，第150师旅的“碉堡”已经陷落，敌军也在雷区中打开了一条通道。“非洲军团”恢复了元气，有了汽油、食物、饮水和弹药，大批88毫米口径的火炮已经部署到位，后方的突出部则部署有坦克。在这场迟来的进攻中，我军隶属于第5师的第10旅起初获得了几场胜利，可我方的装甲部队却没能充分利用好这一点。

傍晚的时候，德军的坦克和用军车运送的步兵悄悄地迂回，绕到了第10旅的背后；不待保护侧翼的那个营发觉，乘坐英式军车的德军便把他们一锅端了。德军的坦克和乘坐军车的步兵紧随而来，该旅的指挥部以及第5师的战术司令部都被德军炸毁了，燃烧的帐篷和军车腾起了滚滚浓烟。布里格斯将军和指挥第7装甲师、此时刚实施过一次“侦察”后返回来的梅瑟维将军设法逃脱了。第10旅的旅长鲍彻准将奋力打开一条路，回到指挥部，而我正在那里等着他；我们俩的运气，就没有那么好了。

那天晚上，坐在开阔地带的德军坦克上，我们不难看出，隆美尔又在调兵遣将了。的确，他已经重新夺得了瑞奇将军从他手中夺走的主动权，并且无意再将这种主动权拱手让出来。6月5日正是此战的转折点，尽管德军大获全胜的机会在3天之前就已经错过了。此时隆美尔干的，正是他一开始就应当去干的事情。他派出了拜尔莱因将军，命后者将比尔哈凯姆彻底拿下。用大炮进行了一个星期的不间断轰炸，并且动用了“斯图卡式”俯冲轰炸机之后，德军才拿下了比尔哈凯姆。就算是在德军的狂轰滥炸之下，英勇的“自由法国人”也仍在坚守。不过，他们坚持不了多长时间，而瑞奇将军也在6月10日晚命凯尼格将军放弃比尔哈凯姆，并且尽量突围出去。凯尼格将军乘坐一位英国女司机开的车子，率领手下大部分兵力撤出了该地。

解决了比尔哈凯姆这个麻烦之后，隆美尔马上重新开始实施最初那个攻下图卜鲁格的计划了。到了6月11日的午夜，德军第90轻型师已经抵达了阿代姆以南只有几英里远的地方。各个装甲师形成的梯队，位于第90轻型师的左翼。接下来，双方进行了一场为期两天、非比寻常且具有决定性意义的坦克战，隆美尔将手下的装甲部队全部投入了战斗。不过，他让装甲部队处于一排反坦克炮的掩护之下；这一次，他投入的反坦克火炮要比我们以前推断的数量更多。

英军的各个装甲旅呢，由于损失了绝大多数“格兰特型”坦克，战斗力变弱了，因此它们必须突破德军的反坦克炮，才能去进击德军的坦克。这些反坦克火炮，给他们造成了巨大的伤亡。剩下来的兵力呢，又会遭到德军坦克的攻击。到6月13日夜幕降临的时候，我方绝大多数装甲部队都不复存在了。

而且，敌人已经控制了整个战场，可以修理好受损的坦克，而我方损失的坦克则不可复得。

此时，我们已经很清楚，必须放弃贾扎拉阵地了。不过，奥金莱克将军和瑞奇将军两人都不愿意相信，第8集团军群竟然被敌人击败了。第8集团军群虽说损失了装甲部队，但绝大部分步兵都完好无损。“新西兰师”已经接到命令，正从叙利亚赶来。一个新的装甲师，即第10装甲师，正在从英国调来的路上。修理厂里，差不多有150辆坦克正在修理。我方的坦克数量，不久后应该就会超过隆美尔部。我方空军仍然占有优势，并且自始至终都是如此。我们做出的决定就是，放弃贾扎拉，但要守住从图卜鲁格西部到阿代姆和贝勒哈迈德一线。与此同时，此线以东应当保持一支机动部队，并且在边界地区组建一支新的突击部队。这就意味着，图卜鲁格或者这里的部分地区将会再次遭到敌人围困；这与我方的计划相左，因为海军已经说得明明白白，这里没法获得给养。然而，一种暂时和部分的围困，与一种持续不断的围攻并不相同。

在拜尔莱因将军看来，这个决定是致命的。“依我看来，”他曾经说道，“在我军攻陷比尔哈凯姆并且越过贾扎拉阵地之后，瑞奇将军应当早已径直撤退到了边境上。无论如何，他都不应当试图凭借当时那种情况下的防御工事和临时拼凑而成的守军，来守住图卜鲁格。假如像我们设想的那样，他要守住图卜鲁格的话，那么他应当在一开始就准备好那样干，应当布设新的雷区，把自己的火炮部署到位，等等。尤其是，他应当让一位经验丰富的将领来负责指挥。假如那里有一个像莫斯黑德将军、戈特将军或者弗赖伯格将军这样的人物，那么形势就有可能完全不同。结果却是，只有少数部队英勇善战。我记得有一个苏格兰营（即‘卡梅隆高地营’），在克洛普将军投降之后，仍然坚持战斗了很久。但是，英军似乎根本就没有制订什么恰当的防守计划。”

结果证明，这个决定当然是致命的。在6月17日攻下了西迪拉齐，同一天还重创并击败了我方装甲部队之后，隆美尔于6月20日从依都大对图卜鲁格发动了进攻，完全与他在前一年11月23日提出进攻此地的方案相同。利用“斯图卡式”俯冲轰炸机轰炸雷区并打开一条通道后，隆美尔部迅速从东南方攻入了这座要塞。要塞里面，很快就全乱了套。

克洛普将军被敌军的轰炸逼出了指挥部，由于丢了通讯设备，因此他与部下失去了联系，失去了对部队的掌控。当德军的坦克从防御地带呈扇形散开，径直驶往图卜鲁格港之后，还有一些部队在继续奋战。

有些人向东突围出去，那是隶属于“冷溪近卫步兵团”的一个营，他们自然而然地保持着良好的秩序。据守防御地带西边和西南一侧的南非部队，直到德军第90轻型师从背后向他们发动袭击之前，几乎不知道究竟发生了什么。第二天拂晓时分，他们突然服从克洛普将军的命令，缴械投降了。此后待在战俘营的那几个月里，他们都极其不满，并且心感羞愧。1941年曾经坚守了9个月的这座要塞，竟然在1天之内就被敌人拿下了。他们必然会受到谴责。因此，他们也必然会责怪克洛普将军。

在最后几个小时里以及此后很久，图卜鲁格都笼罩在一种令人悲哀的阴影之下，守军在投降之前，点燃了军需堆集处而腾起了滚滚浓烟。成百上千万磅汽油和补给物资，都被他们付之一炬。尽管如此，要塞里留下来的燃料和补给，仍然足以让隆美尔部继续向埃及挺进。

此时，再据守边境已经为时太晚了。瑞奇将军希望上级批准他率部撤往马特鲁，奥金莱克将军很不情愿地同意了，但心中忧虑重重。因为若是没有装甲部队，马特鲁与边境相比，防守起来可不会更加容易。6月23日傍晚，隆美尔便再次挺进到了"边境线"。

他应不应该继续前进呢？冯·托马将军称，隆美尔没有服从墨索里尼经由巴多格里奥元帅下达的一道明确命令，那就是攻下图卜鲁格之后，他应当在边境待命。拜尔莱因将军却否认了这一点，他说，6月22日他们在拜尔迪耶以西召开了一次会议。拜尔莱因将军本人直到会议快结束的时候才进去，但后来隆美尔告诉他说，他的直接上司巴斯蒂科将军的观点是，德军不应当企图进击埃及。然而，意大利或德国最高司令部都没有下达过此种意思的命令；当隆美尔告诉巴斯蒂科将军说，凯瑟林元帅已经做出保证，说他会获得自己想要的一切军需给养之后，巴斯蒂科将军便让了步。齐亚诺所写《日记》中有两处节选，正好澄清了这个"要点"，假如这么说恰当的话。6月22日，齐亚诺曾经写道："罗马已经发出了一封制止性的电报，指示隆美尔说，他不应当贸然越过卡普措堡到塞卢姆一线。"第二天他又写道："从我方截获的、发自美国驻开罗观察员费勒的一些电报中，我们得知英军已经被打败；倘若隆美尔继续其作战行动，他很有可能一路进军，远至苏伊士运河地区。自然，墨索里尼正在催促他实施进攻行动……"

因此，决心是隆美尔下定的，因为优柔寡断不是他的性格。对于他这种性情的人来说，出现此种结果是必然的。他已经打得第8集团军群四散奔逃。难道他不应该乘势进击，而是任由敌军重整旗鼓，再任由敌军从他14个月之前止过步的那道防线开始，让整个过程重新来一遍吗？此时，埃及与苏伊士运河这两处战利品在他的面前熠熠生辉，唾手可得，德、意两国的最高统帅部必定也认识到了形势的利害攸关，必定会给隆美尔提供他所需的额外支持与补给的。"没有人能够猜想得到，"拜尔莱因将军说道，"英军会如此迅速地重新夺得地中海地区的控制权，会如此成功地阻断我方的海运线。"大家更是不会想到，号称直觉过人的希特勒，连同训练有素、具有参谋头脑的凯特尔、约德尔和哈尔德，竟然看不到摆在他们面前的大好机会。他当然必须继续进击，“非洲军团”的确已经疲惫不堪，可在精力超常的隆美尔看来，任何一位军人都不会因为太过疲惫而无法坚持战斗到一场胜仗中的最后一轮；其实，也没有哪一位军人会因为太过疲惫而无法坚持战斗到一场败仗中的最后一轮。

他们的确继续进军了，并且速度很快。到了6月24日傍晚（即图卜鲁格陷落之后的第四天），隆美尔部就逼近了西迪拜拉尼。第二天，他手下的各支部队距马特鲁已经不足40英里。那天晚上，奥金莱克将军亲自接管了第8集团军群的指挥权。他随即决定，该军群所辖的任何部队都不应当被敌军围困在马特鲁的防御工事里，因为他手下没有那么多兵力去防守马特鲁。图卜鲁格的那种错误，一定不能再犯。做得到的话，英军必须在马特鲁与阿莱曼之间的那个地区挡住隆美尔部的去路。不过，第30师必须固守阿莱曼阵地，以防万一。6月26日晚，德军的坦克已经穿过了“查令交叉路”以南的雷区。第二天，德军遭遇了精神饱满的“新西兰师”，战况像往常一样激烈。德军损失惨重，但仍然顽强地沿着海岸推进，并且成功地切断了马特鲁以东20英里处的那条道路。我方第50师和刚刚抵达的第10印度师不得不趁着夜间奋力打开一条道路逃了出来，丢下了大量的弹药和装备。此时，我军别无他法，只好撤退到奥金莱克将军准备已久的那个阵地上去了。6月30日，隆美尔部挺进到了阿莱曼防线，亚历山大港距此地只有65英里。

拜尔莱因将军明确地告诉过我，说此时的隆美尔，手里只剩下12辆德式坦克了。

第八章　非洲遇敌

第一节　“沙漠行家”

6月21日上午，隆美尔终于能够报告说，图卜鲁格已经落入了他的手中。第二天，他接到了希特勒指挥部发来的电报，得知自己已被擢升为陆军元帅；49岁的他，成了德国陆军里最年轻的一位元帅。那天晚上，他吃了菠萝罐头，喝了一小杯威士忌酒，庆祝这次擢升；那瓶威士忌酒，还是他的手下从图卜鲁格的军人服务商店里买来的。晚餐过后，他给夫人写了一封信：“希特勒已经擢升我为陆军元帅。相比而言，我倒是宁愿他给我多派了1个师的兵力。”尽管如此，他的精神还是异常振奋；在回顾自己当了14年上校的那段不如意时光，并且想到接下来的10年让他获得了何种成就的时候，他的精神可能也同样振奋得很呢。

此时，正是隆美尔的职业生涯和他在北非获得成功的巅峰。从登陆的黎波里、接受阻止英军攻取的黎波里塔尼亚这个不太大的任务算起，他只用了16个月，就达到了这一巅峰。其间，他非但不得不去适应一种新型的战争，而且不得不适应沙漠中那种陌生而艰苦的生活。说他喜欢这种生活、在北非如鱼得水并不恰当；不过，他很快就变成了一位像贝都因人[1]那样的“沙漠行家”[2]。

“隆美尔可能不是一位伟大的战略家，”拜尔莱因将军如此说道，“但毫无疑问，他是整个德国陆军中最适合在沙漠中打仗的一位。”

---

[1] 贝都因人（Bedouin），一个在阿拉伯半岛、叙利亚或北非沙漠地区从事游牧业、居无定所的阿拉伯民族。

[2] “沙漠行家”这个词，起初用于指适合在沙漠里使用的车辆，后来其用法日益变广，用于指部队、作战单位，甚至是个人。——原注

这是一场年轻人的战争，可此时的隆美尔，已不再年轻了。然而，多亏了多年的滑雪与登山运动，他的身体仍然处在壮年状态。“他的力气像马儿一样大呢。”德国一位年轻的空降军官曾经如此评价道，此人本身就是一位滑雪冠军，“我从来没有看到哪个人像他这样。不需要吃饭，不需要喝水，不需要睡觉，他可以把那些比他小20岁、30岁的人拖得筋疲力尽。要说有什么缺点的话，那就是他对自己和其他人都太过苛刻。”

的确，隆美尔身上具有一种“斯巴达”式的气质，使得他为自己在面对不适和疲惫时能够不为所动而感到自豪。冷热也好，几乎无觉可睡也罢，全都影响不了他。即便是“基布利风”[1]（这是德国人对“喀新风”的叫法）——这种沙尘暴令人头晕目眩，横扫沙漠当中的一切，让所有人都痛苦不堪，连阿拉伯人和骆驼也不例外。他也称，自己不过是将它看成一个言过其实、令人讨厌的问题罢了。他在首次沙漠作战中，就曾坚持驾驶着自己的那架“斯托奇”战机在沙尘暴里起飞。后来他自作自受，在能见度为零的情况下着陆时差点儿丧了命；可即便如此，他也只是承认当时“很难看到英军的动静”。无疑，英军当时应该是在皱着眉头除沙呢。

与拿破仑一样，隆美尔可以争分夺秒，坐在自己的军车里或者趴在桌子上小睡片刻，醒来之后又精神焕发。我曾经问担任过隆美尔的勤务兵、如今是加米施一位糕点师的冈瑟，隆美尔睡觉的时候，会不会介意被别人打扰。“根本就不介意，”喜怒不形于色、曾经跟随过隆美尔4年时间的冈瑟说，“他似乎一向都很喜欢这样，片刻之后就会完全清醒过来。他睡觉时都是睁着一只眼睛的，要是有什么消息送来的话，通常不待我去报告，他就醒过来了。”冈瑟还说，隆美尔是一个性情非常平和的人，从来都不会把气撒到勤务兵身上，非常好侍候，可是，手下将领对隆美尔的看法却大不相同。

至于吃的，隆美尔从来都不太挑剔。在沙漠里，早餐时吃上一小包三明治或者一罐沙丁鱼加一片面包，开始一天的生活和工作，他就相当满足了。有一次，他曾经邀请一位意大利将领跟他在户外一起吃午餐。

“当时的情况相当尴尬，”隆美尔后来回忆道，“我只有3个面包，而且面包还不新鲜。不过没关系啊，他们这些人吃得太多了。”由于明白一个人在沙漠里喝水越多就会越渴的道理，因此他随身只携带一小瓶凉的柠檬

---

[1] 基布利风（ghibli），北非沙漠中一种含有尘土的热风，亦称“朝向风”。下文中的“喀新风”（khamseen）指每年从撒哈拉沙漠吹向埃及的一种干热南风，亦称“喀新热浪”。

茶，并且经常还会原封不动地带回来。到了晚上，他会在自己的指挥车里跟老朋友阿尔丁格尔一起吃晚餐。他始终坚持，应当按照部队的标准给他配发口粮。

当时的食物质量不是很好。“我方部队之所以疾病肆虐，尤其是黄疸病肆虐，”冯·埃斯贝克将军的堂弟兼战地记者冯·埃斯贝克曾经如此说道，“原因就在于，我方的军粮配给对于沙漠地区来说太过难以消化了。我军用纸盒包装的黑面包虽说取食方便，可当时的我们是多么希望拿下贵方的一个战地面包店，吃到新鲜的白面包啊！还有贵军的果酱！在前4个月里，我们根本就没有吃过什么新鲜水果和蔬菜。我们吃的，一直都是意大利生产的罐头肉，罐头盒上印有两个大大的字母‘AM’，官兵们以前通常都称之为‘驴子墨索里尼’呢[1]。”

有一位很大胆的军官，曾经对隆美尔反映说，尽管没有埋怨之意，但军粮确实不太可口；当时，隆美尔非常和蔼地回答道：“难道您觉得对于我来说，军粮的味道会好些吗？”事实上，他从来都没有注意过，军粮的味道究竟如何。他只记下了一种味道，一种不好的味道，那就是他不喜欢用淡盐水烹制的茶和咖啡。（所以，在视察吉拉布卜的一路上，他是不可能过得很舒服的，因为此地的水里恰好含有泻盐[2]。对于吉拉布卜，人们以前还经常这样说呢：“在这里，伊诺先生会饿死，布洛莫先生却发了财”。）

他吃晚饭的时候，顶多不会超过20分钟；其间，他会喝上一杯葡萄酒，然后他就会打开收音机——他只收听新闻。接下来，他会给夫人写信，这种家书每天一封，雷打不动。在实施作战行动，使得隆美尔没有时间写信的时候，替他写上一封家书便成了冈瑟的任务。隆美尔还一直亲自写信，与第一次世界大战期间的那个营里幸存下来的官兵保持着联系。这些人凡是来信，没有哪一封未曾获得过隆美尔的回复。晚上直到睡觉前的那段时间，他会处理公文。如果还有时间阅读的话，他要么是看看报纸，要么就是看看军事方面的著作。他比较关注北非地区的历史，对昔兰尼加的没落怀有一定的好奇之心。不过，关于他保留着经典作品，热衷于考古，将有限的闲暇时间都花在寻找古罗马遗迹之上的故事，却是宣传人员捏造出来的，冯·埃斯贝克应

---

[1] “驴子墨索里尼”（asinus Mussolini）的首字母缩写就是前文所说的“AM”。

[2] 泻盐（Epsom salts），学名“七水合硫酸镁”，即硫酸镁的七水合物，味道微苦，又名“硫苦”“苦盐”“泻利盐”等。

当对此负责。“我们中的一些人一直都在四处寻找，并且发现了古罗马时期的一些陶器。”他曾经对我说，“我们正在察看的时候，隆美尔过来了。我们把陶器给他看了之后，他的原话实际上是这样的：‘你们拿着这些垃圾，究竟想要干什么呢？’可是，在当时拍摄的照片上，您是看不出来的！”

每天早上，隆美尔都是6点钟就起床了。虽然对阅兵时手下官兵的着装一丝不苟，但在沙漠里，他却任由“非洲军团”的官兵想怎么穿就怎么穿。他们通常都是按照澳大利亚人的风格来，穿鞋子、短裤，戴尖顶帽。隆美尔自己却总是把胡子刮得干干净净，身穿军装。有的时候，他也穿过短裤，但更多的时候他还是身穿马裤、足蹬皮靴，并且总是搭配一件夹克衫。与我们其他人一样，一到非洲不久，他就把自己那顶热带头盔扔掉了，并且后来一直都没有戴过钢盔。他唯一的怪癖，就是冬季里他会给脖子围上一块格子围巾，这种风格，没准是他从英国人那里借鉴过来的。围巾下面，他又按照德国人的习俗，佩戴着自己的那枚“铁十字勋章”。因此，他的着装要比我军的指挥官们考究得多；后者都是身穿带有拉链的驼毛短外套和灯芯绒便裤，可穿着这一身的时候，别人只有通过他们戴着的红色帽子和军衔标志，才能分辨出他们谁是谁。梅瑟微将军在指挥第7装甲师的时候曾经当过一段时间的俘虏，却被敌人当成一位列兵而未加注意。“您的年纪再来干这个有点儿太老了，对不对？”当时，一位德国军官曾经问他。“太老啦，”梅瑟微将军表示同意，“我是预备役军人，他们完全没有权力征召我。”

到了6点半，隆美尔已经开始每天对各个阵地的例行巡查了。有的时候，他会坐飞机去巡视，并且是自己驾驶。虽然没有驾驶证，可他是一名非常自信的飞行员，也是一位优秀的领航员。在作战的时候，他通常都是开着自己的那辆英式装甲指挥车“猛犸象”。他还经常开着一辆“大众”牌汽车到处转悠，并且从一开始起就能准确无误地找出穿越沙漠的道路。没有哪个路标会太过偏僻，让他找不到。待他突然视察后方地区时，要是高级军官7点钟之后还在床上并且被他逮住，那就太倒霉了。

“你这只该死的懒狐狸，”他曾经这样骂一位穿着睡衣出来迎接他的、运气不好的上校，“我想，你是不是等着我带你去吃早餐呢？”后来，他又对阿尔丁格尔如此说道：“身为陆军元帅，却仍然记得如何用军士长的语气跟手下说话，是一件了不起的事情。”

他对前沿地区的视察，并非只是一种敷衍了事的视察。他观察乡村地区的目光敏锐，并且是一位了不起的初级战术大师，因此什么都逃不过他的眼睛，比如一挺机枪部署的位置不好、运输线位于不恰当的河谷当中、雷区埋设得太过显眼、哪个观察哨没有伪装，等等。假如对某个位置感到不满意，他就会独自驱车一两英里远，深入沙漠，用敌人的眼光来观察这个阵地的情况。他由此而招来敌方火力的情况并不罕见。接下来，他就会回到德军的侧翼，以便不泄露己方阵地的位置。在他向阿克鲁马那个要塞匍匐前进的时候，还没有穿过雷区，他就遭到了敌人的射击。“那是因为我太过匆忙了，”后来他解释道，“我原本应当移动得慢一点儿的。”他对己方细微问题的关注、战术理念的丰富、在沙漠里找路的高强本领，全都给年轻的官兵们留下了深刻的印象。他就是官兵当中的一员，正是“适合上前线的那一类人”。

而且，他同这些年轻的官兵也有话可说，因为他极其喜欢年轻人。“对年轻人讲话的时候，他总是觉得非常愉快。”冯·埃斯贝克曾经说，“对每一个似乎尽职尽责的人，他都会微笑称许，开开玩笑。他最喜欢的事情，莫过于跟一个来自德国同一地区、讲斯瓦比亚方言的老乡说说话了。他是一个非常热心的人，并且比我认识的任何一个人都更有魅力。”最后一句话，出自这样一个博学多才、久经世故，并且见过的世面、见过的“上流社会”都大大超过了隆美尔的人，真是令人惊讶。作战的时候，隆美尔的状态最佳。他是一位天生的领导人，依赖的就是个人的领导才能；这一点，既是出于本能，也是有意为之。正如当时人们的评价所称，他是第一个认为沙漠战可以仿效海战的人，是第一个理解了“没有哪位海军司令在一个海岸基地上打赢过一场海战”的人。

对于军事形势，他的头脑异常灵活，眼光也异常敏锐。不过，他为什么能够抓住诸多稍纵即逝的机会，以及他早期获得成功的诀窍，却在于他不必等候情报经由惯常的指挥渠道层层过滤，最终才送到他那里。他可以驾驶着飞机、坦克、装甲车、“大众”汽车或者徒步，亲自前去侦察一番。正因为如此，他才能够在没有为了制订计划而导致明显的时机延误的情况下，将1941年4月和1942年1月的两次侦察行动，变成了两场大获全胜的进攻行动。正因为如此，他才能够摆脱1942年5月末的败局和几乎确定无疑的惨败，并且在军需给养方面一得到确保之后，就让作战形势发生了逆转。正如一个人在现代战争中能够做到的那样，他做到了“在旋风中驰骋，指挥着风暴”。

除了其他一些人，李德·哈特上尉也曾批评过隆美尔，因为后者经常“在战场上四处乱跑”，司令部经常联系不上他。这种情况，有一些确是事实。不过，李德·哈特上尉自己也承认，隆美尔具有“一种在关键地点出现，并且在千钧一发之际关键性地激发官兵战斗力的本领”。富勒少将对隆美尔的疑虑之心则没有那么大。“在迅速做出决策和迅速运动的过程中，”他曾如此写道，“德军完全胜过了敌人，而其中的主要原因又在于隆美尔，因为他不会将指挥权委托给下属，而是通常都由自己直接指挥手下的装甲部队……这并不是因为英军将领的本事不如德军将领，而是因为英军将领接受的教育过时了。他们接受的教育，仍然建立在1914年至1918年间那种堑壕战的基础之上，而不是以征召他们前来指挥的这种装甲战为基础的。”奥金莱克将军夺得前方地区的控制权并且当场下达命令之后，就曾让隆美尔遭受过两次挫败。1942年6月他之所以逃过了失败的结局，就是因为我方的决策和通讯速度都太过缓慢了。

身处沙漠当中的官兵，没有哪一个人怀疑过坐镇指挥会有所回报这一点。但是，如果把隆美尔描绘成一个现代版的鲁珀特王子[1]，总是挥舞着军帽，身先士卒，率领着手下的坦克鲁莽地冲向敌人，那就大错特错了。相反，隆美尔是一位谨慎的军人；与我方的指挥官相比，他更喜欢这样干：除非条件对己方有利，否则他就不会发动战斗。事实上，他对坦克战术的主要贡献就在于，他习惯于使用自行反坦克火炮进行掩护，反坦克火炮的后面，装甲部队随之推进。处在反坦克火炮后方的时候，装甲部队既可以撤退，也可以去加油；而当手下的火炮给我方装甲部队造成重击之后，隆美尔的装甲部队就会穿过这排反坦克火炮，向我军发动进攻。我方的坦克曾经一次次地陷入包围之中，并且在试图靠拢的过程中被一次次地引到敌人的反坦克火炮之下。隆美尔也曾在己方装甲部队集中一处的情况下，一次次地给我军那些分散的装甲部队以重击。在其他方面，他也很高明。登陆的黎波里之后，他下的第一道命令，就是制造了大量的假坦克。他经常让手下的运输车辆在路上卷起漫天尘土，让敌人误以为那里有德军的装甲师。一开始的时候，他是

[1] 鲁珀特王子（Prince Rupert，1619—1682），17世纪德国杰出的军人、将领、科学家和业余艺术家，曾是英国内战时期最有才华的保王派指挥官，担任过加拿大这个殖民地的总督，塑造了加拿大的政治地理。如今为了纪念他，加拿大还有一个以他的名字命名的港口城市“鲁珀特王子港”。

让卡车拖着防水油布跑，但不久之后他就想出了一个更好的主意，那就是在卡车后面安装螺旋桨。照亮沙漠夜空的一道道彩色照明弹，通常都是对我方有利的。我们可以随意使用缴获得来的卡车与汽车，至于原因，既是由于德军的运输车辆短缺，也是为了在行军途中迷惑敌人。

隆美尔手下的指挥系统，也不像人们一直认为的那样随意和马虎。他并非只是在战场上左奔右突，给个人或者小支部队下达临时的命令。假如那样干，他就绝对不可能指挥10万兵力，不可能取得那么巨大的胜利。他下达的通常都是口头命令，在激烈的战斗当中，要是认为敌方就算截获了也无济于事的话，有时他还会用无线电明码下达命令。不过，阿尔丁格尔言之凿凿地对我说过，手下总是会将隆美尔的命令用速记便条记录下来，并且只要是时间允许，就会经过书面确认。不管怎样，他的命令都是简短而明确的。对于自己想要达成的目标，隆美尔心中从无任何疑虑，也不会在下级的心里留下一丝疑虑。

因此，他在战斗中也免不了要冒着巨大的个人危险，他一次又一次地与死神或者被俘的命运擦肩而过。有一次，由于身边的司机与备用司机都被敌人打死了，他只能自己驾驶军车落荒而逃。隆美尔是一个异常勇敢的人，就算处在敌方的火力打击之下，也完全是泰然自若；不过，如果向来都沉着冷静的话，我方的高级指挥官也会做到这一点。从一个较低的层面来看，可能没有人会比弗赖伯格、“苏格兰人”坎贝尔或者“扫射者”戈特这些将领更加勇敢。隆美尔与拿破仑和威灵顿公爵一样，他是不得不冒险，因为要想亲自指挥战斗的话，他就必须如此。这种风险，不过是一种职业风险罢了。隆美尔之所以能够更加容易地接受这些风险，原因就在于他完全确信，自己不可能在战斗中阵亡。

他的手下也是如此。然而，手下却把他在战斗中毫发无损的情况归功于他的“指尖感”，即知道敌人准备干什么的那种直觉。“11月25日中午，”拜尔莱因将军曾说，“我们都待在‘非洲军团’位于盖斯埃尔阿比德的指挥部里。突然，隆美尔向我转过身来，说道：‘拜尔莱因，我建议你们从这里撤走，我不喜欢这个地方。’1个小时之后，指挥部便遭到了突然袭击，被敌人摧毁了。同一天下午，我们一起站在一个地方的时候，他又说：‘我们不妨向侧翼挪上200码，因为我觉得这里会遭到敌人的炮击。’在沙漠里，哪个地方的模样都是一样的。可我们刚刚挪开5分钟之后，敌人的炮弹正好落在我们曾经站立的那个地方。凡是在两次战争期间与隆美尔并肩战斗过的人，都会向您讲述类似的故事。”我碰到的每一个人，也的确如此。

从理论上来思考隆美尔的指挥方法时，我们很容易忘掉这种指挥方法的主要目的与主要作用，那就是激发手下部队官兵的获胜意志。归根结底，一切战斗的最终结果都系于此。的确，战斗可能会由于将才不佳或者参谋工作不佳而失败。但是，将才无论怎样优秀，其重要性也无法超越作战官兵士气低落这一点，而参谋工作就更不用说了。拿破仑曾经说过：“一支军队的实力，四分之三是由士气决定的。”其他一些人对士气的评价，还要更高。隆美尔不停地到前线阵地去视察的做法，可能会令下级指挥官感到恼火。有的时候，他在司令部里一心研究地图和情报，可能也要比冲进一场沙漠“拉锯战”搅起的尘土与混乱中去更好。不过，可以肯定的是，成就“非洲军团”赫赫威名的，正是隆美尔的亲自激励，以及让官兵们在战斗中看到他健壮结实的身影和自信十足的神态这一做法。

当时，我方认为“非洲军团”是一支陆战精锐部队，是从志愿兵中精心挑选出来的，还为沙漠作战经过了专门的磨炼与训练。可实际情况并非如此，“非洲军团”中的官兵，并不是志愿兵。“不然的话，整个德国陆军就全都是志愿兵了。”冯·拉文施泰因将军说。他们也不是一个个精心挑选出来的。他们都是用普通的方式，从兵站和部队里招募来的；而我们也不能认为，德军的各级指挥官在派遣其中的精英去担任临时团级职务时，始终都比我方的指挥官更加谨慎负责。这些官兵都没有经受过什么特殊训练，只是其中有些军官有幸受意军指挥，可以获得意军的指导罢了。从其他方面来看，“非洲军团”完全就是德国国防军里的一支普通部队。年轻的德国士兵全都身体强壮、意志坚定，并且经过了良好训练，能够熟练地使用他们的武器。他们纪律严明，有爱国之心，并且勇敢无畏。从体格上来看，德国士兵不是很适于在沙漠里作战，年纪太小、皮肤太白的士兵完全忍受不了沙漠里的炎热；那种气候，连参加过第一次世界大战的老兵也忍受不了。整体来说，德军并没有像澳大利亚、新西兰、南非、印度或英国部队那样轻而易举地适应沙漠里的条件。不论官兵，德军当中没有几个人到过欧洲以外的地方，他们根本就不了解非洲。例如，我们很难让德国的士兵明白，并非沙漠里所有的水都适于饮用这一点。“由于没有合适的水质净化系统，”冯·埃斯贝克说，“因此我方深受痢疾和黄疸肆虐之苦。我方的医务人员并不像贵方的医务人员那样了解在热带气候里让部队官兵保持健康的办法。德军的战地医院条件不如贵方，并且起初连输血用的血浆也没有。我们花了好久的时间，才学会在沙漠里照顾好自己。”

从好的方面来看，“非洲军团”的武器装备较为精良（尽管运输车辆较少），并且官兵们对这些武器使用方法的掌握程度也更佳，“非洲军团”官兵休假的机会更多。该部配备报纸的情况也更好，比如有军团自己主办的《绿洲报》。“非洲军团”里的官兵，都是清一色的德国人，而我方的第8集团军群里，始终都是鱼龙混杂。“非洲军团”抵达非洲的时候，精神饱满。可就算有了这一切，差不多马上就通过个人的影响力和榜样，通过个人的品格力量，通过比手下官兵冒更多风险的做法，将“非洲军团”变成了我们所知的那支顽强不屈、凶狠好战、适应能力强大的作战力量的，却是隆美尔这个人。对于手下的官兵和敌人来说，隆美尔就是“非洲军团”。正是隆美尔，让手下官兵在战斗中变得英勇无畏、自信十足，甚至是嚣张自大。正是隆美尔，让手下官兵发挥出了最大的本领，并且绝不承认他们战败了。正因为他们是“非洲军团”，所以哪怕是成了战俘，在苏伊士列队向码头行进的时候，他们也把头昂得高高的，仍然在吹着口哨，哼着《我们今天向英格兰进军》这首曲子。在1949年的德国国内，这些人的笔记本里也依然夹着“非洲军团”的棕榈树臂章。如果问一问他们到没到过北非地区，这些人都会无比自豪地回答说：“到过，我在‘非洲军团’里服过役，跟隆美尔并肩战斗过。”他们很幸运，因为他们都战斗得很勇敢，并且正如德国人所说，仅次于拥有一位好朋友的事情，就是拥有一位好对手。遗憾的是，他们并非是为了一种更好的事业而战。

由于整个“非洲军团”都崇拜他，因此隆美尔手下的将领也在一定程度上把他当成了偶像，来进行崇拜。从这些人的所有记述来看，隆美尔就是一个冷酷无情、难以对付的人物。在战斗中，他能够最敏锐地察觉到敌方的反应；可对于手下高级军官的感受呢，他却没有那么敏锐了。他说话时语气粗鲁，可能还会蛮不讲理。他没有耐心，他不会去看自己不想看到的东西，他不容自己的命令受到质疑。他无法容忍别人对他说，有哪件事情做不到。他有一个坏习惯，那就是越过这些指挥官，直接向下级传达命令。他还有一个更不好的习惯，那就是不管走到哪里，他都要把参谋长拉上，从而使得司令部里无人有权来做出决策。在作战行动中，他喜欢一心扑在具体行动上，像俘虏坎宁安将军那样的事情；可严格说来，最高指挥官是不该去关注这种事情的。很离谱的是，他还不爱交际。“自然，他小时候可没有绝大多数德国陆军元帅那样的优越条件。”他手下的一位将领，曾经带着轻蔑之意如此解释说；在这位将领的身上，我们仍然看得到一种挥之不去的味道，散发出装甲兵伙食团里与田庄的气息，弥漫着一种身穿正式军装、参加舞会与小贵族前来造访的气味。

这就是人们对隆美尔的批评，而之所以招来这些批评，既有隆美尔本身固有的原因，也有他的指挥方法中固有的原因。他是一个坚持要“我的演出我做主”的人，因此，他必然会经常压制下级指挥官的意见。毫不客气地这样做，就是他的天性。同样，德军的高级军官必然也不会喜欢一种拿破仑实行过、在现代战争中其模式早已过时的制度，哪怕仅仅是因为在现代战争中我们很少能够做到个人直接进行指挥，也是如此。说句公道话，这种批评是不约而同的，并且随即得到了证明。隆美尔是勇者中的最勇者，他在战斗当中拥有一种“第六感”，他与部下官兵相处得非常融洽，平静下来之后，人们总是可以与之愉快地进行交谈；如果越过某位军官直接下达了命令，过后他还会道歉；他喜欢表扬别人，而他做错了的时候，也会大方地承认自己的错误。我曾经问这些官兵，他们还能想到任何一个更加适合打沙漠战的人吗？想不出，他们全都一致回答说，连一个有隆美尔一半那么适合打沙漠战的人也想不出。

第二节　盟友意大利

“非洲军团”由清一色的德国官兵所组成。“轴心国”在北非的其他部队，却并非完全如此，其中还有意大利军队。那些可怜的意大利人，几乎完全取代了第一次世界大战期间，我方那些“最古的老盟友”在那种军事传奇中的位置。

隆美尔当然也有自己的一系列传奇，它们都是由阿尔丁格尔添油加醋之后，转述给曼弗雷德的。比如有个故事，讲的就是隆美尔说服意大利人，要他们在图卜鲁格发动进攻时的情况。意军走到半路上，看到德军鞭长莫及之后，便扔下武器，举起双手投了降。可突然之间，他们却掉转头惊慌失措地跑了回来。“我的个老天啊！”他们上气不接下气地解释说，“那边不是英国人，是澳大利亚人！”

还有一次，当澳大利亚部队发动一场局部进攻的时候，隆美尔正在视察意军的战壕。“圣母玛利亚啊！”意军官兵都大声叫道，跪倒在地。“我要给您一则建议，”隆美尔对负责指挥的那位意军军官说道，“不要再让他们祈祷，应当说服他们去开枪……我这就跟您再见了。拜拜！”

还有一个故事，说澳军曾将被俘的意军放回来，俘虏的屁股上刻有一些人的职衔，还有一封带给德军的信函，要求德军用“非洲军团”同等数量的官兵去替换那些人；但是，我对这个故事却有点儿不太相信。我还记得，德军1918年在梅尔维尔突袭未遂之后，据说他们也对我方那些历史最悠久的盟军干过同样的事情。不过，当时他们是把战俘的屁股涂成蓝色，而德军那封信函的大意则是，他们想要俘虏的时候，就会自己过来抓捕，因此，英军无需劳神将俘虏送上门去。这两则故事大同小异，令人起疑；因此，假如它们的历史如同战争本身一样古老的话，我也不会感到惊讶的。

总的来说，隆美尔是认同一位意大利士兵的观点的；那位士兵曾经对他说：“将军，为什么不让你们德国人去打仗，而让我们意大利人来修路呢？”但是，他从来都不认为意大利人全都是懦夫。“阿里亚特装甲师”在埃尔古比和其他地方作战时，打得都很英勇，而“布雷西亚装甲师”打得也不是很糟糕。还有一个非常优秀的营，营长是蒙特穆罗少校。意军的先遣部队都很出色，哪怕是冒着敌人的炮火，也会把任务完成得很好。隆美尔觉得，如果指挥得当，如果装备了恰当的武器弹药，并且诱之以回国休假的前景，意军的斗志就有可能激发出来。（施派德尔将军曾经对我说过，加里巴尔迪将军麾下的意大利第8集团军群下辖的北方各师，在俄国更加恶劣的条件下也曾英勇作战；那时，施派德尔将军正担任该集团军群的参谋长一职。）当时，意军的武器装备情况与其军官的素质一样，都不值一提。意军早期的坦克，不过是一些“沙丁鱼罐头”罢了；许多坦克和装甲车上竟然还没有无线电装置，只能靠旗语来进行沟通。

由于墨索里尼对这种情况必定是心知肚明的，并且正如《齐亚诺日记》所披露的那样，既然他对自己的同胞和所有的将领都怀有深深的蔑视之意，因此墨索里尼为何又会期待意军“活得像雄狮一样”，这仍是一个谜团。不过，尽管不是“雄狮”，但意军中有些人在情感上还是对隆美尔怀有一种轻微的钦佩之情的。在1942年2月7日举行的一次部长会议上，照常抨击了意大利的将领之后，墨索里尼还描述了“步兵都对隆美尔很感兴趣。他们把自己帽子上的羽毛送给他，让他得意扬扬地坐在他们的肩上，并且大声喊着，在此人的带领下，他们肯定会进抵亚历山大港”的情况。这件事情，或许已经被人美化过，以便切合当时那种场合。尽管如此，对于意军中的“其他阶层”来说，隆美尔身上还是具有一种有如父亲一般和蔼可亲的态度。

可对意大利最高统帅部和意军的那些军官们，他却一点儿也不和蔼可亲。他认为，意大利的整个军官阶层都很可鄙。听说部署在北非沙漠里的意大利军队竟然有3种档次的口粮配给，一种是军官的，一种是军士的，另一种则是其余士兵的，并且配给量也按这种顺序排列，差异巨大的时候，他尤其感到惊骇。至于军官不会努力去照顾手下的士兵这一点，他则归因于意军“没有军队传统”这一事实。不过，在他看来，这种情况并不能作为意军明显不愿意培养出军事传统的借口（他认为意大利空军是个例外，因为意大利空军中出现了一些拼搏精神十足的战斗机飞行员）。意大利的军官们则认为，隆美尔是一个粗野鲁莽的人，说他总是要求别人去做不可能做到的事情。由于他在名义上一直都须接受意方的指挥，因此在高层出现一些意见分歧，是在所难免的一件事情。他首先打交道的人，就是加里巴尔迪将军；他发现，后者虽说是一位和蔼可亲的老绅士，却也是一位相当优秀的军人。而对隆美尔来说更加重要的是，加里巴尔迪将军已经做好了心理准备，任由隆美尔按照自己的方式去作战。巴斯蒂科将军则比较令人烦恼，隆美尔还给巴斯蒂科起了个外号，叫“炸弹巴斯蒂科”。虽然拜尔莱因将军说此人“不行”，还说他“什么都不是”，可巴斯蒂科将军却有自己的想法。1941年12月西迪拉齐一役之后，他与凯瑟林元帅一道来到贾扎拉，就德军打算撤回阿杰达比亚的问题，与隆美尔发生了争执。那样做，会对意大利产生非常不利的影响，可能在意大利国内引发一场革命。隆美尔回答说，他只能保证一件事情，那就是他打算让“非洲军团”撤出此地。如果意军喜欢待在目前这个地方，那就是他们自己的事情。反过来，巴斯蒂科将军又试图阻止德军向埃及进击，这一点我们在上一章里已经说过了。

接下来，与隆美尔打交道的就是伯爵乌戈·卡瓦莱罗将军了，此人在巴多格里奥辞去职务之后，担任了意军总参谋长一职。

由于此人既会说德语，又会说意大利语，并且给人的印象就是一位称职能干的参谋军官，因此隆美尔起初偏向于信任他。当时，隆美尔也须仰仗此人来给部队提供军需给养。齐亚诺带着一种亲切的关怀之意，描述了卡瓦莱罗的样子；这种亲切关怀，意大利的一个恶棍始终都是乐于慷慨地给予另一个恶棍的。“他是一个无可挑剔的市集商贩，找到了深得墨索里尼欢心的秘诀，乐意遵循谎言、阴谋和纠缠不休这样的道路。他必须得到密切的监视才行，他是一个可以给我们带来大麻烦的人……在人生当中每天都能看到的那种不真诚的人当中，卡瓦莱罗轻而易举地做到了出类拔萃……如今，带着他那种做作、虚伪和卑躬屈膝的乐观主义，他已经变得令人难以忍受了……一个无耻的骗子……只要能够让自己往上爬，他会愿意对着公共厕所鞠躬……一个危险的小丑，愿意毫无尊严地跟随德国人的每一种突发奇想……德国人的这名奴仆……在故意欺骗领袖。”隆美尔升任陆军元帅之后，墨索里尼提出也将卡瓦莱罗擢升为陆军元帅，还说如若不然，卡瓦莱罗就会“夹在隆美尔和凯瑟林之间，就像身处小偷当中的基督似的”。齐亚诺却表示反对。“擢升巴斯蒂科，”他说道，“只会让人们觉得好笑，可擢升卡瓦莱罗，却会让民众觉得丢脸。”

最后，就是墨索里尼这位领袖本人了。如今，对于任何一个仍然倾向于认为只有独裁才能够把国家管好，因为只有独裁者明白自己想法的人来说，根据齐亚诺的日记来研究一下墨索里尼对待隆美尔的态度，会很具有启发性。1941年5月，看了据说是隆美尔当天对意军师级指挥官下达的命令之后，墨索里尼还在考虑，要不要亲自向希特勒提出抗议；在这道命令中，隆美尔威胁说要向军事法庭起诉那些师级指挥官。1941年12月5日，墨索里尼却又“非常自豪地将指挥权交给了德国人……”12月17日那一仗出了差错之后，“他将责任归咎给隆美尔，认为是隆美尔的鲁莽毁掉了战局”。到了1942年2月7日隆美尔发动反击之后，墨索里尼却又“吹捧起隆美尔来，因为后者总是坐在坦克里身先士卒，走在进攻队伍的最前列”。5月26日，“墨索里尼此时只关注即将在利比亚发动的那场进攻战，并且明显乐观得很。他认为，隆美尔部将会抵达尼罗河三角洲地区，除非受到了阻碍；可这种阻碍并非来自于英军，而是来自于我国的将领”。6月22日，墨索里尼又“心情大好，准备前往非洲。事实上，他才是这场具有决定性的进攻战的幕后人物，就算这场进攻战与最高统帅部的意见相左，也是如此。现在，他担心的是最高统帅部可能没有认识到这场胜利的重要意义，因而不会好好加以利用，他只信任隆美尔……”

4天之后，墨索里尼“对利比亚战事的进展感到欣慰，但又对此战因隆美尔而著称感到恼火，因为那样一来，此战更像是德军的一次大捷，而不那么像是意军的一场大捷了。此外，隆美尔被擢升为陆军元帅，是因为‘希特勒显然想要强调此役的德国特点’，也让领袖觉得非常不爽。自然，他会把气撒在格拉齐亚尼身上，因为‘此人一直躲在昔兰尼一座深达70英尺的罗马式地下陵墓里，隆美尔却是一位住在坦克里的将领，知道以身作则、身先士卒’”。7月21日，墨索里尼的心情很好，非常明确地想要前往尼罗河三角洲，因此还把自己的个人物品都留在了利比亚。尽管如此，他“当然一直都在听到格拉齐亚尼这位意军驻利比亚司令不利于隆美尔的种种说辞”。23日，他已经“认识到哪怕是采取隆美尔的战略，也会有起有落”。到了9月9日，他又“对隆美尔大为恼火”，因为隆美尔指责一些意大利军官将作战计划泄漏给了敌人。9月27日，他“确信隆美尔不会回来了。他发现隆美尔在身体和士气方面都已动摇”。到了1943年1月5日，他“对卡瓦莱罗和‘隆美尔那个一心只想着在突尼斯撤退一事的疯子’，就只有恶语相加了”。

隆美尔并不是卡瓦莱罗，他几乎跟独裁者们打不了交道。初次会面之后，他之所以喜欢墨索里尼，完全是因为墨索里尼貌似一个明白自己的心思、能够发号施令的人。他曾天真地以为，墨索里尼是他的朋友。他并没有意识到，这位领袖的友谊会随着战局的变化而迅速改变。幸好，隆美尔能够把这当成一个笑话来看待，即便这个笑话是针对他自己的。1942年，他被召至罗马，去商讨军需补给的问题。走进威尼斯宫[1]那间巨大的办公室之后，他发现墨索里尼那张大办公桌上放着一枚意大利的‘英勇荣誉勋章’。他马上推断出，这枚勋章是打算颁发给他的。在会上，争论变得逐渐激烈起来。隆美尔不小心说了一句贬低意大利海军的话语之后，墨索里尼怒视了他一眼。接下来，墨索里尼抓起那枚勋章，拉开一个抽屉，把勋章扔了进去，然后锁上了抽屉。“这下可好了，”隆美尔后来还伤感地说，“我为什么就不能闭上自己的乌鸦嘴，再过10分钟才开口呢？颁发之后，他完全不可能要求我把勋章再交回去啊。”

然而，对于意大利这一方，还有一点要补充。圆滑并不是隆美尔的强

---

[1] 威尼斯宫（Palazzo Venezia），意大利罗马市中心的一座宫殿，因为曾经是威尼斯共和国的使馆而得此名。墨索里尼当政时，他的办公室就设在这座宫殿里，还经常利用这座宫殿的阳台向聚集在威尼斯广场上的人群发表演说。

项，1942年1月准备发动反攻的时候，他并没有向意大利一方的上级报告，因为他担心意军会“泄密”。他只是指示自己的军需参谋，将命令在意军后勤地区扣留到进攻开始之后。由于意军总参谋部得知的第一条消息就是这个，因此他们觉得愤愤不平，就是可以理解的了。他们派人去请隆美尔，后者回复说自己正在前线上，但他很乐意在前线见到巴斯蒂科将军，可巴斯蒂科将军却没有去。几天之后，隆美尔得知，巴斯蒂科将军曾经提出将所有的意军都撤回去。隆美尔说，就算真的如此，对他而言也没有丝毫分别。这种做法让他付出了代价：既失去了他的第一枚奖章，也失去了巴斯蒂科将军的好感。从意大利这一方来看，好感在战利品分配这个微妙问题上却有很大的作用。德意两国之间有过一份正式的协定，如今我们只能认为这一协定是由卡瓦莱罗起草的；根据这一协定，意军应当将他们在苏联缴获的所有战利品转交给德军，而德军也应当将他们在北非地区的所有战利品转交给意军。该协定的第一条不太可能经常被人们说起，可意方却牢骚满腹，因为德国这个盟友没有遵守该协定的第二部分。“我方对德军在利比亚的做法极感愤怒。”齐亚诺曾在1942年的夏季如此写道，“他们攫取了所有的战利品。他们到处染指，派警卫保护战利品，任何一个靠近的人都没有好果子吃。”困兽之斗最为厉害，幸好隆美尔是一个来头太大的人物，受到了全方位的保护，才没有被他们干掉。让齐亚诺更感恼火的是，“唯一大捞了一把的一个人，就是卡瓦莱罗……”

因此，“轴心国”并不是最好的盟友和伙伴。尽管如此，在向曼弗雷德总结意大利人的特点时，隆美尔说了一句并非不算大度、令人耳目一新并且不像是德国人口中说出的话。“他们无疑并不善于打仗，”他说，“但是，我们不能只凭有没有军人素质去评判世间的每一个人；不然的话，世界上就不会有文明了。”

对于意大利人，我们英国人也说了很多不利于他们的事情。被第一次世界大战时还是我方盟国的意大利从背后捅了一刀，我们自然都会充满了怨恨之情，我们也无意将意大利人民与统治他们的那个政权区分开来。在战斗中，我们把他们看成是德国人的“穷亲戚”和德军的随军平民。不过，意军各师的军官们却还记得，他们曾经在克伦英勇无畏地作过战。后来，我们当中有成千上万在意大利“东奔西逃”的人，也曾在逃亡的路上得到该国农民的收留、提供饭菜和帮助；那些农民冒着生命危险，使得我们对一些意大利人及其妻子儿女的勇敢无畏形成了一种大不相同的看法，让我们相信两国间的友谊传统不久之后就会恢复。比如说，我就永远都不会忘记弗雷德里科和安东尼奥·阿尔伯利兹两人；在他们距战俘营1英里远的家里，我曾经快乐幸福地住了好几个星期；当然，我大部分时间都是躲在地下室里的酒桶里，而德军就在前门外来来去去，法里纳奇[1]每天晚上都在广播里威胁说，要处死任何一个友待我们的意大利人呢。

我也不会忘记，战争爆发以来我们第一次在欧洲大陆上、在特雷梅佐[2]度过的那个迷人的夏季，不会忘记在此处交到的那些朋友。意大利人或许不是一个好战的民族，但他们聪明而充满活力、快乐、心地善良。隆美尔说得很对，因为他看出，正是这些品质形成了文明，尽管我们可能仍然需要粗鲁的军人来捍卫这种文明。

第三节　内战

对于敌人，就算有的时候会带有一点儿信不过的敌意，隆美尔的态度也是友好的。与所有德国人一样，隆美尔起初对我方派遣印度师来对付欧洲人的这种做法很是厌恶；直到他遭遇第4印度师，发现印度军人至少也像北非沙漠中任何一支部队那样纪律严明和“正派”之后，他才改变了这种态度。尽管明白随着南非军队前来的那些“有色英国人”并非作战人员，但出于宣传目的，他还是忍不住对这些人进行过温和的嘲讽。

他认为澳大利亚军人都很粗野，尤其是在对待意大利人时很粗鲁；不过，他却觉得这种粗鲁很有意思，认为这种粗鲁并没有表现出一种“坏心肠”。他对澳军部队的单兵评价很高，但同时也认为这些军人很难约束。

虽然他可能喜欢将澳大利亚人区分开来，但他也说，一支澳大利亚军队并不容易指挥。他认为南非军人都是可造之材，只是太过没有经验，但他对南非军队的装甲车却赞誉有加，并且承认南非部队在后来的阿莱曼战役中很能打。至于新西兰的军人，他非但极其推崇，而且长久保持着这种钦佩之情。他总是对曼弗雷德、阿尔丁格尔和其他人说，新西兰师是我方最精锐的

[1] 法里纳奇（Roberto Farinacci，1892—1945），意大利法西斯政客，曾任意大利“国家法西斯党”（PNF）秘书长和墨索里尼的副手，后被意大利游击队处死。

[2] 特雷梅佐（Tremezzo），意大利米兰以北、科莫湖西岸的一个旅游城市。

部队。

他认为，英军是一支很有前途的业余部队。他甚至承认，在一些小规模、需要个人发挥出极大主动性的独立作战行动中，比如说在“远程沙漠集团军”和“特种空勤团”实施的那种作战行动中，英军比德军强，因为德军深入敌方防线后方后，不会像英军官兵那样自信，或者不会表现出英军官兵那么大的主动性。（我们必须记住这一点，才算公正：尽管由英国的正规军军官组建和指挥，但新西兰士兵在“远程沙漠集团军”中占有很大的比例。）

隆美尔认为，英国的正规部队在防御作战时都很顽强、很勇敢，但训练不足。不过，英军第7装甲师是个例外，尤其是“支援集团军”里的那两个步枪营，即第11轻骑兵营和炮兵营。尽管如此，他还是认为，在坦克战中，我方的装甲部队（甚至是单辆坦克），都太过喜欢孤军奋战，独自发起进攻。他曾经批评说，我方装甲部队都是分散作战，导致自己一点一点地被敌人消灭；英国的军事批评家，也始终都在附和他的这种批评意见。他自然也认为，英军的指挥体系太过迟缓、复杂，繁文缛节太多。尽管做过许多的调查，但我没有发现他对任何一个英军将领发表过意见，只有韦维尔将军除外；他曾称，应当始终都把韦维尔将军针对意军的那场战役，当成一个大胆计划并利用少量兵力大胆加以实施的最高战例来进行研究。因此，他是严格从职业上、不带任何感情地来对敌手进行评价的。他自然并不憎恨甚至也不讨厌这些对手，对于新西兰军人，不管是个人还是集体，他几乎都是喜爱得很。

“北非战役，是一场君子之战。”身为“非洲军团”最后一任司令的约翰·克拉莫将军，曾经在“非洲军团”覆灭之后，对《泰晤士报》的一位记者如此说道。隆美尔也为他手下的部队（以及我方部队）没有实施过任何暴行这一点深感自豪，因为他坚持认为，部队应当行为端正，遵守军人准则。对于这一点，没有什么可以值得称道的。德国的绝大多数正规军军官，尤其是那些在1933年以前就已服役的军官，都持有此种观点。在高层军官当中，只有少数人例外；比如凯特尔父子和约德尔兄弟，他们已经彻底沦为希特勒的奴仆，因此就算不赞成，他们也会乐意去传达和执行希特勒那些最暴虐、最离谱的命令。

对于我们来说，这种骑士精神能够幸存下来，完全让我们大感意外。由于我方对纳粹党与德国国防军之间的不和、对纳粹党徒妒忌德国军方、对军官阶层瞧不起那些“褐衫败类”、对许多将领就算软弱却也长期反对元首希特勒等情况一无所知，因此我们自然会把所有的德国人都混为一谈。在战争时期，或许还是这样做最好吧。

一般来说，有什么样的民族，就有什么样的政府。假如他们容忍得了希特勒和墨索里尼这样的人，那么他们就必须承担由此带来的后果。他们不可能指望，敌人会准确地将穿着相同制服的不同个人区分开来。尽管如此，我们如今也必须承认，不管德国陆军在波兰和苏联可能犯下了什么样的罪行，他们在北非还是打了一场本色之战。非常奇怪的是，这场战役比1914年至1918年那场战争打得还要正派。或许是由于当时双方短兵相接的肉搏战出现得比较少，或许是因为双方官兵之间的关系更加融洽，或许是因为冯·塞克特将军及其继任者确立了一种更好的传统，因此人们都不记得，在第一次世界大战期间的北非沙漠里，双方出现过什么屠杀战俘的事情。（跟在沙漠里面并非出于个人原因而很容易被俘这一事实，可能也有一定的关系）。

不管怎样，英军很快便发现，“非洲军团”提倡按照规矩来作战，人们把这一点全都归功于隆美尔。由于整个“非洲军团”在各方各面都以他为榜样，唯其马首是瞻，因此他无疑在这一点上发挥出了巨大的作用。然而，他的运气也很好。“谢天谢地，我方没有往北非沙漠派遣党卫师，”拜尔莱因将军曾经如此说道，“不然的话，天知道会是个什么样子呢。那样一来，北非战役就会是一场大不相同的战役了。”他接着告诉我说，尽管在真正的作战行动中，一位德国将领可能会在战场上掌控党卫军部队的指挥权，但这位将领无论如何也无权去监督党卫军部队的行为；我当时可没有认识到这一点。哪怕针对的是其中一位“下级军官”，这位将领唯一的办法，也是通过正常的渠道，亲自向希姆莱去告发此人。至于处理结果，往往都不会令人满意。“假如7月20日那场政变成功了，”他接着说道，“意大利就会爆发一场党卫军与陆军之间的内战。”

“非洲军团”并没有虐待战俘，相反，在首次艰巨的突袭战之后，该军团几乎是用一种古时的礼貌来对待战俘的。1942年5月那场战役开始之后不久，我曾在坎布特碰到了“陆军摄影队”的一位摄影师，他是苏格兰人，被敌人俘虏了一两个小时之后，刚刚想法逃了出来。他从英国来到北非才不久，这是他经历的第一次作战行动，当时他觉得特别气愤。“这些残忍的德国人究竟都是些什么人哪，长官？”他问我道，“我永远都不会相信。一位德国军官，我跟您说，那是一位军官哪，竟然拿走了我的照相机，不肯还回来……不过没关系，”他又高高兴兴地说道，“我有他写的收据。”他的确拿到了收据，写在一个信封的背面，记着那位德国军官的姓名、军衔和日期。他打算战争结束后，去找那位德国中尉把照相机要回来。

这是我最喜欢的一个故事，直到我自己遭遇霉运，也变成了俘虏。接下来，我的亲身经历便盖过了这个故事：那位年轻的德国军官搜过我的身之后，又礼貌地将他在我的衬衫口袋里发现的那个金质烟盒递回给了我。他为没收了我的双筒望远镜而道歉，但同时向我解释说，望远镜属于军事装备，而烟盒则属于私人物品。与战俘营里其他人的记述进行过比较之后，我发现没有哪名战俘有重大的理由进行埋怨，直到他们转由意军关押之后，这种情况才有所改变。由于我仍然留着自己的烟盒，因此我在意军的战俘营里运气一定也很好。不过，当时我也想出了办法，不让意军找到我的烟盒，以免他们受到同样的诱惑。

隆美尔部和我方之间，曾经时不时地出现误会，其中的一些误会，还对双方的战俘产生了不利的影响。这种误会，全都属于名副其实的“误会”，而过错也并非始终都在德军一方。例如，我方发布了一份命令，大意就是在经过审问之前，不得给战俘饭吃。这道命令的本意，是相当单纯的。首次被俘的时候，战俘的心理通常都会有点儿动摇，如果立即加以审讯的话，他们就有可能吐露出一些有价值的情报来。然而，若是吃了饭，或许还抽了一支烟，战俘就有时间让自己重新振作精神了。这道命令的意思，无非就是要等到讯问结束之后，才让战俘吃饭。我相信，这一命令设想的，不过就是延迟一两个小时给饭罢了。

然而，将命令用书面的形式发布出来，这种做法却不明智；而将命令在前线地区进行散发就更不明智了，因为它们有可能落入德军的手中。我一直等到抵达了特姆密机场，在一辆卡车上顶着炎炎烈日站了12个小时，既没有吃的，也没有水喝之后，才认识到这种做法究竟有多么的不明智。我是24个小时之前被俘的，此时又有六七个小时什么都没吃、什么都没喝了，因此正盼着吃上一顿晚餐，而最重要的就是喝点儿水。一位德国军官用英语叫我们排好队，给我们讲话。

“我很遗憾，先生们，”他说道，“遗憾我方不能给你们任何吃的喝的。正如贵方下令，必须让德国战俘饿着肚子、没有水喝，直到他们抵达开罗、接受了审问之后一样，我们也不得不用同样的方式来对待你们。你们在抵达班加西、接受了审问之前，不会得到任何食物，除非英国政府明白了事理，撤销那道命令，我方已经要求英国政府这样去做了。”大概英国政府确实取消了那道命令，因为第二天早上到了德尔纳的时候，德军就让我们吃饭喝水了。

在1942年8月袭击图卜鲁格未果的过程中，德军从被俘的一位英军突击队员身上搜到的一道命令，原本可能造成更加严重的后果。不管那道命令的本意如何，翻译成意大利语之后，它给人留下的印象都是：如果战俘不方便转移，那就应当杀掉。我并没有见到那道命令的原文，我只能推测，命令强调的是，给敌人造成伤亡比俘虏敌人更加重要。即便是用英文来表达，这两种意思之间的差异也是很微妙的。起草这种命令的参谋人员应当记住，不同层次的细微意义经过翻译之后，往往都是保留不下来的。他们还须谨记，所有的命令都有可能落入敌人的手中，可由此而受苦受难的，则是他们那些被敌人俘虏了的同胞。“迪耶普战役”[1]之后，我方许多战俘都被德军用镣铐锁了好几个月，就是因为我方下过一道类似的命令，要给俘虏的德军戴上手铐。希特勒1942年10月18日下达的那道著名的、或者说臭名昭著的命令，至少还是毫不含糊的：

从现在起（第3段中已经说过），德国军队遭遇的、在欧洲或非洲参与所谓“突袭”任务的一切敌人，即便外表完全是身着制服的军人或者爆破部队，无论有无武器装备，无论是战是逃，都应当全数歼灭，一个都不放过。他们是乘坐船只登陆、乘坐飞机降落还是伞降实施突袭行动，都没有任何区别。

即便是发现这些人的时候，他们显然打算缴械投降，原则上也不能饶过他们……

此令不适用于对待正常交战（大规模的进攻作战、登陆行动和空降作战）中在正面作战过程中被俘或投降的敌方士兵（第5段中已经提及）。

本人将根据军法（附于最后一段），对未能执行此令的行为，由所有玩

[1] 迪耶普战役（the Dieppe Raid），1942年8月19日盟军对法国沿海小镇迪耶普实施的一次试探性袭击，意在试探诺曼底登陆的可能性。此战中，有数千名加拿大士兵阵亡或者被俘。

忽职守、未能向部队传达此令或者在应当执行此令的地方违反此令的指挥官和军官承担责任。

这道命令由“阿道夫·希特勒”签发，因此属于“最高命令”。

1946年6月18日，纽伦堡法庭曾就此讯问了西格弗里德·韦斯特法尔[1]将军。

问：你曾在非洲前线服役？

答：在那里待了一年半多。

问：那里的战争行为如何？

答：我可以用一句话来回答：北非战役是用一种具有骑士风度和无可指责的方式进行的。

问：你的长官是谁？

答：隆美尔元帅。

问：他有没有下过违反战争准则的命令，或者支持过违反战争准则的做法？

答：从来没有。

问：你在他手下担任什么职务？

答：我是作战处主任，后来又担任过他的参谋长一职。

问：那么，你一直都与他有接触？

答：我一直都跟他有接触，既有私人关系，军务上也有联系。

问：你知道1942年10月18日希特勒颁布的那道命令吗？

答：知道。

问：你收到这道命令了吗？

答：是的，我们是在西迪拜拉尼附近的沙漠当中，从一位联络官那里接到这道命令的。

问：隆美尔元帅接到这道命令之后，是怎么做的？

[1] 西格弗里德·韦斯特法尔（Siegfried Westphal，1902—1982），第二次世界大战期间德国国防军里的一位将领，曾经担任过隆美尔麾下的作战处主任、凯瑟林元帅手下的参谋长等职，获得过纳粹德国颁发的“铁十字骑士十字勋章”。1945年向美军投降，并在纽伦堡审判中担任证人，后于1947年获释。

答：我和隆美尔元帅站在我们乘坐的军车旁边，看完了那道命令，接下来我马上提出，我们不应当公布这道命令，随即，我们就在所站的地方烧掉了那道命令。我们的理由如下：这道命令的动机，本身说得非常清楚，我想你们在命令的引言段就看得出来。[1]我们知道英军有进行肉搏战的命令，我们知道阿莱曼战役中贵方有“发现德军，就地正法”的标语，以及其他各种让战争变质的做法。我们还缴获了一份命令，是英军一个装甲旅颁布的；根据那道命令，部队不得给战俘任何喝的东西。尽管如此，我们还是不希望这道命令传达到我方各个部队，因为那样会导致战争形势恶化下去，而我们也不可能再预见到这场战争的后果了。接到这道命令之后，我们之所以刚过10分钟便将其付之一炬，原因就在于此……不过，只有身处另一个大洲的时候，一位将领才有可能在公然抗命之后还没有受到惩处。我认为，身处东线或者西线的德军将领是不可能公然抗命的。

实际上，德军中远非只有隆美尔一位将领无视这道命令和其他类似的命令。接下来，法庭又就“陆军元帅亚历山大[2]的侄子”这一悬案，讯问了韦斯特法尔将军。

问：你能简要地重述一下陆军元帅亚历山大的侄子曾经参与过的那场突击行动一案吗？

答：1942年秋季，陆军元帅亚历山大的一位近亲在（北非）德军的防线后面被俘。当时，他戴着一顶“非洲军团”的帽子，并且携带着一支德国手枪。这样一来，他就让自己置于交战准则之外了。可隆美尔元帅下令说，应当与其他任何战俘一样对待此人。

---

[1] “一、长期以来，在战争过程中，敌人一直都在采取与《日内瓦国际公约》背道而驰的做法。尤其残暴和不光明正大的，就是那些所谓的‘突击队员’的行为；业已证明，这些人中的一部分本身就是从敌国刑满释放的犯罪分子中招募过来的。缴获的敌方命令证明，这些人不但受命给战俘戴上镣铐，甚至是，只要他们认为战俘在将来继续完成任务的过程中变成了一种负担，或者会给他们带来不便，他们就会将没有防卫能力的战俘一杀了事。最后，我们还缴获了敌人的一些命令，表明敌方已经将杀害俘虏当成原则命令下达了。”——原注

[2] 陆军元帅亚历山大（Harold Alexander，1891—1969），英国的著名将领，“二战”期间历任师长、军长、中东战区总司令、北非战区盟军最高副司令兼第18集团军群司令、地中海战区盟军最高副司令兼第15集团军群司令和地中海战区盟军最高司令等职，因指挥突尼斯战役获胜而获封“突尼斯的亚历山大勋爵”。

隆美尔元帅认为，他并不理解这一做法可能导致的后果。有人提出应当枪毙这位被俘军官，因为枪毙此人无可非议的时候，隆美尔实际上是这样回答的："什么，枪毙亚历山大将军的侄子？你这个该死的蠢货，你还不如把另外两个师当成礼物送给英军得了！"他们说的那位被俘军官，其实不是亚历山大将军（如今已是陆军元帅亚历山大勋爵）的侄子，而是他的一位堂弟，并且两人同名；他告诉我说，当时他凭借的就是将德国军方团结起来的那种"容克"传统，并且认为，一位德军将领不太可能下令处决另一名将领的一位近亲才逃过一劫的。尽管隆美尔并不是那种"容克"式的贵族军官，可结果却证明此人的看法很正确。

关于隆美尔对待我方战俘的奇闻逸事数不胜数，并且据我所知，全都是颂扬他的。或许，其中最好的一则故事，就是G. H. 克利夫顿旅长记述的；此人获得过"优异服务勋章"和"军功十字勋章"，碰到隆美尔的时候，他是一位被俘的新西兰旅旅长。

克利夫顿旅长号称"会飞的无翼鸟[1]"，是一个天生善于逃跑的人。他在第29号战俘营与我们会合之后，马上就想出了一个非常大胆的计划，只是结果有点儿惨，差一点儿就成功了。一天夜里，他伏低身子，爬出一栋二层楼房的窗户，借着一堵墙壁的角度，溜到了墙壁投下的那片小小的阴影当中。那堵墙壁边上，实际上有一名哨兵在巡逻。他脸冲着墙壁站在那里，直到哨兵走开，然后悄悄地趴在地上，从一道装有倒刺的铁丝网下，爬过了院子。

他一路疾跑，穿过田野，来到了最近的那座火车站"橄榄大桥站"，然后乘坐第一趟火车前往米兰。在米兰总站，他又乘坐电车穿过该市，来到米兰北站，前往科莫防线，并且在早上点名之前抵达了科莫。

在科莫，他犯下了一个致命的错误。他打算沿着大路经过"埃斯特别墅"（后来我自己走的也是这条路），然后越过山区，进入瑞士。为了节省时间，他在车站雇了一辆马车。在给钱的时候，他和车夫之间却因为车费的问题发生了争执。两名早已带着一定的怀疑之意始终注视着他的宪兵走了过来。那天晚上，他就被送回到我们中间。

[1] 无翼鸟（kiwi），新西兰的一种鸟类，因为无翼而不能飞行，亦音译为"奇异鸟"。

他被转移到第5号战俘营，即专门用于关押那些逃跑成习者的战俘营之后，我们还听说，有人曾经看见他站在屋顶上，哨兵则从四面八方朝他开枪。被押往德国的途中，他是夹在两名警卫之间，坐在火车车厢里，可他竟然想在火车开着的时候从车窗里跳下去。警卫开枪打中了他，令他的大腿受了重伤，在一座医院里住了好几个月；在医院里，他得到了一名德国医生无微不至的护理，后者至今还在给他写信呢。

1945年3月22日，他再次从西里西亚的一个战俘营里逃了出来；4月15日，乘坐美国空军的飞机跨过太平洋之后，他终于回到了新西兰港市奥克兰的家中。我见到隆美尔的遗孀之后，她向我提出的第一个问题就是："您认识克利夫顿旅长吗？如今他在哪里，他想法逃走了没有呢？我的丈夫一直都希望他能够逃出意大利，他对此人评价甚高。"

那么，我们就来听一听克利夫顿旅长的故事吧：

1942年9月4日凌晨，我开车驶入了阿莱梅伊尔岭以南的"无人地带"，去打扫其他部队在夜间作战后留下的战场。此时天还没亮，情况极其复杂。结果，我们在寻找手下那个旅里一个先遣连的时候，却径直驶向了敌人那一方。敌人是意军"福尔杰尔师"的伞兵部队；有那么片刻，我们似乎可以押着50名意大利战俘回去，而不会陷在那里成了他们的俘虏。然而，随着100码远的地方有位担任先头观察官的德国炮兵军官介入进来，这场对峙就不利于我们了。他走了过来，告诉意军不要当这样的傻瓜，于是我们便"成了他们的囊中之物"。

大约两个小时之后，我便抵达了"卡蓬格哨所"；这里原本是我的指挥部，可此时已经被一群意军和一个德军的预备役伞兵营占领了。当时还是早上7点钟，可从我离开部队、期待着回去吃早餐到现在的这段时间，却好像一生那样漫长。

10分钟后，意军和德军都极其兴奋起来，一位情报官过来对我说，隆美尔就要到了。果然如此，三四辆侦察车拐过路角，在一辆大型指挥车的率领下过来了，隆美尔本人就坐在这辆指挥车的后座上。在一片敬礼和立正声中，他走下了指挥车。我注意到，他首先向这一地区级别最高的那位意军上校致意。

短暂讨论之后，他便把指挥伞兵部队的那位德军少校叫了过去；过了几分钟，我就被人叫了过去，第一次见到了大名鼎鼎的隆美尔。他是一个个子不高、健壮结实的人，腰围粗大，并且他自己显然也对这一点非常敏感，但自信十足、精力十足。尽管他明显懂英语，可他说的是德语，开始向我滔滔不绝地说起新西兰师所用的那种“流氓”战法来。似乎是因为我军在马特鲁后方的米恩卡凯姆那场夜战中，曾经用刺刀刺杀业已受伤的德军，此事让他感到非常恼火。他说，如果我们想要野蛮作战的话，他们也可以这样干，因此我方任何此种进一步的行动，都会遭到德军的直接报复。

作为离这种报复最近的一名新西兰军人，在我看来，这一点完全变成了一个涉及个人安危的问题。然而，我还是将我方对待这场著名夜战的观点解释清楚了。我方摸黑派出的第一支部队打了德军一个措手不及，在第一个连队通过之后，一些倒在地上的德军还在向我方开枪、扔手榴弹。结果，随后赶来的增援部队只好将每一个无法站起来投降的德军用刺刀刺死。有些德国士兵被我方路过的士兵用刺刀扎过好几次，这种情况是很有可能出现的。

我解释了当时的情况。我不知道是不是因为我的解释方法不错，所以说得很清楚，反正隆美尔听了之后，如此回答说：“好吧，那种情况合情合理，有可能在夜战中发生。不过……”接下来，他又说到了一桩暴力事件，称有位受伤的德国军官被我方士兵扔进了一辆燃烧着的军车里。

讨论这桩所谓的暴力事件一阵子之后，他问我道：“你们新西兰人是为什么而战呢？这是欧洲的战争，不是你们的战争。你们到这里来，难道是闹着玩儿吗？”我意识到，他的确是不明白这一点，而我以前也从来没有机会用话语将“英国打仗，我们也要打仗”这一不言自喻的事实说清楚；于是，我举起双手，将五指并拢，回答道：“英联邦是并肩作战的。假如您去攻击英国，那么您也是在攻击新西兰和澳大利亚。”“爱尔兰呢？”隆美尔迅速反问道。对于这个问题，我原本就有答案。大约一个星期之前，我们就已获知了参战的南爱尔兰志愿兵人数。我认为，他们在总兵力中所占的比例，完全抵得上英联邦内任何一个国家所出的兵力。

隆美尔对此没有置评，只是祝我好运，然后就离开作战去了；当时，他在埃及境内的最后一场进攻战，正在遭到我方的顽强抵抗。6天之后，我便逃离了马特鲁，可那不过是另一场由长途跋涉和噩运组成的经历罢了；最终，9月15日，我又在阿莱曼前线以西10英里之处，被3名正在狩猎瞪羚的年轻装甲兵军官俘虏了。没过多久，经历了遭到我方“飓风式轰炸机”轰炸那一令人尴尬的事件之后，我再次被人重重地推进了隆美尔的指挥部。

元帅再次屈尊，在俘虏我的那3位小伙子的陪同下会见了我；那几个年轻军官正满心期待着获得奖励，回德国去度7天特休假。（顺便说一句，他们的希望落了空。）隆美尔再次用强烈抨击我方“流氓”战法为由头，开始了我们的谈话；这一次，是我方一架轰炸机对一艘正在驶离图卜鲁格港的德国医疗船进行了高空轰炸。接下来，他说：“我不会责怪您试图逃跑的做法，因为那是您的本分；假如我处在您的位置，我也会做同样的事情。”

由于察觉到他的腰围越来越粗，脚上的靴子和身上的马裤也绷得紧紧的，我便回答道：“我完全确信您也会试一试的，长官，只是我认为您走得不可能像我那样快。”（在不到5天的时间里，我仅凭1罐水就走了100多英里。）

隆美尔非常机敏地回敬道：“不，我会更聪明一点，借用一辆汽车的。”我不妨骗一骗他。“我也会啊。我们原本选定了一辆合适的车子，可只有20秒钟的出发时间，根本不够呢。”

接下来，他又说我是一个令人讨厌的人，还说我要是再逃跑的话，将会以我在逃跑途中被人打死而告终。然而，他决定快点把我打发走，第二天清晨就从达巴用飞机直接将我送往罗马。

除了令人遗憾地缺少幽默感，德国人的思维都很务实。隆美尔给我留下的深刻印象就是，他是一个杰出的例外；而在我倒霉地遇到德军中每一位高级军官的过程中，这种印象也日益强烈起来。遇到我方将士的时候，不管是战俘还是伤员，他都会像一位军人碰到另一位军人那样，同这些官兵打招呼，并且非常公平地对待这些人。1941年11月下旬在西迪阿齐兹被俘的哈杰斯特旅长，曾随隆美尔部进入拜尔迪耶，他也形成了同样的印象。我记得，他在所著的那本书《再见，第12号战俘营》中对此进行过评价。（哈杰斯特旅长还因为没有敬礼而遭到了隆美尔的斥责。“那件事情，并没有妨碍到他就我手下官兵的战斗素质向我表示祝贺呢。”他如此写道。）

克利夫顿的故事，在双方看来都是可信的。对此，还有一种稍微有一点儿令人毛骨悚然的补充说明，表明隆美尔并非唯一一个拥有一种粗俗幽默感的德国人。克利夫顿第一次见到隆美尔并接受讯问的时候，英语流利、担任翻译的布尔夏特少校亲自介入了讯问。“我想您到过克里特岛吧，克利夫顿旅长？”他问道，“我也去过，跟着德国的伞兵部队去的。战斗结束的时候，我无意中看到了你们新西兰一位士兵的尸体，你们称之为毛利人，对吧？尸体旁边，竟然用绳子串着27只人耳。当然，它们有可能是英国人的耳朵，也有可能是克里特人的耳朵。不过，我们却倾向于认为，它们都是德国军人的耳朵。”布尔夏特笑了笑。克利夫顿却没有笑。这件事情或许有根有据，可他觉得，此时说这个不合时宜。

“医疗船事件”是隆美尔的一大痛点。得知英国皇家海军还把那些医疗船拖进马耳他港进行检查，他感到非常愤恨；而得知这些船只竟然在海面上遭到英国皇家海军的攻击之后，他就变得火冒三丈了。

尽管起草了一份语气强烈的抗议照会，但得知一名被俘的意大利将领在马耳他被毫发无损地释放了之后，他却有点儿起疑了；当时，那名将领是不敢乘坐飞机飞越地中海，因而装扮成一名重伤员，搭乘了其中的一艘医疗船回国。7月份德、意两方在阿莱曼战役之前召开的一次会议，让他最后的一丝幻想也破灭了。当时，隆美尔进行了强烈的控诉，说因为汽油短缺而导致了进攻受阻。刚刚过去的两天之内，就有3艘油轮被敌军击沉了。

卡瓦莱罗重新向他做出了保证，他们已经采取了其他的办法，来确保隆美尔部获得军需补给。他们正在利用医疗船的双层底壳，将汽油运送过来！隆美尔对他发了脾气。“你们那样干，英军袭击医疗船的时候，叫我怎么向他们抗议？”他质问道。卡瓦莱罗非常惊讶，为此苦恼不已。

为了总结北非这场沙漠战的精神，我不妨引述一下冯·拉文施泰因将军的话。“我抵达开罗之后，”他曾经如此说道，“受到了奥金莱克将军那位副官的慷慨接待。接下来，我被带到奥金莱克将军的办公室，去见将军本人。他跟我握了握手，说：‘久闻您的大名了。您和您指挥的那个师作战时体现出了骑士精神，我希望能够尽绵薄之力来款待您。’

“离开开罗之前，我得知坎贝尔将军已经被授予了‘维多利亚十字勋章’。我提出给他写封信，并且获得了允许。如果您有兴趣的话，我还保存着那封信的副本呢。”

那封信是这样写的：

阿巴西亚，1942年2月10日

亲爱的坎贝尔少将：

我从报纸上得知，阁下就是我在1941年11月21日至22日西迪拉齐坦克战中那位英勇无比的对手。在那两天里，烈日炎炎，参战的正是在下指挥的第21装甲师，与阁下指挥的第7装甲师，在下对该师极感钦佩。阁下的第7皇家炮兵支援军群，也让我们打得非常艰难；在下还记得，我们在机场附近时，子弹在耳边纷飞的情景。

德国的同行都衷心祝贺您荣获“维多利亚十字勋章”。

我在战争中是阁下的敌人，但对阁下充满了尊敬之心。

冯·拉文施泰因

“苏格兰人”坎贝尔此后不久就牺牲了，当时，他乘坐的汽车在布克布克[1]附近翻了车，令他不幸遇难。不过，他生前还是收到了这封信，是祝贺他荣获“维多利亚十字勋章”而举行的那场授奖阅兵之后不久收到的；他还把这封信复印了好多份，张贴在炮兵命令栏内。

关于战争中的骑士精神这个问题，人们持有两种看法。艾森豪威尔将军持有的，则是另一种观点。“冯·阿尼姆[2]将军被我军押送着，经由阿尔及尔去囚禁起来的时候，”他曾经在《欧洲十字军》一书中如此写道，“我的一些参谋人员都觉得，我应当遵循昔日的惯例，批准他前来拜会我一次。这种惯例，起源于古时的雇佣兵对敌人并不怀有真正的敌意这一事实。那时，双方都是因为喜欢打仗而打仗，是出于一种责任感而战，或者更有可能是出于金钱利益而战。18世纪的一位指挥官若是被俘，那么有可能在数周或数月之内，他都是将其俘虏的那个人的贵客。‘所有职业军人都是战友’这一传统，用一种七零八碎的形式，一直延续到了今天。

“在我看来，第二次世界大战远不是允许个人怀有此种感情的一个问题。随着日子一天天过去，我心中的这一信条也日益坚定起来：代表人类善良与人类权利的力量，这一次面对的是一种彻底邪恶的阴谋，这种情况是以前许多国家交战时没有出现过的；对于这种邪恶的阴谋，我们容不下任何妥协。因为只有彻底消灭‘轴心国’，才有可能出现一个正派的世界，所以这

[1] 布克布克（Buq-Buq），埃及西北毗邻地中海、位于塞卢姆与西迪拜拉尼之间的一个城市。

[2] 冯·阿尼姆（von Arnim，1889—1962），德国陆军将领，隆美尔因病回国之后，他曾出任“轴心国”驻北非部队司令一职，1943年5月被盟军俘获，但战后免遭起诉。

场战争对我来说，就变成了一场‘十字军东征’……

“在前面那种特殊的情况下，我曾指示手下的情报官，应当用尽一切手段，从被俘的敌方将领口中挖出情报来；不过就我而言，本人感兴趣的，只是那些还没有被俘的敌军将领。任何人都不应当获准前来见我，直到战争结束，我采取的始终都是这种做法。1945年德国陆军元帅约德尔在兰斯签署投降书之前，我没有跟任何一位德军将领说过话；即便是到了那时，我说的唯一一句话，也是他将对执行投降协定一事个人负全责。”

艾森豪威尔将军是一个聪明而大度的人，没有谁会不同意他的上述观点。他的态度，也是一种完全合乎逻辑、可以理解的态度。尽管如此，还是有些人认为，即便是那些七零八碎的传统，也值得保留，因为战争结束之后，战胜者与战败者仍然必须在同一个世界里共同生活和工作下去。[1]

[1] 去世前不久，已故的陆军元帅韦维尔伯爵曾经将自己论述为将之道的讲稿集寄了一本给隆美尔夫人，内题“纪念一位勇敢无畏、具有骑士风度而本领高超的对手”。假如隆美尔落入他的手中，他也会同等待之，因为隆美尔在利比亚正是那样对待我们的。但是，没有哪个了解韦维尔勋爵的人会认为，他对隆美尔为之效力的那个国家的憎恨之情，会没有艾森豪威尔将军或者我本人那样深切。这两种观点都合乎情理，都可以无休无止地争论下去。我却赞同韦维尔与奥金莱克两位陆军元帅的观点。不过，我也乐意承认，艾森豪威尔将军的看法可能也是正确的。——原注

第九章　前往突尼斯与最终投降

6月底，就是隆美尔率部正在进击亚历山大港的大门，攻势却还不是非常急迫的时候，我们离开了他。此时，他正面临着沙漠当中某种迄今不为人知的东西，面临着一种无法逆转的局面。英军的右翼靠着大海，左翼则位于南边40英里以外，紧挨着“盖塔拉洼地”[1]中那片“无路可通”的流沙区。（“近卫骑兵团”里的兰德尔·普伦基特在撤退过程中，成功地率领手下的装甲车从锡瓦穿越这片流沙区之后，竟然发现自己很不受埃及那些部署参谋们的待见。）此外，我方在防御方面也做了充分的准备，阵势要比德军以为的更加全面。

然而，第8集团军群远不能说完全处于防御态势。英国国内的普遍印象，即便是到了如今，似乎也仍是这样的：由于已经溃不成军地从前线撤退回来，因此盟军在阿莱曼仍然受到了威胁，仍然畏畏缩缩，而开罗那帮惊慌失措的参谋则烧掉了成堆成堆的文件，准备撤退到巴勒斯坦或者东非去了。接下来，按照流行的说法就是，蒙哥马利将军从天而降，重新组建（或者说实际上是组建）了第8集团军群，并且马上就转败为胜了。这种说法，既对第8集团军群不公平，也与实际情况不符。7月初，该军群的确“有点儿军心不稳”。在当地称为“圣灰星期三”[2]的那一天，开罗当局也的确烧毁了一些文件。一些文职人员和妇女进行了疏散，舰队驶离了亚历山大港，因为泊在港内的话，舰队太容易遭到敌方的轰炸了。根据应有的谨慎，我方已经做好了防守尼罗河三角洲地区的准备，以应对德军万一成功突破了阿莱曼防线

[1] 盖塔拉洼地（the Qattara Depression），埃及西北部的一个干旱盆地，多沼泽、盐滩和流沙，仅东北部和西南部有两个小绿洲。

[2] 圣灰星期三（Ash Wednesday），基督教的一个节日，时间为复活节前七周（即复活节前的第40天）。在圣灰节，基督徒会洒灰于自己的额头或者衣服上，以表悔改或忏悔之意，亦译“圣灰节”“大斋首日”“圣灰日”等。

之后的局势。我方甚至制订了边战边退，向南撤至尼罗河上游或者撤到巴勒斯坦的计划；必要的时候，倘若尼罗河三角洲也失守了，我方甚至可以撤到伊拉克去。部署参谋们总是准备好了应对不测情况的计划，这是他们的职责所在。我方甚至还有明确的计划：假如英国政府必须撤离英国本土，那就可以从加拿大继续指挥作战。

然而，与丘吉尔先生弃守伦敦的计划相比，奥金莱克将军却不那么想要放弃阿莱曼。相反，在整个7月里，第8集团军群都在不停地进击敌人，努力想要从敌人手中重新夺回主动权，并且在可能的情况下就地消灭敌人。第一次进击是在7月2日发动的，也就是隆美尔部7月1日进攻阿莱曼未果的第二天。

这场短兵相接持续了好几天，只是因为缺乏后备兵力，第13兵团的进击才会止步不前。2月10日，第9澳大利亚师占领了阿莱曼以西的特尔雷萨这个重要阵地，并且牢牢据守，打退了敌人一次又一次猛烈的反攻。7月14日，新西兰师与第5印度步兵旅发动了一次夜间袭击，并且在鲁威沙特岭这个战略要地取得了胜利。7月16日夜，澳大利亚师又占领了南边的马卡艾哈德岭。由于我方已经突进了敌方的阵地，因此隆美尔部做出了猛烈的反击。然而，7月18日和19日隆美尔部对鲁威沙特岭的反攻，却被我军打退了。

7月21日，就是澳大利亚师正在北部进击的时候，新西兰师在装甲部队的支援下，挺进到了敌人阵地的中央，想将敌人的阵地分割成两半。我方的装甲部队被击退，这次尝试也以失败而告终。7月26日，我军从特尔雷萨这个突出部向北，发动了另一场大规模的进攻。面对德军的猛烈反击，此次进攻也失败了；至于原因，虽说部分在于步兵没能清理出一处穿过敌军雷区、使得坦克可以前进的缺口，但主要还是因为我方缺乏足够多精神抖擞、训练有素的兵力，来保持进攻的势头。

7月30日，奥金莱克将军很不情愿地得出结论：凭借手头已有的兵力，目前他是完全不可能再去实施进攻作战的。他希望，到9月中旬左右我方能够接着发动进攻。到了那时，他手下可用的兵力就会包括：刚从英国调来、此时正在进行沙漠作战训练的第44师，同样刚刚调来、重新装备了美式中型坦克的第8装甲师，以及重新训练和装备过了的第10装甲师。由于不愿进攻，他被丘吉尔首相解除了指挥权。结果却是，尽管英国内阁施加了强大的压力，亚历山大将军与蒙哥马利将军磋商过后，还是将奥金莱克将军所定的进攻日期推后了一个多月。[1]

到了那时，蒙哥马利将军的兵力又多了两个英军师、一大批新造的坦克和枪炮；这些坦克和枪炮，都是第8集团军群以前从没有见过的。由于刚一开始，准备工作便做得滴水不漏，因此结果无疑证明，这种推迟进攻的做法是有道理的。人们也毫不怀疑，蒙哥马利将军那种超级强大的自信心，以及他那种“平易近人”的天赋，都对手下的将士产生了一种激励作用。带着“新官上任三把火”的优势，他先是让人觉得好奇，接着令人关注，之后又赢得了官兵们的钦佩。这种钦佩，他当之无愧。然而，我们也没有理由说他接管指挥权时，第8集团军群作为一支作战力量已经不复存在，以此来夸大他获得的伟大胜利，或者夸大他身上种种了不起的个人品质。实际上，第8集团军群光是7月份就俘虏了7000多名敌人，第8集团军群挡住了隆美尔部向尼罗河三角洲进击的步伐。第8集团军群为我军发动一场大规模的进攻奠定了基础，而且，当时该军也只是因为兵力太弱，才没法发动这样的一场进攻罢了。

德军那一方呢，对这一切却有一种令人可悲的、具有讽刺意味的评价。“我们既为贵方在整个7月里进攻我军的方式所折服，也对此感到非常不安。”拜尔莱因将军如此说道，“从10日至26日，有好几次贵军都差点儿成功地突破我军的阵地。你们只要能够再坚持进攻两天，就能突破了。7月26日是关键的一天。当时，我方的重型火炮完全没有了弹药，而隆美尔也已下定决心，假如你们再进攻，我军就撤退到边境上去。”

撇开个人声誉不谈，我方没有继续进攻，对我军来说是一件很好的事情，可对隆美尔来说，却是一件极其糟糕的事情。一旦德军退回到陡崖地区，由于交通补给线缩短了，并且位于一个强大的天然防御位置上，所以我方可能就需要费很大的力气，才能将隆美尔“撵走”。十有八九，隆美尔会逃过后来降临到他身上的那次惨败，因为从边境地区继续后撤不会有任何政治或者心理上的阻力，就像他从阿莱曼撤退时完全没有政治和心理阻力一样。不管怎样，他的覆灭命运都会推迟，因为我方在差不多300英里以西进行兵力集结所需的准备时间，将会长久得多。实际上，在英美联军11月8日登陆北非之前，我方的准备工作几乎不可能完成。那样的话，隆美尔一定会

[1] 亚历山大与蒙哥马利将军两人于1942年8月15日接管了非洲战区的指挥权。——原注

看出危险，从而在自己决定的时间撤退到突尼斯去。[1]

那么，意识到德军无法突破我方防线并直取开罗之后，他又为什么没有尽快撤退呢？对于这个问题，德国和我方诸多批评家给出的回答就是，隆美尔不懂后勤。“他在行政管理方面存在明显的缺陷，应该会让他得不到一位伟大将领那种持久的声誉。”密尔顿·舒尔曼在《西线失利》一书中曾如此断言道。林德尔·哈特说得较为温和，称“他有一种明显的缺陷，那就是他无视战略中行政管理这个方面的性格倾向”。这些批评，似乎都直接起源于隆美尔对哈尔德关于军需补给的质询时做出的回应：“那是您的问题。”而不是起源于任何真正的证据，证明他没有认识到后勤补给的重要性。事实上，军需补给问题是整个德国的问题，并且主要是意大利最高统帅部的问题。隆美尔远处北非沙漠的司令部里，他能够做的就是说出自己需要些什么，并且尽量坚持说自己应当得到这些东西。他无法乘坐飞机越洋过海，指定后勤补给部门运送什么。他无法强迫意大利人将汽油交出来，虽然据说意大利南部存有大量燃油，可实际上意方连自己舰队所用的燃油都匀不出来。他不可能命令驻扎在法国的任何一个德军师离开那里，尽管这些部队在法国并没有执行什么有益的任务，因为显而易见，德军在1942年不可能想要发动入侵英国的行动。他只能据理力争，提出要求，并且进行抗议。他一直都在这样做，令意大利和德国的陆军司令部都烦不胜烦。

他的处境，可不像艾森豪威尔将军的处境那样令人愉快；在第二年的北非作战行动中，艾森豪威尔将军希望在特贝萨以东集结起1个兵团。“后勤参谋们都对我的目标持反对态度……他们悲叹说，我方少得可怜的交通补给量无法维持超过1个装甲师外加1个团的兵力……尽管如此，我一开始还是下令4个师集结成兵团，并且对后勤人员说，他们必须找出办法来提供这个兵团所需的军需装备。”这是后勤部门的问题，可没有一个人据此就说艾森豪威尔将军不懂后勤。

《欧洲十字军》一书中还有一段文字，很值得我们在这种情况下引用，因为那段文字表明，在沿海地区，如果有头脑灵活和愿意动手帮忙的人，我们能够做到些什么。

---

[1] 隆美尔自己反对坚守塞卢姆的理由，似乎都是无可辩驳的。——原注

结果，由于华盛顿迅速行动起来，又有5400辆军车运抵北非，投入了战场。这些军备极大地改善了我方的交通补给形势，对后来所有的作战行动都产生了深远的影响。这一切，都是在应该会让一些人犹豫不决的情况下完成的；这些人，都把陆军部和海军部说成是两个繁文缛节一大堆、纠缠不清的部门。在英美双方的商船和护航舰船都非常珍贵的一个时期，运送这些军备需要一支特种船队才能完成。萨默维尔将军[1]碰巧造访了我的指挥部，我便向他解释了急需运来这些军备物资的情况。他说，如果海军部能够提供护航船只的话，3天后他就可以在美国的港口将这些军车装船。

我便致电当时正在卡萨布兰卡的海军上将金进行询问，几个小时之后，他便简简单单地回复了一个"可以"。

我第一次提出要求的3个星期之后，这些军车便开始抵达非洲了。

而在隆美尔的司令部里，直到1942年9月提出支援要求的时候，他得到的还是哈尔德将军"情不自禁地露出了一丝无礼的微笑"。

如果隆美尔的要求毫不合理，或者不论有理无理，他都得到了明确告知，这些要求由于其他任务而无法满足的话，那他就不会有任何理由再坚持下去了。事实上，在1942年初，他为了攻取开罗而提出的那一点点额外要求，是很容易满足的。当时，所有的兵力和军需装备都安全地送到了他的手中。在1942年夏末，英军已经重新控制了地中海中部，而护航队也无法毫发无损地经过马耳他之后，他却仍然为凯瑟林和卡瓦莱罗所骗：这两个人都承诺说，他的兵力将会得到补充，而他的军需补给问题也会得到解决。8月27日，就在阿拉姆哈勒法战役开始之前，他们召开了一次会议，两人都曾保证给隆美尔补给6000吨汽油，其中的1000吨将用空运送达。"这就是我的条件，此战全靠它了。"隆美尔如此说道。"您可以继续作战，"卡瓦莱罗回答道，"补给已经在路上了。"这样的保证原本是不该做出的，尤其最不该由凯瑟林做出。凯瑟林元帅比任何人都更加清楚，英国的喷火式战斗机抵达马耳他之后，会带来什么样的后果。

隆美尔手下的参谋曾经怀疑，凯瑟林是在"出卖"他，在不停地向戈林

[1] 萨默维尔将军（James Somervell，1882—1949），英国著名的海军将领，曾担任英国皇家海军"地中海H舰队"司令和"东印度舰队"司令等职，获海军元帅衔，也是一位一流的无线电专家。

说他和“非洲军团”的坏话，同时又用谎言安慰德国陆军司令部，说北非战局一片大好。有人曾经对我说，这种说法冤枉了凯瑟林元帅，因为他也只有经由意军才能采取行动。尽管如此，齐亚诺却在1942年9月9日提到，凯瑟林“匆匆跑到柏林投诉隆美尔去了”。

仅仅一个星期之前，卡瓦莱罗还在“不停地发表非常乐观的看法，说一个星期之后，德军就会重新（向尼罗河三角洲）挺进”。很有可能，齐亚诺自己那种精明的评论，总结得最为一针见血：“胜利总能找出无数原因，失败的原因却只有一个。”实际情况仍然是，自1942年4月起担任南线总司令一职的凯瑟林，当时是隆美尔的顶头上司，是完全可以命令他不要向阿莱曼挺进，命令他不要进攻或者命令他撤退的。

7月底，奥金莱克将军就已准确地判断出，隆美尔一定会在8月末之前发动进攻。他还带着赏识之情地说，隆美尔“几乎不会拥有足够强大的兵力来试图攻下尼罗河三角洲地区，除非他豪赌一把，并且只有在强大的空中掩护之下才能做到”。因为隆美尔部很可能只有在配备了装甲部队的情况下，才拥有一丝丝优势。事实上，在8月31日开始的阿拉姆哈勒法战役中，除了不得不进攻处于防守阵地之上、准备充分的敌军，隆美尔部还有诸多的劣势。尽管兵力数量上稍占优势，可他手下却有6个师的兵力都是意军。那几个意大利师，他都必须用手下唯一的两支增援部队，即第164步兵师和由4个营组成的“拉姆克空降旅”去加强。在火炮和装甲力量方面，隆美尔根本就不占任何优势，英国皇家空军完全掌握了制空权。

阿莱曼位置特殊，几乎不可能实施突袭，而高明的计策也发挥不了什么作用。最后，隆美尔本人因为鼻子感染、肝脏肿大而重病缠身，连走下军车都做不到了；这种情况，很可能是因为他的黄疸病没有得到根治导致的。对于一个在战斗过程中很大程度上靠亲自观察和判断，而不是依靠预先制订好的计划来作战的人来说，这一点或许才是所有不利因素当中最为严重的一个。

隆美尔试图用唯一一种可能成功的方式，来与我方决一胜负：那就是在北边佯攻，在中央进行助攻，而在南边发动主攻。他的目标，是从“盖塔拉洼地”以北突破，然后向北方的沿海进击。他希望通过这种办法来扭转整个战局，就像3个月之前他扭转贾扎拉防线的战局一样。如果做到了这一点，第8集团军群就会陷入德军的包围当中，其交通补给线就会被德军切断。

隆美尔很倒霉，因为这正是亚历山大将军、蒙哥马利将军、奥金莱克将军及他们之前的多尔曼·史密斯将军推断出他要采取的战法。蒙哥马利将军抵达北非沙漠后也马上看出，应对之道就是阻击隆美尔部的左翼，在隆美尔部不敢绕过的阿拉姆哈勒法岭设防，将其装甲部队诱至此处的防御阵地上去。因此，他将整个第44师调来，在阿拉姆哈勒法岭上挖掘战壕，将大炮和坦克部署到位，增援和据守此地。他还巧妙地让敌军缴获了我方的一份“路况”图，图上表明阿拉姆哈勒法岭以南的地面路况很好，可实际上呢，那里却是松软难行的沙漠。

说句对隆美尔公道的话，即便此时他正无助地躺在自己的军车里，他的那种“指尖感”也马上发挥出了作用。“第一天上午，他就想要停止战斗了。”拜尔莱因说，“刚一发现我军实施突袭没有成功，他就想放弃了。是我说服了他，他才允许我继续战斗下去。”（拜尔莱因将军当时暂任“非洲军团”司令一职，因为奈宁将军在8月31日晚的一场空袭中受了伤。）“阿拉姆哈勒法岭的防御工事非常牢固，完全出乎我的意料。”拜尔莱因将军接着说，“可我确信自己能够攻下此地，因此死缠烂打得太久了。”

我给他看了看阿伦·穆尔黑德所著那部传记中的一段，其中描述说，蒙哥马利将军几乎刚一看到地图，就将手指点到了阿拉姆哈勒法岭，拜尔莱因悲哀地摇了摇头。“了不起，了不起，”他低声说道，带着一位职业军人对另一位职业军人的敬佩之情，“的确是非常优秀的将才啊。”[1]

拜尔莱因把其他方面都归功于英国的皇家空军。“我们每时每刻、每日每夜都在遭到猛烈的空袭，”他说，“伤亡非常惨重，超过了其他任何一种原因导致的伤亡。贵方的空中优势极其重要，或许还具有决定性的意义。”他还用粗话骂了凯瑟林元帅一两句，因为后者的承诺中，显然也包括让纳粹空军夺得此地的制空权。

既然没有赌赢，隆美尔便在9月3日开始撤退了。蒙哥马利将军非常聪明，没有试图追击。他可耗得起时间。

三个星期之后，隆美尔平生第一次不得不告病假，飞回德国去接受治疗了；以前，他只有在受伤的情况下才会告假。在塞默林入院治疗前，他

[1] 这个故事似乎有点儿太过具有戏剧性。蒙哥马利将军到来之前，阿拉姆哈勒法阵地早已布设了地雷，做好了一定程度的防御准备。他只是将一份业已存在的作战计划进行了扩充罢了。——原注

还在希特勒的司令部里觐见了后者。他对元首说，“非洲装甲军团”此时正站在亚历山大港的大门前，可除非得到增援，除非军需补给形势得到改善，否则的话，德军就不可能打开那扇大门。最重要的是，要是没有汽油，“非洲装甲军团”就什么都干不了。（齐亚诺在9月2日的日记里如此写道：“两天之内，我方就有三艘油轮被击沉了。”9月3日写道：“我方油轮被击沉的情况仍在继续；今晚就沉了两艘。”9月4日又写道：“今晚又被击沉了两艘。”）

隆美尔又得到了一次保证，这次是来自德国的最高权威。“别担心，”希特勒对他说，“我打算为非洲战场提供所有必要的支援。千万不要担心，我们一定会让亚历山大战事顺利进行的。”接下来，他又主动透露了一个消息，那就是一些小型的、吃水浅的船只，比如登陆艇，已经在大规模生产了，专门用于非洲战事，其中差不多有200艘几乎马上就可以派上用场。

这些船上，每艘都将配备88毫米口径的火炮；与油轮相比，把它们当成靶子的难度要大得多，它们能够在晚上神不知鬼不觉地溜过去；利用这些船只，汽油的问题将会得到解决。1942年希特勒召开过一场关于海军事务的会议，当时会议记录里并没有提到这些船只；因此，希特勒指的可能是那种以其发明者的名字命名的“齐贝尔法伦”轻型舰艇。这种舰艇都非常不适于在海上航行，其中已有的大多在船坞里进行修理，因此它们绝对不可能正在大规模生产。希特勒跟往常一样，是在天马行空地进行想象。

这还不算完，会见结束后，他带着隆美尔走出办公室，给隆美尔看了看“虎式”坦克的原型和“烟雾投射器”的原型；后者是一种威力强大的多功能迫击炮，后来我方在意大利就遭遇过它们。这两种武器也正在大规模生产当中，并且会优先交付给非洲的德军使用。希特勒还说，事实上，大批“烟雾投射器”迫击炮马上就会空运过去，德国已经将所有可用的航空运输手段都用于这一目的了。顺便说一句，德国还拥有了一种新的秘密武器，其威力令人畏惧，爆炸时“会将超过2英里以外的一个人从马背上震下来”。

对于最后这种说法，隆美尔只是一笑置之。不过，希特勒可能并没有说得如此不着边际。在美国新墨西哥州进行的首次原子弹试验中，距爆炸中心4英里远的一栋房屋，竟然被震得从其混凝土地基上挪了2英尺远。至于其他方面，由于亲眼看到了“虎式”坦克和“烟雾投射器”迫击炮，因此隆美尔对元首的承诺深信不疑。这一事实，无疑解释了10月3日他在柏林还对外国记者发表了一场很乐观的演讲的原因。在演讲中，他预言德军很快就会攻入亚历山大港。（冯·托马将军在隆美尔离开非洲的几天之前见过他，当时，冯·托马将军的印象是，隆美尔并非真的很自信，只是话说得很自信罢了；至于目的，就是鼓舞手下官兵的士气，尤其是意军官兵的士气。不过，那是在隆美尔觐见希特勒之前。）直到差不多两个星期之后，隆美尔才开始产生怀疑。他向妻子吐露了自己的疑虑。“我不知道，他跟我说那些话是否全都是为了让我什么都不说。”他若有所思地说，这可是他第一次含糊地对元首产生了怀疑之意。

在此期间，在同一次会面当中，希特勒还决定下来，说隆美尔不应当再回北非去。出院之后，他将受命去指挥位于乌克兰南部的一个集团军群。施图姆将军会取代他的职务，去指挥“非洲装甲军团”。希特勒对隆美尔的身体很是挂念；到一个气候不同的地方去任职，会对隆美尔的身体有所好处，他这样说道。很有可能，他是不希望自己的谎言被隆美尔揭穿吧。

接下来，隆美尔仍在塞默林住院的时候，希特勒又于10月24日的中午亲自给他打了个电话。“隆美尔，非洲那边传来了不好的消息，”他说道，“形势看上去糟糕得很，好像没人知道施图姆是怎么回事。你觉得身体好了没有，你愿意回非洲去吗？”此时，隆美尔还只接受了三个星期的治疗。他仍然病得厉害，完全无法返回北非沙漠去打一场孤注一掷的战役。但他从来都没有想过要拒绝，因为他的心仍然紧紧地系在“非洲军团”身上。第二天早上7点，他便坐飞机走了，途中在意大利停下来，降落在克里特岛，与冯·瑞特伦会晤了一次，讨论了汽油补给的问题，下午8点钟便回到了北非的司令部里。

他回到北非的时候，这场战役已经打败了。“阿莱曼这一场，还没打就败了，”克拉莫将军如此说道，“我方没有汽油。”“隆美尔完全无能为力。”拜尔莱因将军说道，那时他正在休假，过后又多休了两天。“他接过的是一场所有后备力量全都已经用上了的战役，不可能再出现能够改变局势走向的重大决策。”

尽管看似难以置信，但当时德国的情报部门却坚信，英军不可能在10月份发动进攻。10月初的时候，德国陆军司令部还专门派了一位官员前去，如此告知德军。难怪可怜的施图姆将军在蒙哥马利将军发动轰炸行动的24个小时之后，就因为心脏衰竭而去世了。（似乎他是在英军的一次轰炸当中，从车上摔下或者跳了下来，连司机都没有注意到。他的座驾回去了，可车上却没有他；后来手下找到他时，他已经死了。）

为了对施图姆公正起见，我们应该说，他是继承和实施了隆美尔制订的那个防御计划。拜尔莱因曾言之凿凿地对我说，隆美尔离开非洲之前，已经安排好了兵力部署方面的每一个细节。隆美尔之所以采取了一种对自己而言极不常见的做法——分散部署手下的装甲部队，将第15装甲师部署在最北边，第21装甲师则部署在南边，并且这两个师都在防线后方，距防线太近，都拆分成了数个“作战小组”——只可能是因为他信不过意军各师；可他手下的兵力呢，大部分却是意军。

他信不过意军各师是有理由的，由于处在1000多门大炮的火力威胁下，还不停地遭到空中袭击，因此我军发动进攻时，意军心中早就没有剩下多少斗志了。要不是德国的步兵和空降兵散布在他们中间，他们可能会比实际情况溃散得更快。

这一次，蒙哥马利将军的兵力在数量上占有极大的优势，而坦克、大炮和弹药也是如此，数量庞大。阿莱曼战役是一场老式的消耗战，不过，此战远非只是一场“武器兜售”式的战役。此战之前，我方制订了一个极其详细的掩护计划。为了暗示我方会在南方发动进攻，隐藏为在北边发动真正进攻而做的准备工作，同时也为了让南边的部署看上去似乎仍未完成，我方采取了许多最煞费苦心和最具有独创性的措施。在集结区域，我方在坦克上面放置了数百辆假汽车；大炮阵地上停放了众多的假军车，以便夜间可以把大炮调入阵地，并藏在这些假军车的下面；待真的坦克和大炮向前推进之后，我们又在集结待命区用假坦克和假大炮取而代之；南部地区起用了假的军需物资堆集处，但堆集速度显得非常缓慢，似乎要到11月份才能准备就绪；我们起用了一个假无线电网络，收发的都是虚假的消息；我们在相反的方向修建了一条假输油管道，以及假的加油站与油库，并且故意没有完工；每辆军车的调动都受到了控制，防止它们在沙漠上留下泄密的痕迹。英国皇家空军让德国纳粹空军几乎没有机会进行空中侦察，而德国情报部门提供的也都是完全错误的情报；这两个方面让我方如虎添翼，使得这一骗局实施得非常成功，以至于在进攻日期、主攻方向及装甲部队位置等情报方面，我方都让德军完全蒙在鼓里。此外，我方实际上隐藏了第13兵团所在地区以北还有2个师、240门大炮、150辆坦克，更不用说像7500吨汽油等物资装备这样的情况了。

“直到‘D+3’日，敌军才终于集结起所有的兵力，来对抗我方的真正进攻。”陆军元帅亚历山大曾经如此写道。“D+3”日（即10月26日）正是隆美尔接管指挥权的那一天；因此，推测一下，假如他10月份始终都留在北非的话，隆美尔会不会如此完全蒙在鼓里，是很有意思的一件事情。他起码也不太可能那么依赖德国情报部门的报告，因为他最瞧不起德国的情报部门了。

他只对拜尔莱因一个人承认过，此役战败了。可承认归承认，这并没有妨碍到他孤注一掷地想要扳回败局。在北线，第15装甲师已经遭到重创，被打得七零八落，而面对的却是我方第10装甲兵团集中起来的强大兵力。隆美尔将残兵集结起来，令第21装甲师从南线急速进军，命第90轻型师前进，准备在自己刚刚抵达的几个小时之后就发动一场反攻，对英军在北线占据的突出部这一要害发动进击。两天之前，他还躺在塞默林一家医院里的病床上；而这天下午，他却背对着太阳，率领始终追随着他的那两个忠心耿耿的师，发动一场大规模的坦克进攻战。他熟悉地形。他在南下的飞机上，已经抽空思考过了。尽管如此，这样做既体现出了他那种敏锐的理解力，也是一种英勇无畏的努力。

不待双方靠近交火，我方的大炮和空中轰炸便粉碎了隆美尔部的这次反攻。第二天，德军又开始进攻，被我方第2步枪旅和澳大利亚师打退了。隆美尔部的坦克损失惨重，他也完全不可能指望有坦克来补充。随之而来的，就是一场意志坚定、野蛮血腥的战斗；第9澳大利亚师再次向北穿插，成功地击溃了德军的精锐部队。

接下来，蒙哥马利将军改变了进击的方向。11月2日凌晨，他再往南去，进击了德军和意军的接合部。步兵突破了一条长达4000码的防线，为装甲部队打通了道路。可通过这段防线并不容易，在隆美尔惯用的那道反坦克火炮屏障前，第9装甲旅损失了87辆坦克。从打开的缺口中通过的第1装甲师，遭到了德军第21装甲师的袭击。“敌人无疑知道形势岌岌可危，因此战斗时发挥出了长久以来在装甲战方面的经验，拼死一搏。”亚历山大将军在其电报中曾如此说道。有那么一阵子，隆美尔部差点儿就击破我方的那个突出部了。然而，这次“压制行动”却是预示出了最终结局的一种征兆。那天晚上，隆美尔决定撤退。此时，他仍然能够利用手下的交通运输工具，将绝大部分德军撤出去。意军只能徒步撤退，可其中绝大多数官兵宁愿缴械投降，也不愿在长途跋涉的回撤路上，去遭英国皇家空军轰炸的那种罪。11月3日，撤退行动已经开始之后，德国陆军总司令部却发来了一道命令。“形势要求，”那道命令指出，“阿莱曼阵地必须坚守到最后一个人。绝对不许撤退，后退一分也不行！不成功，便成仁！”命令上的签名是“阿道夫·希特勒”。

这一次，隆美尔陷入了两难之境。他明知这道命令很荒唐，服从命令必定会遭受更大的灾难。然而，命令又说得如此明确，令他觉得自己不可能无视这道命令。不顾拜尔莱因的建议，他让人将这道命令发给官兵去传阅。指挥“非洲军团”的冯·托马将军前来请命，要求获准撤到富卡与达巴一线，隆美尔没有批准。尽管如此，冯·托马还是在夜间率部撤退了。“我完全无法忍受希特勒的这道命令。”他说。隆美尔假装对此毫不知情。

第二天上午，冯·托马将军前去证实一份报告的情况；那份报告称，英军的纵队突破了南线，已经挺进到了德军的西边，可隆美尔并不相信。中午时分，由于没有得到冯·托马将军的音信，拜尔莱因将军就开着自己的指挥车，出去找他。快到特尔曼斯阵地的时候，猛烈的炮火使得他只能丢下指挥车，徒步爬到岭上去。

爬到距阵地不足200码远的地方之后，拜尔莱因将军看到，冯·托马将军正站在他那辆起火的坦克旁边。英军的坦克（事实上，这是英军第10轻骑师）已经包围了他。阵地上，德军所有的坦克和反坦克火炮都已被摧毁。拜尔莱因一直等着，眼睁睁地看着英军的军车开上前去，把冯·托马将军押走了。接着，他在没有被人发现的情况下退了回来，回到位于达巴南边的指挥部后，他和隆美尔便得到消息，说我方第10轻骑师的指挥官们都在谈论他们俘虏了一位德军将领的事情。当天晚上，冯·托马将军在蒙哥马利将军的司令部食堂里，与后者共进了晚餐，并且邀请这位第8集团军群的司令战后到德国去，跟他共度一段时间。双方这种彬彬有礼的做法，在英国国内受到了民众的批评，可在非洲战场上，却没有人认为这种做法不合适。

第二天上午，就在“非洲军团”几乎已经全军覆灭的时候，拜尔莱因终于实现了自己指挥“非洲军团”的抱负。“有了希特勒的这道命令，我能怎么办呢？”他问隆美尔道。“我无法授权您不服从这道命令。”隆美尔用一种非同寻常的圆滑语气回答说。不过，要想挽救任何一位官兵，他们就不能服从这道命令。

此时，由于疾病缠身，加上败仗带来的冲击，隆美尔已经身心俱疲。不过，尽管手下发现他如今比平时更加难以应对，隆美尔还是极其巧妙地实施了撤退。这一次，他再也没有了在撤退过程中去进攻追击者的希望了。他手下残存的兵力，加起来也只是稍稍超过了1个混成师罢了；德军只剩下8辆坦克，可英军的坦克却有差不多600辆，他只能尽量保存残余的兵力。他的运气不错，毕竟还能保住部分兵力。要不是11月6日那晚天降大雨，使得沙漠变成了一片沼泽，让我方派去断其后路的部队无法前进，他可能会在马特鲁被我军包围的。假如英国皇家空军当时拥有后来训练出来的“低空扫射”本领，他也不可能逃脱。假如我方的航空运输像斯利姆将军在缅甸那种艰苦得多的条件下开发空运手段那样，得到了充分的发挥，那么我方就会在隆美尔部后方空降装备齐全的部队，并且通过空运获得军需补给，蒙哥马利将军也因为过于谨慎而受到了双方人士的批评。“我认为，巴顿将军可不会让我们那么轻易地逃走。”拜尔莱因说；他后来又在法国作过战，曾将巴顿与古德里安、蒙哥马利和冯·龙德施泰特等将领进行过比较。然而，他又说：“隆美尔在北非干得最出色的一件事情，就是这次撤退行动。”由于第8集团军群在15日内就横扫了从阿莱曼到班加西之间的700英里，由于这一次隆美尔没有获准在阿盖拉据守，因此留给人们批评双方指挥官的机会并不多。

11月8日，盟军在北非登陆，的黎波里马上就变得不怎么重要了。隆美尔没有获得任何增援，因为这些增援兵力通过海运和空运，大批投入了突尼斯。6个月后，这些增援部队全都成了盟军的俘虏。在隆美尔走到最后一刻之前不得不吞下的诸多苦果当中，最痛苦的一枚，必然就是明白在这场注定失败的战役中德国最高统帅部原本可以采取措施、力挽狂澜，可后者却没能采取行动来支持一场注定胜利的战役，并将这两种情况进行比较。11月份，德国最高统帅部空运了两个空降兵团和一个工程兵团到非洲。随后，他们又派遣了一些零散的步兵部队、坦克和炮兵部队，勉强凑合成了一个师。到12月中旬，德军第10装甲师已经抵达。还有一个步兵师，即第334师，在当月下旬也派了过来，他们还从克里特岛调来了一个掷弹兵团。当时，德军似乎还有一个重型坦克营，即装备了希特勒曾经答应给隆美尔那种新型“虎式”坦克的第501营。非常厉害的“赫尔曼·戈林装甲师”，正在前往非洲的路上。除了意军的各支部队，德国在此役结束之前还派遣了一些作战部队，可最终都只是扩大了盟军的战果罢了。五六个月之前，只要有这一半的兵力，隆美尔又有什么做不到呢？

关注隆美尔部的撤退，或者第8集团军群经由的黎波里塔尼亚的进军情况，并没有什么好处。隆美尔部有2.5万名意军、1万名德军和60辆坦克，他是稳稳当当地不断后撤的。一路上，他最巧妙地利用了布设地雷、破坏道路、挖掘陷阱等手段，来拖慢敌军追击的速度。他手下的德军后卫部队，常常都得殊死一搏才能脱身，因为这一次他是派意军打头阵的。一些极其牢固的防御阵地不得不暂时放弃，因为他没有兵力去据守。德军第90轻型师在的黎波里市外停下来进行防御，可曾经在圣瓦勒利吃过隆美尔大亏的我方第51高地师，却坐着坦克一路挺进过来，在一次夜间袭击中击溃了该师，的黎波里没有再进行任何抵抗，就让盟军占领了。1月23日，我方在意大利参战后曾经越过“边境线”给了意军以首次重击的第11轻型师，于黎明时分进入了该市。

没有什么，会比一场漫长的撤退更能考验部队或者指挥官的意志，也没有什么，会比明知战斗的目的只是为了撤退更能迅速地瓦解官兵的士气。隆美尔此时非但疾病缠身，内心也极其混乱。正是在撤退期间，他才明白忠于元首会换来什么样的回报。11月底，他曾经被召回国内去见希特勒，希特勒破天荒地第一次在最著名的一个场合下招待了他。隆美尔告诉他说，北非战局已经毫无希望，因此最好是牺牲掉那里剩下的武器装备，将“非洲军团”撤出来，再到意大利去作战。希特勒却说隆美尔是一个失败主义者，说隆美尔及其手下官兵都是胆小鬼。苏联胆敢提出此种建议的将领，全都被推到墙边枪毙了。他可不愿那样对待隆美尔，但后者最好小心一点。至于的黎波里，隆美尔必须不惜一切代价守住，因为不然的话，意大利就有可能单独与盟军媾和。隆美尔问他，究竟是失去的黎波里好呢，还是失去“非洲军团”好。希特勒厉声回答道，“非洲军团”并不重要。过后，隆美尔第一次对自己的家人说，他已经看清了希特勒蔑视整个德意志民族的嘴脸，看清了他毫不在乎那些为之奋战的人这个事实。尽管如此，当时他还是顶了嘴。希特勒不妨亲自到非洲去看一看，或者派几名亲信前去，告诉“非洲军团”究竟该怎么办。“滚！”希特勒尖声叫道，“我宁愿去干别的事情，也不愿再跟你谈话。”隆美尔敬了个礼，转身便走。他关上门之后，希特勒却又在后面一路跑着追上来，把胳膊搭在他的肩膀上。“您必须原谅我，”希特勒说，

“我现在经非常紧张。不过，一切都会好起来的。您明天再来见我，咱们平心静气地谈一谈。我是不可能希望‘非洲军团’垮掉的。”第二天，隆美尔与戈林一起觐见了希特勒。“放手去干吧，”希特勒对戈林说，“但要确保‘非洲军团’获得隆美尔所需的一切军需补给。”

“包在我的身上，”戈林用德国格言说道，“我一定会亲自处理此事的。”

这位“帝国元帅”[1]带着隆美尔坐其专列前往罗马，并且邀请隆美尔夫人同行。

他们在慕尼黑车站会合的时候，戈林身穿一件灰色且带有灰色丝质翻领的半便服西装。他的领带，用一枚很大的翡翠别针牢牢地夹着。他的怀表盒子上，也点缀着翡翠。他的一根手指上戴着一个戒指，上面镶有一颗巨大的钻石，让隆美尔觉得很讨厌。更招人嫌恶的是，戈林的指甲上竟然涂了指甲油。一有机会，戈林便向隆美尔夫人炫耀他的那个戒指。“您会对这个感兴趣的，”他说，“这可是世界上最珍贵的钻石之一呢。”隆美尔夫人还是第一次遇见这位“帝国元帅”，她也吓了一跳。在火车上，戈林说的全是画作方面的事情。“他们都称我是第三帝国的‘梅塞纳斯’[2]呢，”他一边说，一边描述了巴尔博[3]送给他一尊来自昔兰尼地区的阿弗洛狄忒[4]雕像的事情。反正，一路之上他们没有提到一句关于北非战局的话，而戈林对隆美尔一次次想要将话题从雕像转移到军需补给上去的做法，也毫不理睬。不过，他给了隆美尔一枚镶嵌着钻石的“空军飞行员奖章”，即“空军飞行员十字勋章”，似乎以为那就可以让隆美尔感到满意了。

在罗马，他们在“精益酒店”驻停的时候，情况也完全一样。“戈林什么都没干，只是在搜罗画作和雕塑。”隆美尔带着深深的轻蔑之意说道，

[1] 帝国元帅（Reichsmarschall），“二战”期间纳粹德国的军衔之一，但只有戈林一人拥有，据说是戈林为了满足自己的虚荣心而设立的。

[2] 梅塞纳斯（Maecenas，公元前70年—公元前8年），古罗马皇帝奥古斯都的谋臣兼著名的外交家，同时也是诗人兼艺术家的保护人。据说维吉尔和贺拉斯两位诗人都曾蒙他提携，因此他的名字如今多代指“文学艺术赞助者”。

[3] 巴尔博（Italo Balbo，1896—1940），意大利的“空军之父”，是意大利法西斯政权的核心头目之一，曾担任意大利空军司令等职，是墨索里尼的指定接班人和好友。

[4] 阿弗洛狄忒（Aphrodite），古希腊神话中的爱与美之神，是奥林匹克十二主神之一，在古罗马神话中被称为维纳斯。

“他正在谋划着如何才能用这些东西装满他的专列。他出差的时候从来都不想会见任何人，也从来没有为我做过什么事情。”戈林还对隆美尔夫人说，她的夫君似乎非常消沉。“他通常都不这样，”隆美尔夫人回答说，“他一向都很乐观。不过，他持有一种非常现实的观点。”“哈！”戈林说，“他并没有像我一样理解整个形势。我们一定会照顾好他的，我们一定会为他做到一切的。”接下来，他便自顾自地开始了一段长时间的独白，吹嘘自己获得的成就，以及他的过去、现在和将来。在隆美尔夫人看来，他似乎快要变成一个妄想狂了。将这样一个反常的人与纽伦堡审判中出现在法官们面前那个精明而能干的戈林比较一下，我们不禁会怀疑，他在这一时期是不是重新使用了吗啡。除了艺术，戈林唯一感兴趣的，似乎就只有他的铁路模型了，他还让人给他拍了一张身着警卫制服、手拿绿旗的照片。罗马全城都在流传，说他曾经穿着一袭长袍，去参加了一场晚会。隆美尔忍了3天的时间。然后，他就直言不讳地说：“我在这里完全没有什么作用，只是让我脾气越来越坏罢了，我最好还是回到‘非洲军团’去。”

第二天他就坐飞机走了，当时，他确信戈林已疯，而希特勒也好不了多少，这是他幻想破灭的第二个阶段。

尽管的黎波里落入了敌人手中，辜负了元首的期望，可这并不是隆美尔在北非地区的最终结局。光是在1942年，他的职衔就变动了3次。这一年的1月21日前，他还是“非洲装甲军团”的司令。接着，他变成了“非洲装甲集团军群”的最高司令，并且一直担任此职到10月24日。施图姆去世之后，隆美尔返回阿莱曼时，他的职衔则成了“德意装甲集团军群”的最高司令。2月22日，“非洲集团军群”组建，他又受命成了这一集团军群的司令。“非洲集团军群”下辖：冯·阿尼姆将军指挥的第5装甲军群，该军群由匆匆赶往突尼斯的新增部队组成；梅西将军指挥的第1（意大利）军群，该军群由两个意大利兵团，即第20兵团和第21兵团组成；还有业已被我军赶出了利比亚的“非洲军团”。实际上，第1意大利军群就是原来的“德意装甲集团军群”，只是换了个新的番号罢了。因此，他非但没有被“推到墙边枪毙掉”，反而是升了职，成了“轴心国”驻突尼斯所有部队的司令。德国最高统帅部仍然认为，德军可以在突尼斯和比塞大附近固守一个据点，让大批盟军受到牵制而无法调动，就像第一次世界大战中萨洛尼卡[1]时的情形一样。令人惊讶的是，指挥权竟然交给了隆美尔；可隆美尔呢，他根本就不相信会有这样的好事。

尽管如此，在宣布就任新职之前，他还是短暂地表现出了自己原来那种真正的风格。此时，隆美尔部已经从的黎波里撤退到了“马雷特防线”。这是一个异常牢固的阵地，可以说是另一个阿莱曼，但准备工作做得比阿莱曼更加精细。在此修筑防御工事的法军，曾把这里当成一条非洲的“马其诺防线”，想抵御意军从利比亚发动的进击；他们认为，正面进攻是无法拿下此地的。他们还称，这里也无法迂回过去，因为往西走是“不可思议的”一件事情。反正，绕过这里就意味着要迂回150英里。隆美尔正确地判断出，蒙哥马利将军要过上一阵子才会仔细考虑这个问题。由于隆美尔从来都没有长时间地丧失过进攻精神，并且不提倡坐在那里等着敌人来进攻，所以在此期间，他也四下看了看，找了点儿事情做。他并非一定要去攻打第8集团军群，因为那里还有盟军的第1集团军群；一旦他再次与蒙哥马利将军交上手，盟军的第1集团军群无疑就会去偷袭他的后方。

他精准地选择了最容易进攻的地方。第1集团军群那个战区的南部，也就是加夫萨和丰杜克之间的“法伊德平原”的对面，驻扎着美军的第2兵团。该兵团背后，就是“凯塞林隘口”。那里的防御阵地，准备工作做得很粗糙。美军的第1装甲师分散驻扎在阵地后面，一半向南，朝着丰杜克；我方的情报部门确信，任何进攻此地的行动必定都会以失败告终。尽管美军并不缺乏勇猛之气，并且学起东西来也很快，可此时的美军既无经验，也没有经过考验，而他们的指挥官也还没有打过一场现代战争。

他们就是送到隆美尔嘴边的猎物。隆美尔已经撤出了对他忠心耿耿的第21装甲师，并且用派来增援突尼斯的一个独立坦克营，给该师重新装备了坦克。有了差不多100辆坦克之后，在“斯图卡式”俯冲轰炸机的支援下，他于2月14日对美军第1装甲师发动了进攻。前沿阵地很快就被攻下，隆美尔率领手下的装甲部队，穿过了“凯塞林隘口”那些在匆忙中修建起来的防御工事。美、英、法三国部队相互混杂的情况，让局势变得更加混乱了。盟军

---

[1] 萨洛尼卡（Salonica），希腊第二大城市，是中马其顿大区和萨洛尼卡州的首府。第一次世界大战中，“协约国”的大批远征军曾登陆此地，将其当成基地，来抵抗亲德的保加利亚。

“没有相互协调的防御计划，指挥方面完全不明确”。德军撕开了一个大口子，深入突进了盟军的防线。隆美尔手下的部队几乎毫发无损，打开了面前的那片原野和少数几处天然屏障，一直向北进击。他完全有可能扭转整个突尼斯战线的局势，就算不会导致我方惨败，也会导致我方全面撤退。这一次，又是贾扎拉防线发挥了作用。

亚历山大将军接过此役指挥权的时候，北非的战局就是如此。“我很清楚，”他曾写道，“尽管隆美尔在准备进击英军的时候，最初的意图只是想给第2兵团一次重击，从而确保德军右后翼的安全，可如今他有了更宏大的想法。根据以往的经验，我知道他这个人向来都会用尽一切手段，充分利用自己的胜利，以至于到了鲁莽的程度；更何况，此时战术上有可能获得胜利的前景，正在他的眼前闪闪发光呢。”

2月20日，形势非常糟糕，以至于亚历山大将军不得不给蒙哥马利将军写信，要求后者采取行动来扭转战局。后者马上表示同意，说他会采取行动。“隆美尔很快就会像个泼妇一样，在我们的包围圈中到处乱蹿的。”他还说。多亏了亚历山大将军具有出类拔萃的将才，他准确地判断出，隆美尔会转而北击，因为那里的战利品最具诱惑力；所以，两天之后，我方便阻住了德军的继续突进。隆美尔部秩序井然地撤退回去，只损失了9辆坦克，同时还埋设了大量的地雷来阻止我方追击；我方俘虏的，也是一些刚刚来到北非参战、军心动摇的新兵。

“凯塞林隘口一战，让我多次遇到了令人忧心的形势。”在电文中，陆军元帅亚历山大如此说道，“就像他向阿莱曼进击的时候一样，隆美尔对一开始获得的巨大成功利用得太过火了，从而使自己陷入了一种比以前更加糟糕的处境。他努力夺取巨大的胜利这一点，可以说是无可指责的，因为在这两场战役中，他的确差点儿就胜利了；只不过，这两场战役的最终结果都对他具有同样的灾难性。”美国首次投入了大批军力在这一地区参战，对隆美尔而言，自然也是一个“坏消息”。在文集当中，他曾如此写道：

> 从美利坚合众国让世人在战争舞台上感受到该国拥有巨大的工业生产能力的那一刻起，我们就不再有获得最终胜利的机会了。即便是我们占领了整个非洲大陆（只要有一个小型的据点，继续给我方提供良好的作战机会就可以做到这一点），只要美国能够投入军备物资，我方最终也必定失败。战术

本领只能延迟我方溃败的时间，却无法扭转这个战区的最终宿命。

在谈到1943年2月22日塔拉附近进行的各场战斗，以及他与凯瑟林元帅、冯·阿尼姆上将之间的分歧时，隆美尔如此写道：

如果不考虑他的实际功过，可以说陆军元帅凯瑟林根本就不了解非洲战区的战术条件与作战条件。他持有盲目乐观的看法，对我方战胜美军的重要意义产生了一种自己的幻想。尤其是，他认为日后将出现战胜美军的更多机会，认为美军参战的意义不大。尽管美军还无法与第8集团军群的精锐，无法与那些身经百战的老兵相提并论，可美军的武器装备精良得多、充足得多，战术指挥方法也要灵活得多，这一点却弥补了美军经验不足的短板。

他还在回顾非洲的各次战役时说：

真正令人称奇的是，美军迅速适应了现代战争。加上他们极其实事求是，注重实效，浑然不知那些传统的和无用的理论，在这个方面也发挥出了重要的作用。

差不多就在此时发生的一件事情，说明了退却既未让隆美尔丧失勇气，也没有改变其作战习惯的事实。证明这一点的人，就是吕弗勒博士；他在纽伦堡审判中担任德国的法律顾问，此时正在突尼斯的坦克部队里服役，亲眼目睹了那件事情。冒着猛烈的炮火，隆美尔开着他的指挥车，驶向一个坦克营的营长；当时，那位营长正坐在自己的坦克里，停在一座村庄的入口，坦克的顶盖关着，隆美尔敲了敲坦克。

顶盖打开之后，隆美尔问那位营长道：“你在干什么？”那位军官回答说：“我没法继续前进。”就在此时，英军的炮兵一阵齐射，炮弹在坦克四周纷纷爆炸。那位营长赶紧关上了坦克的顶盖，以为隆美尔肯定被炸死了。

10分钟后，坦克顶盖上又传来了一阵敲击声，那是隆美尔，他已经开着指挥车到村里跑了一趟，并且返回来了。“你说得很对，”他说，“街道那头有4门反坦克火炮。下一次你不妨亲自过去，打探出这种情报。”

这是隆美尔在非洲的倒数第二战。最后一战，就是3月5日进行的缅地因[1]之战。此战中，隆美尔部耽搁了好几天，因此没能打蒙哥马利将军一个措手不及。待德军第15装甲师和第21装甲师投入进攻的时候，我方就有一支强大的兵力在等着他们了。阿拉姆哈勒法战役的那种场景，再一次出现了。“我方步兵据守阵地，抵挡敌方步兵与坦克的猛烈进攻，既无铁丝网保护，埋设的地雷也不多。”时任第8集团军群参谋长一职的德甘冈少将曾称，“部署的反坦克炮是用来摧毁坦克的，而不是用来保护步兵的，集中使用我方火炮的后果是毁灭性的……这是一场打得非常完美的防御战……隆美尔部连楔入我方阵地这一点都完全没有做到。”隆美尔一开始投入战场的那140辆坦克中，损失了52辆。英军官兵的伤亡数为130人，没有损失坦克。德甘冈将军称，被俘的德军报告说，当时隆美尔在战场上到处跑，想要激发官兵的斗志，并且向官兵们强调此战的重要性；不过，他此时明显就是一个重病缠身的人，脖子上缠着绷带，脸上长满了沙漠导致的疮疡。亚历山大将军引述过一名目击证人的话，说隆美尔曾经对停在他身边不远处的一支分遣队说，除非他们打赢这一仗，否则他们在非洲的最后一丝希望都没有了。

一个星期之后，他动身回德国去了。至于他为什么会在“马雷特防线”一战之前突然离去，人们给出了各种各样的解释。比如，艾森豪威尔将军曾如此写道：

> 隆美尔本人在最后覆灭之前逃跑，显然是因为他预见到了不可避免的覆亡结局，并且真的希望自己能够逃过一劫。

事实上，隆美尔的确预见到了必然出现的那种结果。不过，任何一个跟他一样、职业生涯已经达到了此种高度的人都不会相信，从他从军的那一天起，对于自身安危的考虑会影响到隆美尔的任何一种行动。据说，当时是意大利人要求他引退，可我找不到任何证据来证实这一点。德方对隆美尔回国一事曾经给出过两个理由，那就是他身体不好，需要进一步进行治疗；这种理由，似乎更合理一些。还有人说，是希特勒命令隆美尔回国的，因为他担心隆美尔若是被俘的话，会对德军的士气带来可怕的影响。由于希特勒此前还没有开始意识到突尼斯战局已经一败涂地，并且仍然在酝酿对卡萨布兰

[1] 缅地因（Medenine），突尼斯东南部的一个重要城市。

卡发动进击，因此他是不可能这样做的。事实上，直到5月8日，德国最高统帅部才发布此时应当放弃非洲、德意两国部队应当从海路撤退的命令。到了此时，与希特勒下过的许多命令一样，这道命令德军也没法再服从。4天之后，德意两军就缴械投降了。

隆美尔家人给出的解释，则直接来自于隆美尔本人；他们称，隆美尔是在没有接到命令的情况下，自作主张飞离北非的，目的是再次恳请希特勒批准他以牺牲掉那里的军需装备为代价，救出北非的德军官兵。希特勒再次拒绝了他的要求，并且再次说他是一个失败主义者和胆小鬼。接下来，隆美尔提出返回非洲，确保那里的官兵和他一起战斗到底的要求，可希特勒也没有批准。我找不出任何理由来质疑他们的说法。

"非洲军团"也没有忘记隆美尔。原属其手下的各个师，始终都在顽强作战，就像在他的指挥之下一样，直到最后一刻。他留在对手记忆里的形象，也没有马上消退。在《胜利行动》一书中，德甘冈将军曾经提到，他在"马雷特防线"一战之前就离开了非洲，可他此时提起德军时，说的仍然是"隆美尔部"，或许是出于下意识吧。

突尼斯陷落之后，隆美尔曾经被召到"狼穴"去，那是位于东普鲁士拉斯腾堡的希特勒司令部的代号。当时希特勒似乎已经绝望，可情绪却较为理智了。"我原本应该早点听从您的建议，"他说，"如今非洲已经落入敌人手中了。"隆美尔站在德军的整体立场说话，突然问元首道："您真的认为我国能够实现我们致力的目标，取得彻底的胜利吗？""不！"希特勒回答道。隆美尔继续追问他。"您知道战败会有什么后果吗？"他问道。"知道。"希特勒回答说，"我知道必须与一方或者另一方讲和，可没人愿意与我讲和啊。"在对妻子和曼弗雷德描述这次会见的情形时，隆美尔曾说，希特勒就是现代版的路易十四[1]，完全无法将自己的利益与德国人民的利益区分开来。希特勒从来就没有想过这一点：如果自己成了和平的绊脚石，他完全可以下台让贤啊。隆美尔还说，只有在希特勒彻底沮丧的时候，才有可能与他进行理论。一旦身边再次围满了阿谀奉承之徒，安慰说他掌握着整个世界的生杀大权，希特勒马上就像彻底变了个人似的。虽说为时已晚，可隆美尔也终于认识到，仇恨就是让希特勒形成了那种性格的主要原因。恨一个人

[1] 路易十四（Louis XIV，1638—1715），法国波旁王朝在位时间最长的君主之一。

的时候，他的仇恨之情会激昂狂热。他无法控制或者约束自己，一心只想杀戮。后来，曼弗雷德一直都记得这次谈话，如今也还历历在目呢。

据亚历山大将军称，4月6日，在瓦迪阿卡里特，德军第15装甲师与第90轻型师"打了可能属于他们的杰出职业生涯中最精彩的一仗"；德军虽然暂时避免了溃败，但无法挡住我方第1集团军群和第8集团军群会师。4月29日，前述这两个师与第21装甲师一起，"继续表现出了一种优异的战斗精神"，但损失惨重。4月30日，我方第1集团军群必须获得第8集团军群中精锐部队的支援才行了。蒙哥马利将军挑选出了第7装甲师、第4印度师和第201近卫旅。其中的两个师，就是在韦维尔将军的指挥下，曾经为英军在非洲赢得了首次胜利的那两个师。5月7日，隶属于第7装甲师的第11轻骑旅，就是那些原汁原味、如假包换的"沙漠之鼠"，进入了突尼斯。5月12日，在昂菲达维尔以北的山丘打了最后一仗之后，格拉福·冯·施波内克将军率领德军第90轻型师，向自己的老对手弗赖伯格将军及其指挥的新西兰师缴械投降。这样，"非洲军团"唯一的余部就在没有司令官的情况下，成了盟军的俘虏，北非沙漠的战事结束了。

至于北非战役的定论，则是陆军元帅凯特尔在临终前的忏悔中说的：

> 我方错过的最好机会，就是阿莱曼战役。可以说，在那时的战争氛围下，我方比以前和以后的任何一个时期都更加接近于胜利。当时，我方几乎不需要什么条件，就可以占领亚历山大港，然后向苏伊士和巴勒斯坦推进……

然而，哈尔德将军却仍旧顽固不化，他写了一部夸夸其谈、水平很差的作品《将领希特勒》，目的就是将德国战败的责任全都推到元首身上，为德军总参谋部开脱罪责，还向世人表现出了一种新型的"背后捅刀"行径；在这本书中，他仍然坚称，"在北非打败英国是不可能的"。德军不可能从英国手中夺得地中海上军需供应线的控制权。德国的潜艇到达北非时，损失率达到了50%，事实上，60艘德国潜艇中，只损失了2艘。英国可以经由红海，获得所需的一切补给物资，他可没有提到，英军的所有补给都必须绕道好望角这一点。"从一开始起，这就只是一个时间的问题……"英军的运气很不错，因为德军总参谋部培养出的，一向都是哈尔德这样的人。

第十章　大西洋壁垒

隆美尔在1943年夏末的处境可谓优渥得很，当时正在苏联前线作战的许多德国将领，都会很乐意跟他交换的；当时，他在意大利北部指挥“B集团军群”，司令部则设在距加尔达湖不远的地方。从北非回来后，他先是在塞默林住了六七个星期的院，接下来又被委任为希特勒司令部的“军事顾问”。当时有一种传闻，说在丘吉尔先生的坚持下，盟军打算经由巴尔干半岛，对欧洲大陆发动入侵行动；于是，希特勒便派隆美尔前往希腊。可隆美尔刚在雅典待了24个小时，德国便获知了墨索里尼在7月25日已经下台的消息，因此元首赶紧又给他打电话，把他召了回去。当时，德军正在慕尼黑附近组建“B集团军群”，因为希特勒已经开始怀疑意大利打算投降，或者有可能变节了。

待隆美尔偕同约德尔将军前往巴多格里奥的司令部，商讨往意大利派遣更多兵力一事之后，希特勒的这种疑虑就变得更加强烈了。巴多格里奥的参谋长罗阿塔将军不遗余力地阻挠此事，说这样做会极不得意大利人民的民心。此人还反对约德尔将军要在其兵营里安置一个党卫军护卫队的做法。他质问说，约德尔有什么权力将“具有政治性质的兵力”带入意大利呢？假如有人给约德尔将军派去一个犹太连当警卫，约德尔将军又会怎么说呢？当时，约德尔已经得到密报，说意方准备毒死他和隆美尔两人，因此他什么也没说，只是让党卫军不离他的左右。隆美尔判断，“B集团军群”越早调入意大利越好。9月9日上午我看到的，正是隆美尔手下的“虎式”坦克；当时，它们正沿着里韦尔加罗路进军，去占领皮亚琴察[1]。

前一天晚上，我们这个战俘营公布了停战的消息之后，我赶忙在看守那

[1] 皮亚琴察（Piacenza），意大利北部艾米利亚-罗马涅地区的一座城市，是皮亚琴察省的省府。

里买了一件破旧得厉害的羊驼呢西服和一顶大草帽。9月9日这天上午，我是出来“侦察”和察看情况的；当时我天真地以为，自己从上到下都像一位意大利农民，就靠在一座果园的墙上，沐浴着阳光，享受着16个月来首次获得自由的滋味。

在那个宁静的乡村里看到德军的坦克，是极其令人生厌的一件事情；而几分钟之后，两名持着冲锋枪的党卫军士兵又出现在果园里之后，就更是如此了。我不得不赶紧溜到葡萄藤下，从那里穿过田野，跑回战俘营里去通报这一消息。后来我得知，那天凡是见过我的人，全都认出了我的身份，全都不知道我为什么会穿着一身“阿尔弗雷多牌”二流西服；万幸的是，那两名党卫军士兵没有看到我。

即便是身处战俘营里，我们也已得知，德军准备对投降的意大利人进行疯狂的报复；可我方的情报机关呢，显然并不清楚这一点。看管我们的一名守卫很胆小，他至少在两个星期之前就告诉我们说，德军各师正在源源不断地越过勃伦纳山口[1]。我们没有料到，德军在本地的报复行动来得如此迅速。实际上，我们中有些人还希望当天下午就坐上火车，从皮亚琴察前往罗马和意大利南部呢。我们这些人差不多都是在北非战场上被俘的，因此若是得知那些德军是由隆美尔指挥的话，我们就不会那么乐观了。（如今我们仍然觉得，停战的时候，关押在意大利境内的5万名英军战俘竟然没有收到任何命令或者任何情报，这是一种奇怪的疏忽。结果就是，绝大多数战俘服从的仍是6个月前那道“留在原地待命”的命令，因此后来都被押往了德国。盟军同巴多格里奥的谈判，从7月底一直持续到了9月份，原本应当想到我们这些人的。）

除了时不时地对山区进行扫荡，隆美尔手下的部队并没有过度地到处搜捕我们。在北非沙漠时，隆美尔行事的先后顺序是：（1）汽油和燃油；（2）水；（3）食物；（4）俘虏。“我们可以过后再来带走他们。”他经常这样说。显然，如今他仍然遵循着这一习惯。德军一旦牢牢地掌控住了意大利北部，他们对掠夺这个前盟国的食品、机械，以及把年轻人押往德国劳改营去的兴趣，似乎就要比围捕那些仍然在逃的零散战俘更大了。

可纯属性格使然，隆美尔对这个舒适安逸的职位感到厌倦了。很可能，

[1] 勃伦纳山口（the Brenner），意大利与奥地利两国交界处的一个关隘，是连接意大利与欧洲腹地的重要通道，多拼作the Brenner Pass。

他并不希望再次回到凯瑟林元帅麾下去效力；他希望的，无疑是去指挥另一场战斗。在意大利的湖泊之间避暑，可不是他心目的战争。

而且，就在停战之后不久，他便跟党卫军以及指挥党卫军部队的赛普·迪特里希产生了矛盾。从米兰和意大利的其他北部城市，都传来了党卫军大肆劫掠、实施暴行的报告。隆美尔一方面对这些事情感到愤慨，另一方面又因为他没有获准去干预党卫军的纪律而深感恼火。他提交了一份长长的名单，列出了那些应当受到惩处的党卫军军官；并且，由于起码还能自主掌控手下部队的驻扎地点，因此他命令党卫军部队撤出米兰。“如今米兰的形势如何，陆军元帅？”前往意大利进行视察的希姆莱曾经问他。“自从我们把党卫军调出去之后，就好一些了。”隆美尔回答道。然而，党卫军却没有那么容易服输。隆美尔向党卫军的一位将领发了牢骚，指责党卫军到处劫掠之后，由于知道隆美尔有集邮的爱好，这位将领竟然挑衅地送了他一本（劫掠得来的）精美邮册。

因此，在11月初得知元首给他派了一个特别的任务之后，隆美尔总算是松了一口气。希特勒委任他去西线视察沿海地区的防御工事，从斯卡格拉克湾[1]一直巡察到西班牙边境，并且将这些地方准备抵抗入侵的情况报告给元首。显然，他需要有人为他提供海军方面的一些专业建议。隆美尔的参谋长高西将军在北非时一直跟在他身边，直到1942年5月31日受了伤，他正好认识一个这样的人物。此人就是海军中将鲁格，当时他正担任德国驻意大利海军司令一职，以前还担任过扫雷舰队的司令（第一次世界大战结束后，鲁格曾经因为在斯卡帕湾[2]里参与了凿沉德国舰队一事而被拘禁过）。高西将军见过鲁格，并且很喜欢他；于是，隆美尔便根据高西将军的推荐，请来了此人。实际上，他们也不可能找到更加合适的人选了。海军中将鲁格如今仍然住在库克斯港[3]，给英国的海军军官教德语，他是我们往往都会以为只有英国海军中才有的那种军官。事实上，各国海军中都有这种军官，因为他们身上的特点都是经过早期训练、纪律和大海磨炼出来的。由于此人聪明、精

[1] 斯卡格拉克湾（Skagerrak），丹麦日德兰半岛与挪威南部之间的一条海峡。

[2] 斯卡帕湾（Scapa Flow），英国苏格兰最北端的一处半封闭海域，是一个优质的天然港湾。第一次世界大战结束后，德国海军的主力舰队70多艘舰船被扣押于此。由于担心这些舰艇被协约国没收和瓜分，舰队司令路德维希·冯·鲁伊特决定将它们全都凿沉。后来，总共有53艘舰船被凿沉，而参与此事的德国海军官兵也被英国拘禁。

[3] 库克斯港（Cuxhaven），德国濒临北海的一个港市，是该国第二大渔港。

力充沛并且诚实正直，因此隆美尔立马就喜欢上了他，而他也变成了隆美尔的密友与挚友。那么，从鲁格这一方来看，这位海军中将为什么会在与隆美尔首度会面时就感到非常轻松，即便是身为陆军元帅的隆美尔出其不意地返回司令部，发现鲁格身穿一件旧双排大衣、脖子里围着一条围巾时，也是如此呢？正是他对这个问题的回答，才让我能够评价隆美尔；或许，他的回答将来还有助于向许多读者说明隆美尔是个什么样的人，“他是我们在海军而不是在其他兵种中更常碰到的那种人。”海军中将鲁格说。记住了这一点之后，我再次看了看隆美尔那张戴着帽子的照片，回想起听到的关于他的所有故事，他性格中那些点点滴滴、零零碎碎的方面，似乎就各得其所了。或许，是由于我的父亲曾经是一名水手，我小时候很多时间都是在海上度过的，所以我才觉得，如今终于能够理解这位非同寻常的德国将领了。在接受最后这次任务之前，隆美尔几乎没怎么见过大海。不过，如果按照纳尔逊[1]手下那种海军军官和普通号兵的标准来看，既粗鲁、顽强而无情，却并非没有侠义精神，那么隆美尔是完全符合这种标准的。

隆美尔在北非沙漠和其他任何地方呈现出来种种品质，并非只是海员才具有，陆军士兵也可以敢作敢为、果断坚决、不知疲倦和勇敢无畏。他们可能头脑敏捷、思维清晰，但没有太多的书本知识，对艺术也不感兴趣。他们还有可能态度粗暴、说话直快、受不了无能的人，并且急不可耐地想要在工作中取得成就。不过，倘若再加上隆美尔其他的一些特点，比如他在即兴设计机械设备时的心灵手巧和本领，比如他的极其简朴与瞧不起“花架子”，比如内心深处无意识地具有一丝轻微的清教徒主义，以至于没有人觉得可以当着他的面说脏话，尤其是他强烈地热爱家庭和家人，那么这一切就会让我想起自己的父亲及其同辈，就像他们那双清澈的蓝色眼睛和眼睛周围的密纹给我的感觉那样强烈。他在北非沙漠里俘虏的海军上将沃尔特·柯万勋爵，已经年届72岁高龄，却还在一个印度装甲团里服役，后来又跟我关在同一个战俘营里；此人或许不会理解这样一种类比，但我可以说，他和隆美尔就像是两个相互咆哮、谁也不准备后退一步，却完全惺惺相惜的两个人。实际上，他们在很大程度上都属同一类型；至于海军中将鲁格呢，尽管脾气没有

[1] 纳尔逊（Nelson，1758—1805），18世纪末19世纪初英国著名的海军将领和军事家，在1805年的“特拉法尔加海战”中曾率英国皇家海军击溃法国及西班牙组成的联合舰队，从而迫使拿破仑彻底放弃了从海上进攻英国本土的计划，但他自己却在战斗过程中阵亡。

那么暴躁易怒，但完全就是第三个这样的人。

11月10日到岗报告之后，鲁格就被隆美尔派往柏林，去搜集他能够找到的所有地图、图表和情报。那些材料全都搜集齐整之后，却在一场突袭当中被毁掉了。直到12月初，他和隆美尔才能够在丹麦开始工作。视察丹麦沿海，花了他们10天的时间。接下来，隆美尔将“B集团军群”的司令部搬到了枫丹白露[1]，开始仔细巡查法国的沿海地区（德属北海湾的巡查不在他的任务之内）。自1940年以来，他就没有到过法国；因此，他看到的或者没能看到的一切，全都让他大吃了一惊。德国的宣传机器已经成功地让本国民众和同盟国留下了深刻印象的、那道了不起的“大西洋壁垒”，竟然是一种假象，竟然是一圈有名无实、盟军可以一跃而过的防线。

诚然，德国海军已经修建了许多炮台，来保护一些主要的港口。这些炮台，在一定程度上也由“陆军海岸炮兵部队”的炮阵连成了一体。但是，海军的大炮都有钢制塔顶保护，可陆军炮兵部队的大炮却只是部署在战壕里，上面根本没有修建用于抵挡炮弹或者炸弹的顶盖。海军中将鲁格解释说，陆军司令部不愿意将大炮部署在混凝土工事里，因为那样的话，大炮的火力范围就会受到限制。自1942年以来，钢铁稀缺的情况，也使得陆军不可能获得必需的炮塔。至于沿海一系列的战略要地，许多据点根本就没有构筑混凝土掩体，从奥恩到维尔之间的沿海据点，这种掩体缺乏的情况尤其严重。即便是有掩体，上方的混凝土顶盖也只有60厘米厚，因此在对抗可以预计到的那种初期空中轰炸时，将毫无用处。

连在据点周围布设雷区这样的基本预防措施，也被人忽视了。在3年的时间里，德军只埋设了170万颗地雷。隆美尔抵达那里的时候，每个月的地雷供应量只有4万颗，仅仅是我方1941年在塞卢姆—哈勒法亚陡崖下面埋设量的零头。海面低水位以下并没有布设浅水水雷，而朝向大海那一方部署的雷区也不足。海滩上的障碍属于最原始的那一种，对付坦克完全无效；就算是用来对付步兵，也没有太多用处。事实上，迄今为止，德国并没有严肃认真、齐心协力地让法国沿海进入一种抵抗入侵的态势。直到盟军袭击圣纳泽尔与迪耶普两个港口城市之前，德军都没有在各个港口外采取防御措施，而袭击过后采取的补救措施也是敷衍了事。

---

[1] 枫丹白露（Fontainebleau），法国巴黎北部的一个市镇，法国历代君主的城堡和宫殿“枫丹白露宫”就位于那里。

海军中将鲁格把责任归咎于那位负责的总工程师，说他不胜任自己的工作。此人深陷在具体事务当中，从来没有制订过一种清晰的整体规划。“他并不是一个能够将陆军与海军两种不同的观点协调起来的人。”德国最高统帅部没有监督他的工作，同样也有责任。由于没有来自上峰的督促，因此各个地方指挥官都松懈怠惰，多干少干都是自作主张。实际上，法国已经变成了一些疲惫的将领、一些从苏联战场撤回来的疲惫之师进行休整的温柔之乡。常备的卫戍部队，是由一些战斗力非常薄弱的“分类”部队组成的，而指挥他们的也是喜欢到这种部队里去的军官。曾经构筑过“齐格菲防线”的“托特组织”[1]，此时正在德国国内修复被炸弹损毁的地方。

我们可以想见，隆美尔开始一本正经地要将这一切纠正过来。他从圣诞节之前就开始了，率领手下开着车长途跋涉，来到沿海的各支部队以及所有的指挥部，一直下到了各个师指挥部。白天，他视察各种防御工事；而当冬日下午天早早地黑了下来，让他没法再在户外工作之后，他又召开了一场场会议。“他起得很早，”海军中将鲁格说，“一路上走得很快，眼光非常敏锐，似乎有一种能够看出某些地方哪里不对的本能。在那年冬天一次典型的视察过程中，我们深夜才到达佩皮尼昂。第二天早上6点钟，我们便离开了那里，连早饭都没有吃。我们开着车在雨雪当中前进，下午2点钟就到了巴约纳。才过了1个小时，接到了当地指挥官的报告之后，我们没吃中饭就走了，前往西班牙边境上的圣让德吕兹。在那里，我们视察了炮兵部队。晚上7点钟，我们抵达了波尔多，与冯·布拉斯科维茨将军开了一个会。晚上8点，我们花了1个小时去吃晚饭；这可是一整天来，我们吃的第一顿饭呢。9点钟，我们再次开始一心扑在工作上，可惜的是，那位总工程师竟然趴在桌子上睡着了。”对于沿海地区那些安逸惯了的官兵来说，隆美尔就像是北海上一阵冰冷刺骨和令人讨厌的寒风，向他们吹了过去。

至于自己的司令部（此时，他已经把司令部搬到了巴黎西北的拉罗什盖恩），他却很少待，只是晚上去看一看。他的司令部设在一座精美的古老城堡里，其中的一点一滴都有着悠久的历史，因为那座城堡曾经是罗什盖恩公

---

[1] 托特组织（Todt Organisation），由纳粹德国工程师兼高级官员弗里兹·托特（Fritz Todt，1891—1942）建立的一个建筑工程组织，负责纳粹德国劳动力和各项工程建设的运作。文中提到的“齐格菲防线”（Siegfried Line），就是第二次世界大战开始前，该组织在纳粹德国西部边境构筑的、用于对抗法国“马其诺防线”的一道防御线。

爵拉·罗什富科[1]的；可这一事实，他却一点儿也不感兴趣。在很长的时间里，手下的人也没法说服他到圣米歇尔山[2]上去走一走，放松放松。待海军中将鲁格终于把他拽到那儿之后，他虽然说此地“是一处很好的防空壕”，但据鲁格说，他还是高兴地在那里到处走了走。另一方面，他根本就不需要别人劝说，就到巴黎去了两次，去检查德国技术人员修建的一座旋转炮塔。

可惜的是，隆美尔根本就没法放手去干。他无法直接对部队下令，只能向西线总司令（即陆军元帅冯·龙德施泰特）或最高统帅部提出建议。由于他是根据希特勒的亲令行事，同时又服从冯·龙德施泰特的指挥，因此办事效率不可能很高，而出现一些摩擦也是在所难免的。实际上，冯·龙德施泰特与隆美尔两人的关系，比人们可能料想的情况要好。冯·龙德施泰特是一位具有贵族气派、很有威严的老派德国军官，是一位很有本事的正统战略家。对于一个平步青云、没有经过职业训练，并且最近也没有在欧洲打过仗的陆军元帅来到自己的地盘，他原本是有可能心生不满的。这种界限不明确的安排，原本就具有让他们之间产生激烈争执的祸根。幸好，冯·龙德施泰特完全不像他的外表那样顽固不化，还具有一种很好的幽默感。隆美尔去世很久之后，他还对林德尔·哈特上尉说过，自己对隆美尔根本就没有什么怨言，“不管什么时候，我下的命令他都服从……我认为他其实并不胜任统帅之职，可他是一个非常勇敢的人，也是一位非常能干的指挥官。”

可这一点，并没有改变这样一个事实：虽说这位西线总司令在1942年初上任伊始，就像隆美尔一样敏锐地看出了“大西洋壁垒”的缺陷，可他却认为，德国是不可能加强这道壁垒，使之变成一道真正能够抵挡盟军入侵的屏障的。他觉得，什么都无法阻止盟军的大规模登陆，结果，他并没有加快防御工事的构筑速度。只是到了1944年初，隆美尔才想尽千方百计，获得了独立的指挥权。1月底，他被任命为从荷兰到卢瓦尔河一线的德国陆军集团军群总司令，这些部队，包括占领了荷兰之后，据守从荷兰边境至塞纳河一线的第15集团军，以及据守塞纳河至卢瓦尔河一线的第7集团军。布拉斯科维茨将军指挥的“G集团军群”，下辖防守比斯开湾到比利牛斯山脉的第1集团

[1] 拉·罗什富科（La Rochefoucauld，1613—1680），法国公爵，古典作家、军人兼政治家，著有《箴言录》（亦译《道德箴言录》）。

[2] 圣米歇尔山（Mont St. Michel），法国芒什省距海岸不远的一个小岛，是著名的古迹和天主教朝圣地，风景优美，如今列入了世界遗产名录。

军，以及据守地中海沿岸地区的第19集团军，陆军元帅冯·龙德施泰特仍然担任所有部队的最高司令一职。

这是一种非常符合逻辑的安排。据其手下称，此种安排就是冯·龙德施泰特提出来的；可据海军中将鲁格称，这一建议却是隆美尔提出来的。不管是谁提出来的，我们都会感觉到，冯·龙德施泰特的态度就是："在我个人看来，想要对'大西洋壁垒'采取任何措施毫无意义。不过，如果隆美尔觉得他有本事，那就最好是任由他干去吧。"双方手下的反应，都是在内心深处大大地松了一口气。

隆美尔的确采取了措施，他争取到的时间没有超过6个月，这对盟军来说可是一件幸事。如若不然，到了那时，盟军登陆时的实际困难，就要大得多了。

此时，他仍然是在阻力重重的情况下工作。"他在海军当中几乎没有什么影响力，"海军中将鲁格说，"而在空军当中则是完全没有影响力。"直到7月1日，直到盟军发动入侵的3个多星期之后，他才能够写信给西线总司令，提出："为了实现对德国国防军的统一指挥并且集中所有兵力，现在我请求接管司令部以及本集团军群所辖战区内其余两个兵种部队的指挥权，或者与之合作……只有由一个司令部进行最严格的指挥，才能确保空军与防空兵团及受到了猛烈攻击的陆军密切配合。重复下令，会导致军事方面出现事倍功半的后果……"这段话说出了当时显而易见的事实。不过，各兵种之间的猜忌，以及因为效忠于戈林、希姆莱等人而导致部队派系林立的制度，正是德国战败的主要原因之一。

此外，德国陆军司令部也和冯·龙德施泰特一样，信不过位置固定的防御工事，经常也会导致隆美尔采取的任何措施都大打折扣；这种情况众所周知，已经深入渗透到了下级指挥官当中。晚至4月22日，隆美尔还在如此写道："我对沿海各部的巡查……表明各个部队已经取得了巨大的进步……然而，我在各地都注意到，部队似乎并没有认识到形势的严重性，还有一些人甚至不服从命令。我接到了一些情况报告，说我下达的关于海滩上所有雷区都必须24小时启动的命令，并没有得到执行，有支下辖部队的指挥官还下达了与之相反的命令。在其他一些情况下，我下达的命令或是被推迟到日后执行，或是被人篡改过。有些部队还报告说，他们打算尽力执行我的一道命令，并且他们第二天就会行动起来。有些部队明明知道我的命令，却没有做好执行命令的准备工作。我只在必要的时候才会下令，我希望这些命令得到立即和不折不扣的执行，而我指挥的军队不应该篡改命令，更不用说下达与之相反的命令，或者由于一些不必要的官僚习气而延误执行了。”

隆美尔此时必定怀念过“非洲军团”那种令行禁止的风气。在北非沙漠里，一道命令他完全不用下达两次。没有上级的支持和下级的积极性，在一场与时间赛跑的战争当中，是没有任何好处的。隆美尔已经习惯了前者，即没有上层的支持。至于后者，即下级的积极性，其实没有人比他更善于激发出疲劳之师与冷漠之师的士气了。就像一艘帆船上的大副，他有本事“让木狗也跳起来”。“他具有一种与人打交道、跟人倾心交谈的诀窍。”海军中将鲁格说，“跟我们当中许多在1918年就是年轻军官的人一样，他在那场巨变之后曾经深入地思考过官兵关系的问题。我认为，这就是我国陆军和海军能够在如此艰难的情况之下，如此长久地保持着纪律的原因之一。这次在法国的时候，我们无论走到哪里，他同所有官兵交谈时，都很亲切直率。他清晰明了、耐心地向官兵们解释自己的观点，并且准确地说出自己希望他们去做什么。自然，官兵们都听他的话，原因除了他赫赫有名之外，还在于他极其通情达理，拥有一种不动声色的幽默感，以及看到一种情况中人性一面的本能，可训练有素的参谋军官往往却缺乏这种本能。部队当中很快就明显地出现了一种新的精神面貌，而抵抗盟军入侵的准备工作也开始取得进展了。”

在英吉利海峡的另一边，蒙哥马利将军正在用同样简单、同样直接而有效的方式，对即将担任进攻欧洲大陆这一重任的部队讲话，对即将为这些部队提供军需装备的工厂工人讲话。

在两种情况下，双方的上级都不是极其赏识他们的这种“鼓舞士气之语”，两位指挥官的上级，都曾怀疑他们的目的只是一种个人的“宣传”。据穆尔黑德称，英国的各大报纸都曾获得鼓励，要“谨慎对待”蒙哥马利。

早在1941年夏季，德国的“陆军宣传部”显然就已收到哈尔德将军的指示，不要过多地宣传隆美尔这个人，冯·埃斯贝克男爵一直都没有获准在北非地区与隆美尔重聚。而到了此时，隆美尔在高层的那些对手可以说是左右为难了。他们必须充分利用好“大西洋壁垒”，哪怕只是威吓威吓盟军也好。他们无法做到在宣传“大西洋壁垒”以及德国所做努力的同时，不去宣传那个负责“大西洋壁垒”的人。因此，他们只好在私下里把隆美尔说成是一个江湖骗子、一个沽名钓誉的人，来获得心理平衡。他们还称，自从在北非重病以来，他就不再是原来的那个隆美尔了。与此同时，隆美尔却跟蒙哥马利一样，认识到宣传和利用自己的名气不过是另一种武器罢了。“跟我在一起，您可以想干什么就干什么，”他曾对自己的首席摄影师说，“只要能够推迟盟军的入侵，哪怕推迟一个星期也行。”在私下里，据海军中将鲁格说，隆美尔却依然谦虚得很，毫不摆什么架子，“他并不是一个贪慕虚荣的人，不希望出什么风头。”

个别人的妒忌猜疑，隆美尔可以毫不理会；可军需物资的稀缺，却是一个他无法解决的问题。在这一时期，德国将大量的钢铁和混凝土用去修建潜艇掩体，以及修建发射V1和V2飞弹所用的场地了。新潜艇和这两种秘密武器，就是希特勒最新的、指望着以此来打赢这场战争的撒手锏。假如盟军没有及时发现，就算不会让希特勒打赢这场战争，它们也完全有可能让希特勒把战争无限期地拖下去。此时希特勒仍然认为它们优先于固定的防御工事，这种看法或许是对的。因此，隆美尔只能利用自己能够获得的军需装备，勉强来对付了。

希特勒可能会赞同沿海的防御性火炮都应当部署在混凝土炮台里，顶上的混凝土起码也要有6英尺厚的观点，事实上他也是这样做的。可即便是有这道命令撑腰，隆美尔也没法搞到混凝土；至于原因，则完全在于德国的混凝土供应不足。盟军开始进攻时，沿海的许多炮台根本就没有顶盖，很快就被盟军的空中打击摧毁了。

尽管如此，隆美尔还是想方设法，令人惊叹地完成了大量的加固工作，并在这个新的领域里表现出了他那种与生俱来的、即兴发挥的天赋。在短短的几个月之内，虽然为供应和运输困难的问题掣肘，最后还受到了盟军的不断空袭阻碍，可他还是成功地让部队埋设了400万颗地雷，与德军在之前的3年内总共只埋设了200万颗地雷形成了鲜明的对比。如果时间允许的话，他建议说，在所有据点周围设置了纵深雷区之后，还应当在据点与纵深雷区之间的田野里埋设5000万至1亿颗地雷，填上这片“坦克可以通行”的区域。假如他的确做到了这一点，把法国各地变成了一片片广袤的雷区，结局又会如何呢？在陆军元帅蒙哥马利1946年5月于坎伯利召开的那次战后会议上，这个问题并没有提出来，但有位杰出的指挥官兼研究战争的学者，即弗朗西斯·图克中将曾经想到过这一点。对这样一个问题，巴顿将军可能会感到一头雾水的。

由于地雷与其他所有的军需物资一样短缺，因此德军的地雷也完全不是按照常规方式生产出来的。隆美尔派人清查了一些军需补给站和军械库，发现那些地方储存着成千上万颗旧炮弹。他把这些旧炮弹改造成了地雷，就像日军在缅甸时那样，只是后者的办法更加原始罢了。日军的做法是，让一个可怜蛋带着炮弹坐在路中的一个坑里，待一辆坦克从他身上轧过去的时候，此人应当引爆那颗炮弹。德军的雷区，也不是按照常规模式布设的。隆美尔的想法，就是尽可能地用多种不同的方法将地雷利用起来。“在这个方面，他必须一次次地同工程技术人员进行斗争。”海军中将鲁格曾称。事实上，盟军突然发动进攻的时候，隆美尔和鲁格两人仍在对沿岸地雷和海上水雷的战术进行对比研究呢。

隆美尔的开明思想，给这位海军事务顾问留下了极其深刻的印象，“他是一位不按常规行事的军人，并且与总参谋部里的许多人不同，他对技术方面的问题非常感兴趣。他能够很快看出一种技术性新设备的核心原理。假如受人启发之后，他在晚上有了一种想法，那么他常常会在第二天早上就给工程技术人员打电话，提出改进意见。他具有一种极其喜欢机械的嗜好，而他提出的建议，往往也是很合理的。”从许多临时准备的、用于阻碍盟军登陆的“小玩意儿”里，我们就能看出隆美尔这位将领年轻时曾将自己新买的摩托车拆散、然后再组装起来的痕迹，就像我们在北非所用的伪装和诡计当中，能够看到我方熟知的这位狡猾对手的痕迹一样。

例如，这些“小玩意儿”里，有一种就是在低潮水位线以下打入海滩的横杆；有些横杆顶端挂有水雷，有些横杆上面带有钢刀，其作用就像“开罐器”。混凝土块当中，藏有自制的“胡桃夹子”雷。有一些圆木，上面装有地雷，斜斜地对着海面。有一些老式的坦克障碍物，是用3根钢条两两呈直角制成的；虽说如今它们在对付坦克方面已经毫无用处，但正如隆美尔指出的那样，假如布置在涨潮水位线以下，它们还是能够对步兵构成妨碍的。浅水区布有许多水雷，而水雷的触发器则挂在漂浮于水面的绳子上。在海滩的开阔地带，有许多打进了地里的桩子，上面用铁丝挂着手雷，用于阻止滑翔机降落。然而，由于供应、运输和劳力方面的困难，许多这样的设施和其他类似的设施到6月6日还没有准备妥当。隆美尔布置的伪装当中，自然少不了假雷区；可隆美尔曾经非常无奈地发牢骚说，如果允许牛群在上面吃草，那么这些假雷区就很难瞒过敌方的空中侦察。还有一些假炮塔，后来它们的确都遭到了盟军的猛烈轰炸。德军也有常规的伪装；只是在这个方面，隆美尔不得不再次指出，在一块绿地里用黑色的网子来伪装一个炮兵阵地，那种做法用处不大。由于真正的烟幕弹供应不足，隆美尔还做出了安排，用稻草和树叶来临时制造烟雾。德军的步兵和炮兵指挥官都接到了命令，要做好在防线后方的假炮台、假炮位和堑壕里点火的准备，以便分散敌人攻打海滩时的火力。不过，4月22日那一天，“哪个地方都没有发来做好了这些准备工作的报告”。

盟军的进攻行动日益迫近之后，隆美尔曾希望德军使用V1飞弹对英军在英格兰南部的集结区域进行打击，把这当成开始时的遏制手段。尽管许多设施都已准备就绪，但上级拒绝了隆美尔的要求，因为德军当时还没有充足的V1飞弹来对敌人进行连续不断的打击。或许，是因为此时再采取这一措施为时已晚。但有意思的是，我们注意到，艾森豪威尔将军曾说，假如德军早6个月完善好这些武器，假如德军将这些武器中的大部分用于对付从朴次茅斯到南安普敦一线的话，“进攻欧洲大陆最终会异常困难，或许我们是全然不可能攻入欧洲大陆的”。

同样，隆美尔还想要德国海军用水雷将航道封锁，想要纳粹空军将新型的压力式匣雷投到怀特岛[1]的四周。海军反对在距岸边太近的地方布雷，而元首则不许使用压力式匣雷，因为当时世人还不知道扫除压力式匣雷的方法，他担心盟军可能会布设类似的水雷，“彻底封锁我方的港口”（他大概仍在想着他的新型潜艇吧）。

然而，真正的意见冲突，还是如何最有效地来抵抗盟军入侵这个全面而宽泛的问题。隆美尔显然没有任何疑虑，“我们必须在海上阻击敌人，”他曾经说过，“并且趁着敌人还在海上的时候摧毁他们的武器装备。”在他看来，最初的24个小时将会具有决定性的意义。一旦盟军夺得一个据点，德军就不可能再将他们赶下海去，也无法阻止他们突围出去。他的这种观点，完全是建立在空中优势这一因素的基础之上。他从来都没有忘记过，英国皇家空军在北非战役中是怎样把他和手下那8万兵力牢牢困在地面，两三天之内无法动弹的。随着盟军入侵而来的空军力量，将会更加强大，无人能敌。至

[1] 怀特岛（Isle of Wight），英国南部的一个岛屿，隔着索伦特海峡与英格兰相望。

于纳粹空军，必将被盟军打得落花流水，从天空中消失，而戈林承诺的增援部队，也会像他承诺给北非部队送去的军需给养一样，绝对不会出现。公路和铁路交通将会彻底中断，后方地区将不可能实施兵力调遣。因此，想着进行常规的大规模反击是没有用的：德军各部永远都赶不过来实施这种反击，或者是抵达时杂乱无章，或者是抵达得太晚。假如这种推断是正确的，那么德军实施抵抗的主要防线必定只能是海滩。假如敌人试图在沿海地区登陆，那么前方各师的每一名官兵就必须做好马上战斗的准备。预备力量、指挥部和勤务部队必须紧跟在作战部队之后。装甲部队必须提供近距离支援，以便坦克上的大炮能够真正瞄准海滩。就算这样一道强大的防御带最终被敌方突破了，起码也会阻滞入侵者一段时间，而敌军的突破也将是局部性的。

可德国陆军司令部、西线总司令及其手下、陆军中的绝大多数人、兵团和各师指挥官，却都持有一种比较传统的观点。由于德军有3000英里长的海岸线要防守，由于西线德军只有59个师，其中绝大多数都属于二流部队，并且只有十分之一的师配有装甲车来进行防御，由于不确定敌方的主要登陆地点究竟在哪里，因此想要阻止盟军进入高水位线以内的沿海是没有用处的。他们认为，唯一正确的做法就是，在后方把后备力量包括装甲部队的实力保存完好，一直等到确定了敌人的主攻方向，再适时地发动一场大规模的反进攻战。这要等到敌军登上了海岸，却仍在进行集结的时候。此时，敌军可能已经从占领的据点中出来，却暂时性地处于“慌张”的状态。冯·龙德施泰特认为，自己是一位足够优秀的将领，能够根据情况选择恰当的反击时机。

至于隆美尔，我们可以说，他对盟国空军威力的重视，最终证明是非常准确的。德军各部完全是费了九牛二虎之力，才能在防线后面运动，才能越过乡间，还得趁着夜里天黑的时候，一小股一小股地调动。从法国南部调来的一个师，竟然花了22天才行军400英里抵达诺曼底，并且绝大部分时间只能徒步前进。拜尔莱因将军此时指挥的是位于卡昂以南90英里处的精锐部队“装甲教导师”，该部也花了3天多的时间才抵达前线；并且，尽管该部配备有“高射炮”，他也让该师上下训练过使用掩体和伪装，可投入战斗之前，该师还是损失了5辆坦克、130辆军车和大量的自行火炮。在“法莱斯缺口”，小路、公路和田野上，到处都被盟军摧毁的武器装备以及战死的士兵遗体和动物尸体堵得严严实实的，以至于艾森豪威尔将军曾称：“一次走上几百码远的路，脚下踩着的除了死亡和正在腐烂的尸体就没有别的东西，这种情况是完全有可能的。”

另一方面，隆美尔的做法也可以受到批评，因为他过高地估计了德军固守“大西洋壁垒”的可能性。在4月底，他还说：“我们必须在余下这短短的一段时间里，将所有的防御工事加固到能够挡住敌人最强攻击的标准。”这样说其实没有任何好处。要想做到这一点，他应当在两年之前就负责此事，用无穷无尽的军备物资与人员，将防线部署完善。即便如此，也绝对不会形成一道什么能够“挡住最强攻击”的防御带。这是一个教训，他和手下的“魔鬼师”原本在1940年就已给出了这样一种教训。结果却是，他的防御工事连四分之一都没有完成。而对于据守这些防御工事的官兵，他也是不可能信任的。那些人都是重新招募的退役军官、从东线撤下来后业已痊愈的伤病员、没有打过仗的年轻小伙子，以及一小部分变节的波兰人、罗马尼亚人、南斯拉夫人和苏联人，他们根本不可能承受隆美尔预计的那种海上和空中轰炸。如果他支持冯·龙德施泰特提出的建议，在盟军发动进攻之前就把法国南部的所有部队向北疏散到卢瓦尔河地区，那么他作为战略家的声誉就会高上一个层次。果真如此的话，隆美尔最后的几场战斗，就会是他极其拿手的那种运动战了。可他知道，这种计划的结局早已命中注定。向元首游说撤退的观点，是一项比向元首表明防守“大西洋壁垒”的决心更无希望实现的任务。然而，正如我们在下一章里即将看到的那样，我们不应当完全根据他在这一时期所说的话、表面上似乎相信的东西去评判他。对于隆美尔即将采取的做法，蒙哥马利将军没有一丝怀疑。他对这位老对手的计划与性格所做的分析，极其精当，绝无仅有。“去年2月，”他在5月份曾经这样说道，“隆美尔接过了从荷兰到卢瓦尔河一线德军的指挥权……如今已经很清楚，他的目的就是在海滩上打败我军……他是一位精力充沛、坚决果断的指挥官，自接管指挥权以来，他已经让形势发生了翻天覆地的变化。他善于打破坏性的进攻战，他的拿手好戏就是搞破坏，他太过意气用事，不适合于打一场事先经过精心计划的定位进攻战。他会发挥出自己的最佳水平，来让我方像在敦克尔刻时那样仓皇撤退——不是打他选择的那种地面装甲战，而是通过将他自己手下的坦克充分部署到前面，阻止我方坦克登陆，从而避免交战。在‘D日’，他会尽力（1）迫使我军远离海滩；（2）保护卡昂、巴约和卡伦坦三地。此后，他将发起反击……我们必须用炸弹在海滩上开辟出一条道路，在他能够调来充足的后备兵力赶走我们之前，建立一个很好的滩头阵地。装甲纵队必须深入、迅速地向内陆推进……我军必须迅速扩大战果，充分往内陆方向占领阵地……

“我军在一心作战的时候，空军必须控制住局势，必须让敌人极其难以用铁路或者公路向我方滩头阵地区域调遣预备部队。这场陆地战将会极其激烈，因此我军始终都需要获得空军的支援，并且迅速实施猛攻。”

结果与两人预计的情况都相差无几，隆美尔的确试图像在敦克尔刻那样将我军赶下海去，盟国的空军也的确牢牢地掌握着制空权。最初的24个小时的确具有决定性的作用，盟军一旦牢牢地建立起了据点，就只有在出现了某种重大失误的情况下，才能被德军重新赶到海里去了。倘若盟军从滩头阵地向内陆挺进，那么冯·龙德施泰特在旷野战中打败他们的可能性，会不会更大呢？从他手下可用的兵力，以及他面对着盟军的空中霸权这种情况来看，似乎不太可能更大。蒙哥马利将军也不是那种会给别人机会，让冯·龙德施泰特去打他一个“措手不及”的人。尽管盟军向前推进的速度可能会慢一些，但人们都认为，盟军必定会步步进击。

实际上，德军这两种防御盟军进击的计划都没有接受过检验，因为冯·龙德施泰特和隆美尔两人都不能自主行事。由于希特勒就算没有鼓励过，也是支持隆美尔关于海滩必须成为主要防线这一观点的，所以冯·龙德施泰特无法组建自己的机动部队。由于冯·隆德施泰特的观点与希特勒的直觉、隆美尔的判断都相左，他持有一种正统的参谋观点，认为盟军的主攻将来自加莱海峡——那里距英国最近，还有直接的公路通往鲁尔区，因此隆美尔也无法像他自己和希特勒希望的那样，在诺曼底海滩的后面集结一支兵力强大的装甲部队。从斯凯尔特河到卢瓦尔河之间的整条防线上，隆美尔可用的只有三个战斗力很弱的装甲师。其余装甲部队都属于后备力量，名义上由西线总司令调遣。即便是冯·龙德施泰特这位西线总司令，如果没有得到凯特尔、约德尔和希特勒三人的批准，他也无法调动这些装甲部队；而上述三人的批准，照例又是姗姗来迟了。在诺曼底的前沿地区，隆美尔只有原来的第21装甲师，可该师此时已经被改编重组，其中的旧部没有多少了。据冯·埃斯贝克称，就在盟军发动进攻的前一天，隆美尔离开前线去见希特勒的时候，他的指挥权还被解除掉，转到了冯·龙德施泰特的“西线装甲兵团”之下。后来他重新获得了该师的指挥权，并且充分发挥出了该师的优势；正是这个装甲师，才让盟军没能在第一天就占领卡昂。但是，不管是对是错，隆美尔都觉得，该师师长弗廷格尔少将在指挥作战时，不像冯·拉文施泰因在北非沙漠里那样勇敢无畏。冯·埃斯贝克说，他抵达前线时，发现该师被盟军的空降部队挡住了去路。“对方派了多少架滑翔机？”隆美尔问道。“成百上千架。”弗廷格尔回答说。“您打下了多少架呢？”“三四架吧。”“您已经失去了一个大好的机会。”隆美尔说。弗廷格尔却埋怨说，隆美尔返回之前，没有任何人给他下过命令；可没有接到命令的话，他是无权调动该师的。

与北非战役一样，德国最高统帅部的过错，就在于“太少与太迟”这两个方面。在盟军发动进攻的好几个星期之前，隆美尔就曾请求获准将第12党卫装甲师（即“希特勒青年团”）调到距卡伦坦不远的维尔河河口，美军后来正是在卡伦坦附近登陆的，卡伦坦也是蒙哥马利将军预计说隆美尔将尽力防护的3个地点之一。在卡昂投入战斗之后，该师在库尔特·梅耶这个狂热的纳粹领导人的指挥下，进行了殊死搏斗。虽说该师可能挡不住美军的登陆，但隆美尔计划阻挡盟军登陆的办法就是如此。冯·龙德施泰特拒绝了这一要求，没有把该师交给隆美尔。不过，责任并不在冯·龙德施泰特身上。没有约德尔的允许，冯·龙德施泰特就无法调动该师；可约德尔若是没有得到希特勒的批准，也是无法调动该师的！在这种情况下，是没有哪位将领能够掌控战斗主动权的。

盟军在海滩上站稳脚跟、牢牢守住据点之后不久，隆美尔和冯·龙德施泰特两人便第一次发现，他们的观点完全且明显地变得一致了。很久以后，当林德尔·哈特问到他在盟军登陆之后是否抱有在哪个阶段打败这场入侵的希望时，冯·龙德施泰特曾经如此回答说：“过了最初那几天之后，我就不再抱有这样的希望了。盟国空军白天让我方部队完全无法调动，而且晚上调动起来也非常困难。他们已经炸毁了卢瓦尔河、塞纳河上的桥梁，切断了整个地区与外界的联系。这些因素，极大地延误了我方后备部队的集结；各部抵达前线的时间，超过了我们预计的三四倍。”他当时所说的“我们”，并不包括隆美尔在内；这样一来，隆美尔分析得对的这一点最终在其去世之后得到了证明，即便是他提出的解决办法并不正确。冯·龙德施泰特的参谋长布鲁门特里特曾经对《西线失利》一书的作者说过一个故事，据说到了那个月的月底，凯特尔曾经打电话给冯·龙德施泰特，绝望地问他：“我们该怎么办呢？”冯·龙德施泰特冷冰冰地回答他：“怎么办？讲和啊，你这个白痴！你还能干什么？”然后就挂断了电话。海军中将鲁格则称，隆美尔很早以前就对他说过，必须不惜一切代价来结束这场战争。“最好是这一次马上就结束战争，哪怕这意味着我国会变成英国的一个自治领，”他曾经说道，“也比眼睁睁地看着德国继续打这场毫无希望的战争而被消灭，变得满目疮痍要好。”“6月11日，我们曾经长谈了大约两个小时。我说，在我看来希特勒应当辞职，打开通往和平的道路。我又说，还有一种办法，那就是他应当自杀。隆美尔回答道：‘我了解那个人，他既不会辞职下台，也不会自杀。他会继续打下去，毫不顾惜德国人民，直到我国境内没有一座矗立不倒的房屋才会罢手。’”

隆美尔这一时期的报告，只是语气稍稍变得更加谨慎一点儿罢了。6月12日，他呈交了一份对前一天战局的评估报告。在例行公事地提到德军在沿海各地进行了顽强的抵抗、阻滞了盟军的作战行动之后，他接下来就用一种几乎无法释怀的悲观语气说道：

敌方兵力登陆的速度极快，日益超过了我方后备部队抵达前线的速度……陆军集团军群目前能够做到在奥恩河与维尔河之间形成一条结合紧密的防线，任由敌军来进攻就心满意足了……我们不可能去替仍在沿海许多阵地上进行抵抗的部队解围……盟国空军兵力异常强大，在某些方面还具有压倒性的优势，而盟国海军的炮火也很猛烈，会让我方在诺曼底的作战行动变得异常艰巨，甚至是部分地让我方不可能展开什么作战行动……正如本人和手下军官已经一遍又一遍地证实过的情况那样，正如许多部队指挥官，尤其是党卫军上将赛普·迪特里希报告的那样，敌军已经完全控制住了作战区域，以及前线后方远达60英里的那一地带。公路上和旷野上，我方几乎所有的交通运输，在白天都被敌军强大的战斗轰炸机和轰炸机编队阻断了。我方部队白天在作战地区的调遣，几乎也彻底被敌人阻断了，可敌军却能自由地调兵遣将……我们很难将弹药和食物运至前线……我方刚刚推至阵地上的火炮、刚刚部署到位的坦克，马上就会受到敌军的轰炸，被彻底炸毁……我方官兵整个白天都不得不躲起来……我方的高射炮和德国空军，似乎都无力遏制住敌方空军这种造成严重后果且具有破坏性的行动……敌方海军的火炮极其猛烈，威力巨大，以至于在其火力控制范围内，我方的步兵与装甲部队完全不可能作战……英美联军的物资装备，以及无数新式武器和军用物资，远远优于我方各师的装备。正如党卫军上将赛普·迪特里希告诉我的那样，敌人的各个装甲师是在3500码开外，以最大的弹药消耗量，并且在敌方空军的鼎力支援之下作战的……敌方派遣了大批伞降和空投部队，这些部队作战有力，使得我方受到攻击的部队几乎连自保都做不到……可惜的是，德国空军没能像原先计划的那样，对这些敌方部队采取行动。由于敌人能够在白天用空军让我方的机动部队动弹不得，而敌人自己却可以用行动迅速的部队和空降部队作战，因此我方的形势正在变得异常艰难。

我要求将这一情况通报给元首。

隆美尔

如果隆美尔以为，报告中提到了元首最喜欢的纳粹党徒赛普·迪特里希，希特勒便有可能接受这种“失败主义”的论调，那他就大错特错了。6月17日，冯·龙德施泰特设法说服了希特勒，让他参加了在距苏瓦松不远的马吉瓦勒召开的一次会议。会议是在一个司令部里召开的，那个司令部建成于1940年，原本是供希特勒在此指挥入侵英国本土的作战行动之用。冯·龙德施泰特带着隆美尔一起参加了这次会议，这两位陆军元帅都直言不讳，让元首明确无误地了解了二人对德军将入侵盟军赶回海里这一前景的看法。由于德军根本就不可能将盟军赶下海去，因此唯一阻止盟军突破的希望，就是将德军撤退到阿尔涅河后面，将防线扩展到科塘坦半岛西侧的格朗维尔。这样一道防线穿过了东部的“博卡日”，即那片灌丛广袤的丘陵地区，然后从那里越过森林密布的山丘，或许可以由步兵据守住。那样的话，德军就可以将残余的装甲部队重新组织起来，当成后备部队。希特勒几乎是不假思索地回答他们说，“不准撤退”。隆美尔还就一周前发生的奥拉杜尔村大屠杀这一“事件”向希特勒提出抗议，可这样做并没有改善此次会议的气氛。在奥拉杜尔村，党卫军的一个师即“帝国师”，为了报复一名德国军官被杀害一事，将村里的妇女儿童赶进教堂里关起来，然后将整个村庄付之一炬。在男子和男孩们从火里逃出来的时候，德军用机枪把他们全都打死了。过后，他们又给教堂点了一把火，烧死了大约600名妇孺老幼。遗憾的是，该师后来承认那里有两个叫“奥拉杜尔”的村庄，是他们由于疏忽大意而选错了村子，尽管如此，他们还是实施了报复行动。隆美尔请求获准惩处该师。“这种事情会给德国军人抹黑的。”他说，“假如党卫军将所有正派的法国人全都逼得去加入‘法国抵抗组织’，您又怎能不对该组织在我们后方的实力感到惊讶呢？”“那个方面与你无关，”希特勒厉声说道，“这不是你该去管的问题，你的责任就是阻击入侵。”

当冯·龙德施泰特与隆美尔两人大着胆子，试探性地提出向西方列强主动示好的问题之后，这场会议很快就结束了。双方道别的时候，都是各怀心思。不久之后，一枚自行引导的V1飞弹便击中了那座司令部。可惜，当时没有人伤亡。

在接下来的几个星期里，隆美尔递交的报告完全都是实事求是的，其中没有表达出对将来的任何看法。他顶多只会这样说一说：“B集团军群将继续努力阻止敌方实施的所有突破行动。”在报告德军从6月6日至7月7日间损失了100089名官兵，而与之形成对照的是，前线只补充了8395名官兵，还有5303名官兵收到了调动命令这一情况时，隆美尔也只是这样评价了一下：“考虑到我军的伤亡日益增加，因此补充兵员的形势自然也让人有了产生焦虑的理由。”实际上，他当时已经是“坐立不安”了。6月29日，他和陆军元帅冯·龙德施泰特两人曾经被希特勒召至贝希特斯加登。在那里，元首明确宣布，由于敌人拥有空中优势，并且拥有大量的机动车辆与汽油，因此他绝对不允许二人发展运动战。德军必须构建一道战线，将敌人阻在滩头阵地里，因为一场消耗战必定会拖垮敌人，德军必须利用好游击战的每一种战法。他当着凯特尔和约德尔两人的面又说，为了隆美尔好，“只要你的仗打得更好，一切都会没有问题的”。隆美尔怒不可遏地返回位于拉罗什盖恩的司令部，将这种“恭维”告诉了自己的参谋长、中将汉斯·施派德尔博士；后者在4月底就接替了高西将军的职务。

由于施派德尔将军即将在隆美尔的人生当中扮演一个重要的角色，并且事实上已经秘密地在隆美尔的人生当中发挥出了比一个参谋长重要得多的作用，因此我们必须专门来提一提他。在外表上，他与时任英国陆军大臣一职的詹姆斯·格里格令人惊讶的相像，同样具有一副有点儿像猫头鹰的表情，有同样卷曲的鼻子，并且曾经拥有（如今也一样）同样清晰和严谨的头脑，以及有点儿更加平和而冷静的性情。这一点不足为奇，因为他正是那种非常罕见的人，既是职业军人，也是一位专业造诣很深的哲学家。他1914年17岁就参军入伍，接着在西线服役，度过了第一次世界大战，并且部分时间与隆美尔隶属于同一个旅；然后，他继续留在部队里，度过了两次大战之间的那个时期，接着他开始学习，准备报考参谋学院。与此同时，他还在图宾根大学努力学习哲学和历史，并在1925年2月以优异的成绩毕业，获得了哲学博士学位。就算这种“双打”没有创造什么纪录，但起码来说，这种情况也必定是很罕见的。

作为一名参谋，施派德尔有着严谨而善于分析的头脑，以及有如卡片索引般准确的记忆力，因此他的人生特点就是成功；尤其是，他的这些天赋，还与种种由衷的人情味（但隐藏得很深）、一种轻微带有讽刺味的幽默感结合在一起。1933年，他曾在巴黎担任过副武官（他的法语说得无可挑剔）；回到柏林之后，他被擢升为西部战区的负责人。见证了1937年法军的演习之后，他还撰写了一本小册子，称法国陆军并未做好打一场现代进攻战的准备；但是，如果法国遭到侵略，法国陆军及其领导人可能有望进行殊死的抵抗。“幸好，或许还有点儿可惜的是，我说错了。”他如此说道。

他曾经随第9兵团中的第5气象侦察中队（代号1A，隶属于代号为G1的第55航空轰炸团）参加过敦克尔刻作战，因此他证实说，正是希特勒直接下令，不准冯·龙德施泰特动用古德里安和冯·克莱斯特指挥的那两个装甲兵团去对付正在登船的英军。“假如将这两个装甲兵团投入战斗，”他称，“那就没有一名英军能够从法国沿海逃走了。”不久之后，他便来到巴黎的“克利翁酒店”，与顿兹将军一起起草了法国投降的协议。由于顿兹将军曾经在叙利亚有过暴行，我们一向都认为他是一个表里不一的魔头，并且法国先是判处他死刑，后来又改成了终身监禁，所以施派德尔将军认为此人在当时那种情况下尽了力，还认为此人是“一个爱国者和一名杰出的法国军人”，或许是一件值得我们感兴趣的事情。

接下来，施派德尔成了时任“法国军政长官”一职的冯·斯图普纳格尔将军的参谋长，并且一直担任此职到1941年的冬季。接下来，看到所有权力都落入了党卫军秘密警察的手中之后，他便提出了辞呈；这个事实，让我们可以在一定程度上理解他的性格特点，以及他后来的做法。他与德军前总参谋长贝克上将之间能够长久保持友谊，原因也在于此。

离开法国后，他前往苏联，担任过德军的各种高级参谋职务。在兵临莫斯科城下的第5集团军里任职时，后来1942年夏季南部那场进攻战的作战计划，主要就是他负责制订的，此战德军差点儿还打赢了。1943年至1944年上半年，他曾担任第8（意大利）集团军群的总参谋长一职，因此参与了这一年里所有具有决定性意义的重大战役。我曾经非常愚蠢地问过施派德尔将军，苏联的情况如何，那里一定非常寒冷吧？“的确非常寒冷，”他和蔼地回答说，“只要说一点您就明白：冷得让参谋人员几乎都写不了字。”至于导致德军最终失败的原因，他如此解释道：“苏军兵力太强，而德军里却有太多的希特勒。”

施派德尔博士还只有51岁，如今在图宾根大学教授哲学。我们即将看到，他是在经历了一种有点儿像是狂风暴雨、危险重重的旅程之后，才抵达这个和平宁静的港湾。同时，在诺曼底大战的喧嚣当中，他也成了深得隆美尔这个“B集团军群”总司令非常信任的一位顾问，只有纯粹的军事问题除外。7月17日，盟国空军终于袭击了隆美尔。他的遭遇，并没有什么异常。他的指挥车，只是1944年7月德军在诺曼底地区公路上遭到空袭的成千上万辆军车中的一辆。当时，赫尔穆特·朗上尉与隆美尔一起坐在指挥车里，此人描述了具体的过程。他的话清楚地表明，他们纯属运气不好，选了一条我方空军正在沿线采取行动的公路。[1]

“跟他每日的习惯一样，”朗上尉曾如此写道，“7月17日，隆美尔元帅对前线进行了巡视。视察了先一天晚上打退了敌方一次猛烈攻击的第277师和第276师之后，他又前往第2党卫军装甲兵团的指挥部，与比特里希将军和赛普·迪特里希将军谈了一会儿话。我们必须时刻警惕敌人的战斗机，因为它们在战场上空不停地飞行，很快就会注意到公路上扬起的尘土。

“下午大概4点钟的时候，隆美尔元帅开始从迪特里希将军的指挥部踏上返程之路。他很着急，想要尽快回到‘B集团军群’的司令部去，因为敌军已经突破了防线上的另一个地方。

“一路上，我们到处看到起火的车辆，敌方的轰炸机不时逼得我们只能走二等公路。大约下午6点钟的时候，隆美尔元帅的座车到了利瓦罗附近。路边堆着一辆辆刚刚遭到敌机袭击的车辆，而敌方兵力强大的俯冲轰炸机群仍在附近作战。我们之所以拐向了一条有掩蔽的马路，然后在距维穆蒂耶尔

---

[1] 在《读者文摘》摘选的一篇文章里，瓦尔德克伯爵夫人曾经提出，那架战机可能是一架涂有英军标志的德国战机，是希特勒下令去除掉隆美尔的，因为隆美尔在7月15日向元首呈交了一份“最后通牒”。但是，我们没有证据支持这种说法，而这种说法本身也含有太多不可能的地方，因此无须认真对待。不管怎样，希特勒7月17日都没有接到这份“最后通牒”，它直到7月21日才递交上去。——原注

2.5英里的地方重新拐上大路，原因就在于此。

“拐上大路之后，我们看到，利瓦罗上空大概有8架敌方的俯冲轰炸机。后来我们才得知，在过去的两个小时里，敌机一直都在袭击通往利瓦罗那条大路上的车辆。我们以为敌机没有看到我们，便继续沿着利瓦罗通往维穆蒂耶尔的那条大路往前开。突然，我们的观察兵霍尔克中士警告说，有两架敌机正在沿着大路朝我们的方向飞来。我们便让司机丹尼尔加速前进，准备在前方大约300码的地方向右拐入一条小路，因为那条小路多少能够为我们提供一点隐蔽之处。

“还没有拐入小路，那两架敌机便以距地面只有几英尺的高度猛冲过来，离我们不到500码了，其中第一架敌机开了火。此时，隆美尔元帅正回过头去往后看。敌机的第一次开火击中了指挥车的左边，一发炮弹击中了丹尼尔，炸掉了他的左肩和左臂。碎玻璃划伤了隆美尔元帅的脸，他的左太阳穴和颧骨受到重击，[1]导致颅骨出现了三重骨折，使得他马上就昏了过去。诺伊豪斯少校的手枪枪套被击中，巨大的冲击力还击碎了他的骨盆。

“由于身受重伤，司机丹尼尔掌控不住车子，汽车撞到一个树桩上，滑到了马路左边，然后向右翻入了一条沟里。朗上尉和霍尔克中士跳下汽车，躲到了马路的右边。隆美尔元帅因为在敌机袭击之初抓住了车门上的把手，因此在汽车翻倒的时候被甩出了车外，人事不知，躺在汽车后方大约20码远的路上。第二架敌机飞了过来，想要向躺在地上的人扔下炸弹。

“紧接着，朗上尉和霍尔克中士奋力将隆美尔元帅抬到了路边的隐蔽处。他躺在地上昏迷不醒，血从脸上的许多伤口，尤其是从左眼和嘴角流下，淌得全身都是。他似乎被击中了左太阳穴，连我们把他抬到安全的地方之后，他也没有恢复意识。

“为了让伤者得到及时的治疗，朗上尉试图找来一辆汽车，他花了45分钟才找来了一辆。在一所教会医院里，一名法国医生给隆美尔元帅包扎了伤口。那位医生说，他的伤情非常严重，将他抢救过来的希望不大。后来，仍然昏迷不醒的隆美尔元帅与丹尼尔，一起被送到了大约25英里外的贝尔奈一家空军医院里。那里的医生经过诊断，发现隆美尔的颅骨受了重伤：颅骨底部有1处骨折，太阳穴部位有2处骨折，颧骨受损，左眼受伤，还有玻璃和震

---

[1] 这种伤势，显然是汽车挡风玻璃上的柱子造成的。——原注

荡造成的伤势，尽管输了血，可丹尼尔当天晚上就死了。

“几天之后，隆美尔元帅被送到了距圣日耳曼不远、韦斯内特埃斯克教授所在的那家医院。”

7月上旬的时候，陆军元帅冯·龙德施泰特已经被解除了指挥权；至于原因，无疑是因为他曾经向凯特尔建议过与敌人讲和。他的职位，由从苏联前线调回来的陆军元帅冈瑟·冯·克鲁格接任。隆美尔可没有被这种对失败主义者的警告所吓倒，他决心再努力一次，让希特勒恢复理智。与施派德尔将军商量过后，他便在受伤的两天之前，向冯·克鲁格提交了一份由施派德尔将军起草的报告，要求冯·克鲁格亲自呈交给元首。那份报告，遵循的是与他在6月12日进行分析时相同的原则，只是语气更加悲观了。

“诺曼底前线的形势，”他开始写道，“正在日益变得艰难起来，并且正在迅速接近其转折点。”接下来，他提到了盟军在火炮和装甲部队方面的优势，提到了德军伤亡惨重、没有增援的情况，提到了派到前线的各师没有作战经验的情况，提到了德军装备不足的情况，提到了盟军的空袭摧毁了铁路网络，也使得德军很难利用公路的情况，提到了德军弹药不足，各部疲惫不堪的情况。另一方面，敌军却每天都在新增兵力，提供大量的物资装备，他们的军需补给线并没有受到纳粹空军的阻断，因此德军承受的压力越来越大。“在这种情况下，”隆美尔最终总结道，“我们必然会料想到，敌军不久就能突破我方防御薄弱的战线，尤其是突破第7集团军的防区，并且向法国腹地推进……我们的手中，根本就没有预留机动部队来对抗敌人的突破。我方的空军，几乎根本就没有投入战斗。

“我方部队作战英勇，但即便如此，这场不对等的战役的结局，是可想而见的。”

隆美尔还亲笔加上了这样两句话：“我不得不恳请您马上认识到这种局势的政治重要性。我觉得，作为集团军群的总司令，直接说出这一点是我的职责。”

冯·克鲁格的附信标注的日期为7月21日，其中的内容很有意思。这封附信表明，尽管他在接过指挥权的时候抱有很大的希望，但没过多久，他也像冯·龙德施泰特和隆美尔一样，得出了同样的结论。这封附信还表明，起码在当时那种情况下，他表现出了巨大的道德勇气，因为他不可能认为，这封信在元首的司令部里会受到那帮人的欢迎。

敬爱的元首（他如此写道），在此我向您呈交陆军元帅隆美尔所写的一份报告；他是在事故之前把这份报告交给我的，并且已经与我讨论过其中的内容。现在，我来到此地已经有差不多14天了；与各条战线上负责的指挥官，尤其是党卫军的领导人经过长时间的讨论之后，我已经得出了这样一个结论：遗憾的是，陆军元帅隆美尔的观点是正确的……我们完全没有办法，能够去跟敌方强大的空军作战……而不会被迫节节退让……被大量炸弹猛烈地倾泻到身上的这种情况，给我方作战部队心理上带来的影响，尤其是对步兵心理上带来的后果，是我们必须认真考虑的一个因素。这样一种地毯式的轰炸，究竟是落到精锐部队还是劣质部队的头上，毫不重要。所有部队都或多或少地被这种轰炸击溃了，而最重要的是，各个部队的装备都会被轰炸摧毁。这种情况只需出现几次……所有的防御力量就会化为乌有……

我来到这里，是带着一个确定的目标，即执行您不惜任何代价进行阻击的命令。不过，假如我们看到，付出的这种代价必然是我方部队虽说缓慢却肯定会遭到消灭的严重后果——此时，我想到了获得过最高褒奖的“希特勒青年师”……那么，我们就完全有理由对这条战线的未来感到焦虑了。

尽管我们做了大量的努力，但这条业已不堪重负的战线必定被敌人突破的那一刻，正在迅速迫近……我认为，身为负责这条战线的指挥官，我有责任让您及时注意到这些情况，敬爱的元首。

5个星期之后，陆军元帅冯·克鲁格便被撤了职，然后去世了。在这种只要求死便到处都是死亡，而日日夜夜、每时每刻的流弹让英雄也变成了惊弓之鸟的情况下，他选择了自杀。他说，他觉得在掌控作战行动这方面辜负了元首的期望。然而，这一点并不是元首不愿见他的唯一原因。

第十一章 “无情的命运”

美国试爆原子弹成功，该国水兵登上比基尼岛[1]那些残存的靶船之后，他们的心中便逐渐充满了一种奇怪的、强迫性的恐惧感，并且挥之不去了。“您没法在甲板上待几分钟的时间，不戴防毒面具您就没法呼吸空气，可空气的味道却跟别处的空气没什么两样，您不能在水里游泳，您不能吃鱼。这是个一团糟的世界。”他们都这样说。

至于掉在这些靶船上面、像一层油漆一样的裂变产物，根本就无法用海军原来的那种方法，即通过彻底擦洗船头和船尾来清洗掉。船上残留有中子射线和伽马射线，这种放射性只能用盖革计数器检测出来，却有可能让人患上危及生命的疾病，会出现衰变，会让人对核致死亡产生一种莫名的恐惧感。

我们无须在心理上对空气非常敏感，或者甚至是对空气过度敏感就能感觉出，如今德国的空气中仍然弥漫着一种邪恶的、盖革计数器没有表明的气息。

今天，德国那些原本已经荒废的市镇里，不再散发出阵阵恶臭，而乡村地区也干净、漂亮。摆脱了这场重大危难中最糟糕的时光之后，德国人如今又开始心情愉快地工作了。傍晚，在乡间的小旅馆里，他们唱着歌，跳着舞，喝着啤酒，比我们绝大多数人都要过得更无忧无虑。他们对占领军及其随军人员无疑心怀敌意，但这种敌意被他们很好地掩饰起来了。那么，为什么我们还是觉得很不安心呢？或许是因为，我们知道有很多的盖世太保和党卫军仍然在逃，他们带着假的证件，或者因为那些可以指控他们的人已经命丧黄泉而逍遥法外；在旅馆里极其周到地服侍客人的那个彬彬有礼的小伙子，手上有可能沾满了成百上千人的鲜血呢。（一位因为单独犯下了60桩谋

[1] 比基尼岛（Bikini），西太平洋上马绍尔群岛中的一个珊瑚岛，1946年以后成了美国的核试验地。

杀案而遭到通缉的盖世太保密探，最近才被人认出来，他竟然成了英军军营里一位大受欢迎的翻译。）或许，心感不安的原因较为遥远，因为纳粹政权带来的污名并没有随着其领导人的自杀或被处决而消失，也不会随着他们最后一名共犯的去世而得到洗清。过去无休无止的监视和怀疑，黎明时分抓人，地下室里的折磨、虐待和谋杀，尤其是弥漫在一个极权国家里的撒谎与虚伪之风，它们导致的那种腐蚀性，已经将人们的心灵侵蚀得太深了。就像核裂变产物一样，这种东西是无法清洗掉的。希特勒的影子，仍然让德国蒙在一层阴影之下，“这是个一团糟的世界。”

起码来说，在聆听隆美尔最后那些日子里的经历，以及他走向人生结局的方式时，我的感受就是如此。并不是因为我在听到这段经历时周围有什么阴险恐怖的东西，或者是那些向我讲述这段经历的人身上有什么可怕之处。相反，当我在施派德尔将军位于弗罗伊登施塔特以北那个安宁的“黑森林”小镇上的家里坐下来之后，我的心中浮现出来的那种感受，几乎却像是在怀念童年时期家里那种维多利亚和爱德华七世时期风格的室内装饰似的。正是在这样的家里，在这种稍微有一点儿过度装饰得有现代品味，但一切都井井有条，真正让人打心眼里觉得舒适的家里（只是我们的家里或许永远都不会如此令人难以置信地整洁），我的这种感受才更加强烈。英国的中产阶层也曾过着舒适而井井有条的生活，用自己钱去投资有利可图的项目，相信上帝和政府，他们的仆人各司其职，他们喂养的猫咪趴在壁炉边，警察则在到处巡逻，我们或许会想到40年前的北牛津呢。

隆美尔夫人那座小小的房子里，尽管到处都是隆美尔的遗物，尽管墙上都是隆美尔的油画与照片，尽管他去世时的面部模型装在角落的一个盒子里，其中的气氛却同样的宁静、安全。阿尔丁格尔家里的情况也是如此，在调查的最后一个人，即斯特罗林博士家里，我发现的情况也是如此。在他们讲述每一个故事的过程中，我们都必须停下来，将文件挪开，铺上一块绣花桌布来喝茶。在每个人的家里，所用的瓷器都产自迈森市，主人非常钟爱，保持得完好无损，用完后还会重新放回橱柜里。每个人的家里，都有人们曾经熟悉的那种四层饼架，这种东西，可能是一个业已消失的时代的标志呢。

至于施派德尔将军，他貌如其人，是一位真正的绅士。

他的夫人，我们会说她的模样很年轻，不太像已经有了一个17岁的女儿；有可能，除了操心家里的琐碎之事外，她在世间从来都没有一丝丝的忧愁。他们的子女都长得很漂亮，谨慎规矩，只在有人跟他们说话的时候，他们才会过来说话。阿尔丁格尔和夫人是那种典型的小城镇社交圈子里的活跃人物，斯特罗林博士则带着一副一个长久习惯了高位与权威之人的自信模样。露西·玛丽亚·隆美尔夫人面容坚毅，虽说面孔轮廓分明，却没有表露出她经历了任何一位女性必定难以承受的那种悲痛之情。她的外貌更像是北意大利人而不是德国人，有着黑色的头发和灰色的眼睛，身上也丝毫没有许多德国人的那种多愁善感。她在谈到“我的男人”时，语气既开朗，又充满了自豪之情。尽管经历了两场战争，但夫妻二人相伴度过了差不多30年的美好时光，过得非常舒心。获得了她的信任之后，她是很乐意谈论丈夫去世时的情况的。她在诉说的时候，没有带着怨恨之情，而是极其蔑视那些对此负有责任的人。只有一次，她表露出了一丝迹象，说明过了5年之后，她的感受仍然极其深切。当时，我们一起驱车前往她位于赫尔林根以北的一座小山上、如今已经改成了一所学校的旧居，在大门外面，她留在汽车里没有下来。“我愿意看一看花园里的孩子们，”她说，“可我不想再走进那里了。”

他们的儿子曼弗雷德，如今正在图宾根大学学习法律专业，他是一个讨人喜欢、相当正常的小伙子，深爱着自己的母亲，也深切地怀念着自己的父亲，而从我们的判断来看，他心里完全不存在什么“情结”。在15岁那个敏感年纪见证到的一切，既没有让他的精神状态变得不稳定，也没有让他变得怨天尤人。

尽管如此，与这种几乎属于维多利亚时代的、其他地方很难看到的平常背景形成对照的是，这些看似平常的人，已经卷入或者说是故意让自己卷入了一场与一个政权的斗争当中；这个政权冷酷无情，对于胆敢挑战其权威的人，死亡绝对不是最糟糕的一种惩罚手段。在我看来，正是这种对比，才让整个故事变得更加令人不安和可怕。此外，他们全都表现出了一种“不怕半夜鬼敲门”的勇敢之心，从而让我确信，他们的勇气比我自己更加强大。

1943年，隆美尔从北非回到了国内；据他们称，当时他“骗过”了希特勒。隆美尔早已清楚，不管是在职业上还是在私下里，凯特尔与约德尔两人都是他的对头。至于戈林，他既瞧不起，也信不过；他还怀疑，凯瑟林元帅一直偏袒戈林，而不是偏袒他自己和“非洲军团”。不久前，希孟德将军曾经提醒过隆美尔，说后者在纳粹党大佬们心目中的分量没有以前那么重，尤其是不怎么受那个具有神秘影响力的鲍曼待见了。事实上，除了希孟德本人，隆美尔在高层里面没有一个朋友，只有希孟德仍在替他说话。然而，直到阿莱曼战役之后，他仍然认为元首的问题就在于有周围那帮人，只要摆脱了这些阿谀奉承之徒，希特勒就会公平行事、明白事理的。可如今，他不再抱有这样的幻想了。他已经开始认识到，阿道夫·希特勒的身上既无公平和大度，对那些为之效力的人也毫无诚信可言。希特勒也接受不了理智的意见，对隆美尔来说，这是一种令人痛苦的启示，因为他是一个坦率、单纯的人，除了作战的时候，他几乎不怎么敏感。由于他始终都是一个对政治不感兴趣的军人，与当前的政治完全没有接触，故由此带来的打击，起初纯属个人和职业上的。他已经对这个原本是朋友、支持者兼武装部队首脑的人失去了信任，他完全是一点一点地才开始看出，此人并非只是让德国的胜利受到了威胁，而且全拜希特勒所赐，德国才走上了堕落与失败的道路。

回到德国后，还没有接过“B集团军群”指挥权的那几个月里，他睁开了自己的双眼，他早已不喜欢纳粹党内的那些“人渣”了。如今，他第一次从德国的军官那里直接得知了盖世太保和党卫军在波兰和苏联的所作所为，以及这些人此时仍在那两个国家和被德军占领的其他西欧国家内实施的暴行。他第一次得知了强迫劳役、大规模灭绝犹太人、华沙犹太人起义、毒气室以及其他方面的情况。可在北非的时候，他却认为德国打的是一场“君子之战”呢。

带着发现的这些情况，径直亲自去找希特勒理论，这种做法很符合隆美尔的性格特点。“如果允许这种事情继续下去，”他说，“我们一定会输掉这场战争。”他接着提出了解散盖世太保、将党卫军分编到常规部队去的建议。同时，他还恳请希特勒停止招募年纪太小的少年。“毁掉我国的少年，”他说，“是一种愚蠢的做法。”

这种直言不讳，必定让希特勒大吃了一惊。如果希特勒把隆美尔的建议转达给了希姆莱的话，希姆莱可能会感到好笑的。奇怪的是，元首竟然屈尊与隆美尔进行了一次比较详细的讨论。不过，希特勒在后者心里留下的印象，无疑就是他完全无意改变自己的做法。于是，隆美尔终于认识到，这位领袖犯下的种种过错，就是一桩桩罪行。

在当年初夏的那段时间里，他仔细地思考过这些问题，并且平生第一次变得有政治觉悟了。他得出的结论，正是其他许多德国将领得出的结论：希特勒会带着整个国家走向灭亡。因此，希特勒应当受到约束才是。只要他还掌控着纳粹党、党卫军，只要德国国防军里还有许多的年轻官兵在背后支持他，我们就没有办法在不引发内战的情况下除掉他。除掉他的那些顾问，让他变成一个有名无实、没有任何实权的领袖，可能就足够了。怎样才能做到这一点呢？还不待隆美尔循着这条思路想下去，他就受命前往“B集团军群”，先是到了意大利北部，后来又去了法国。于是，他暂时地把整个问题放到了脑后，并且跟以往一样，全身心地投入了手头的工作。

然而，还有一些人的计划却更超前一些，并且有些人已经关注隆美尔一段时间了。身为莱比锡市市长的格德勒博士，以及前总参谋长贝克上将，在密谋反对希特勒的过程中是两个关键人物。他们认识到，要想获得成功的机会，他们必须找到一个广受欢迎的人物，找到一个现代版的兴登堡[1]，并且在时机到来的时候，将此人推到队伍的前头。这个人，必须业已获得民众的信任，能够不让人们怀疑他是出于私心才采取行动的。

这个人必须是整个德国陆军都会追随的一名军人。至于贝克将军，尽管他的品格与能力都属一流，却达不到这一要求，绝大多数德国人几乎都没有听说过他，他也早在1938年就被希特勒解除了职务。而在现役将领当中，没有哪一位在民众眼中的声誉，会比得上隆美尔的赫赫威名。

除了希特勒本人，隆美尔很可能就是德国最受民众爱戴的一个人了。他在政治方面没有什么反对势力，事实上，他还被宣传部门标榜成了一名杰出的纳粹党员，令他自己非常恼火呢。同时，众所周知的是，他还受到了英国人的敬重；到了关键时刻，必须要去跟英国人进行谈判。除了一小部分人，没人知道他与元首之间存在矛盾。因此，他就是明显的人选，事实上也是唯一的人选。

幸好，这些同谋者与卡尔·斯特罗林博士取得了联系；后者自1933年起就担任斯图加特市长一职，并且在国外很有名气，因为他在战争爆发前，曾经担任过“国际住房和城镇规划联合会”最后一次会议的主席。斯特罗林博士在斯图加特极受民众欢迎，他精力充沛、本领过人，也是那些起初坚定地支持过希特勒和纳粹党的人之一。有可能，他就算加入了纳粹党，也不会变成一名暴徒，起码一开始的时候不会；这一点，由美国驻斯图加特总领事曾经颂扬过他一事就可以看出来，因为那位总领事自1934年至1941年间一直待在斯图加特，认识斯特罗林博士7年了。

[1] 兴登堡（Hindenburg，1847—1934），德国著名的军事家和政治家，曾担任德国总统，1933年希特勒就是被此人任命为政府总理的。

“他是一个极其坚持人道原则的人。”这位总领事在1948年的一封信里曾经如此写道（我亲眼看过那封信），“我从美国人、德国人，尤其是从一些信仰犹太教的人那里听到的关于他的情况，就能证实这一点；其中许多人一谈到他，都带着极大的感谢和敬重之情。他那种高尚的品格，以及为不幸之人所做的不懈努力，理应让他获得德国人民的敬重，获得他为之如此无私地服务过的人的极大敬意。”

正是德军对捷克斯洛伐克的掠夺，才让斯特罗林博士开始反对希特勒；正是与格德勒博士的友谊，才让他成了一位同谋者。尽管他勉强继续担任斯图加特市长一职直到这场战争结束，这种情况令人惊讶，可他自1939年起，就开始积极地做工作，反对希特勒了。他曾经救下了21名在阿尔萨斯被德国判处了死刑的法国抵抗组织成员，其中一名成员后来说出了这件事情。这给他带来了极大的光荣，体现出了他的聪明与勇敢。

斯特罗林博士在第一次世界大战期间是一名步兵上尉，负过两次伤之后，1918年他曾与隆美尔在一起服役，同为第64兵团的参谋军官。由于两人都是习惯于在前线作战的军人，行政工作让他们觉得很不快乐，因此他们惺惺相惜，交上了朋友。尽管斯特罗林博士的兴趣爱好要比隆美尔广泛得多，可在两次战争期间，他们却一直保持着友谊。不久前，斯特罗林博士还帮了隆美尔一个忙，将隆美尔的家人从维也纳新城搬到了符腾堡。

斯特罗林博士是通过隆美尔夫人这层关系，开始做隆美尔的工作的。1943年8月，他勇敢地在一份由他和格德勒起草的文件上签署了自己的名字，要求德国政府废止迫害犹太人和教会的做法，要求恢复公民权利，要求剥夺纳粹党的司法权。这份大逆不道的文件，呈送给了当时的内政部部长。斯特罗林博士马上就受到了警告，说要是不闭嘴的话，他就会因为“对祖国犯下了罪行”而受到审判。“起码现在我满意了，”后来他说道，“想通过法律途径办成什么事情，是做不到的。”

斯特罗林博士将那份文件的副本送给了隆美尔夫人。大概是在11月底，或者是在隆美尔请短假回家过圣诞节的时候，她又把这份副本转交给了自己的丈夫；至于确切的时间，她记不太清了。这份文件给隆美尔留下了深刻的印象，因为他自己一直也在朝着这个方向思考。同年12月份，斯特罗林博士还设法到赫尔林根去拜访了隆美尔夫人一次；当时他得知，隆美尔手下的参谋长高西将军也会去。他此行的目的，原本只是想跟隆美尔会一次面；可他发现，高西将军也反对希特勒，最后还不得不去对付希特勒手下的一些走狗呢。

这次致命的会面，是1944年2月底在隆美尔位于赫尔林根的家里进行的，斯特罗林博士不得不秘密前往。斯图加特的前任警察总监（就是隆美尔从1919年就认识的那个哈恩）已经提醒过他，说德国如果发生抵抗运动的话，斯特罗林博士就是即刻清除名单中的一员。斯特罗林博士还得知，他的电话已经被当局监听，而他说的话也被人记录下来了。

这次会面持续进行了五六个小时，至于当时的情形，斯特罗林博士如今仍然历历在目。“一开始的时候，”他说道，“我跟他讨论了德国的政治和军事形势。我们发现，两人的观点完全相同。接下来我对隆美尔说：‘如果您认同关于形势的这些观点，那么您肯定也明白，我们必须采取什么样的行动。’我告诉他说，东线的一些高级军官提出，可以将希特勒软禁起来，强迫他在广播里宣布自己下台。隆美尔同意了这种办法。当时和后来，他对刺杀希特勒的计划始终都是毫不知情的。”

“我又对他说，”斯特罗林接着说，“他是我国最了不起、最受民众欢迎的一位将领，在国外比其他任何将领都更受人敬重。‘您是唯一一个’，我说，‘能够阻止德国发生内战的人。您必须为这场运动出力。’我并没有告诉他，我们已经提出了事成之后让他担任帝国总统的建议：事实上，这种想法是我回去跟格德勒谈过之后才提出来的，因此我认为他到去世的那一天前，都没有听说过此事。隆美尔犹豫了一会儿。我再次问他说，他是否看到了打赢这场战争，或者通过使用秘密武器来打赢这场战争的可能性。隆美尔回答道，他对什么秘密武器一无所知，只了解他在宣传报道中看到的那些东西，可他本人并没有看到打赢这场战争的可能性。从军事上来说，我方早已败了。他觉得希特勒认识到形势的严重性了吗？‘我表示怀疑，’隆美尔回答说，‘反正他是靠幻想活着的。’难道他不能要求见希特勒一面，努力让希特勒睁开双眼看看现实吗？‘我已经试过好几回了，’隆美尔回答道，‘可始终都没有成功。我并不介意再努力一次，只是司令部里的人对我疑心重重，自然不会让我单独跟他待着的，鲍曼那个家伙总是在场。’

“分手的时候，我们都认为，隆美尔应当在合适的时候再试一次，去见希特勒，让他恢复理智。如果那种办法不行，那么隆美尔应当写一封信给希特勒，摆明当时的整个形势，向他解释清楚不可能打赢这场战争的原因，要求他承担政治上带来的后果。最后，到了万不得已的时候，隆美尔应当亲自采取直接的行动。隆美尔考虑了一阵子，终于说道：‘我认为，挽救德国是我的职责所在。’听了这话，我就不再有任何疑虑了。隆美尔并不是一个很有学问的人，他对政治的了解，也比他对艺术的了解强不了多少。不过，他是一个诚实守信的人，绝不会食言。此外，与绝大多数将领不同，他是一个会勇敢地付诸行动的人。”

同年4月，施派德尔将军被任命为隆美尔的参谋长后，斯特罗林博士便找到了一个新的盟友。此后，斯特罗林博士几乎每天都通过情报员与施派德尔进行联络，并且通过施派德尔与隆美尔保持着联系。施派德尔已经与他的前上级、法国军政长官海因里希·冯·斯图普纳格尔将军，以及担任比利时军政长官一职的冯·法尔肯豪森将军进行过商讨。虽说隆美尔参与了其中的一些讨论，可这些人却没有把整体的情况告诉过他。斯图普纳格尔将军是这场密谋中的核心人物之一，他和施派德尔将军携手，起草了一份停战协定，希望与艾森豪威尔、蒙哥马利两位将军进行谈判。就算到时候希特勒没有被除掉，他们也会在希特勒不在场的情况下签订这份停战协定。这份协定中，规定了德军撤出西线所有被占领土的条款。而在东方，战线将会缩短并维持下去。

实际上，西方盟国是不可能同意这种条件的。盟国已经做出承诺，不能签订一个把苏联排除在外的和约。此外，盟国的脖子上还一直套有德国必须无条件投降这个“堕落的紧箍”。由于被自己在卡萨布兰卡作出的决定所缚，因此盟国“不分好坏地惩罚纳粹党统治下的所有德国人”的做法，不但巩固了希特勒的势力，延长了战争的时间，还白白地牺牲了成千上万名英美军人的性命。然而，施派德尔与斯图普纳格尔却认为，只要不是非得与希特勒或者纳粹党谈判，对于这样一个可以把苏联红军拒于西欧之外的机会，丘吉尔先生和罗斯福总统定会持欢迎态度的。

5月27日，在施派德尔位于弗罗伊登施塔特的家里，他们又召开了一次重要的会议。这次会议，是应隆美尔的要求召开的。参会的有施派德尔本人，他代表了隆美尔，还有斯特罗林，以及德国前外交部部长、后来又担任捷克斯洛伐克军政长官一职的冯·诺伊拉特。后来，在纽伦堡审判中，冯·诺伊拉特被盟国判处了15年的监禁。想到自己早已冒过落在希特勒的手中、受到严重得多的惩处的风险，他一定觉得这种判决有点儿讽刺吧。施派德尔将军还随口对我说道：“我们就是围着这张桌子召开会议的，冯·诺伊拉特坐的，正是您现在坐的那张椅子。”我不禁吓了一跳，坐直了身子。

带着德国人对文件记录的热情，斯特罗林博士还撰写了一份特殊的备忘录。他说，那份备忘录里全面地说明了目前的形势，目的是为隆美尔指路。“您的意思是不是说，”我问他道，“您将这些东西全都写下来了？”“是的，”他回答道，“我已经在办公室里让手下的一位员工用普通的笔迹抄录了一份。那名手下非常害怕，过后连当时所用的吸墨纸都烧掉了。我认为，施派德尔将军也不太喜欢将这份文件带在身上。然而，他还是把备忘录放进口袋带走了，我带着自己的那一份回到了斯图加特。”这样做，就好比是随身带了一颗“米尔斯”手榴弹[1]，保险销还露在外面。

隆美尔本人呢，却不像应当做到的那样“具有安全意识”。他在部队食堂里非常自由地谈论与战争、元首有关的问题，他很信得过自己手下的随从；要不是其中一人的尽职之心盖过了判断力的话，这样做原本也是无关紧要的。此人的任务就是撰写战时日记，并且用第一人称的口吻，就像是隆美尔亲自撰写的一样；他觉得，不但要把白天发生的事情记下来，还要把陆军元帅对这些事情的附带意见记录下来，那是他的职责。这样做的时候，他简直是一丝不苟。看到其中的一条记录之后，隆美尔都觉得很好笑：“7点，吃早餐（煎蛋卷）；7点30分，卡昂战斗开始了。”看到“与×××上尉及陆军元帅冯·克鲁格去散步”以及“与×××上尉讨论战争局势：他认同我的观点”时，隆美尔仍然觉得很好笑。然而，当他随便翻过一页，无意中看到：“希特勒的命令都是乱来，此人必定是疯了”，以及“每天都在毫无必要地牺牲将士的性命；必须立即和谈”的时候，他却没有那么觉得好笑了。“天哪，伙计，”隆美尔说，“你打算把我送上断头台吧！”随后，阿尔丁格尔便接受命令，马上去准备好一份经过修改与删节的版本。

后来，阿尔丁格尔和曼弗雷德一起把原件烧掉了，可他原本明显是打算将原件留在自己的档案里的。德国人这种喜欢将什么都写下来、连那些最隐秘的文件也保存下来的典型做法，将许多参与密谋的人都送上了绞刑台。

在5月27日的那次会议上，施派德尔将军描述了一下当时的军事形势。他结束讲话之后，冯·诺伊拉特说道：“有希特勒在台上，我们是永远都无法实现和平的。您必须告诉隆美尔，让他必须做好根据自己的职责采取行动的准备。”这既是其他人的想法，也是施派德尔将军带回拉罗什盖恩司令部

---

[1] “米尔斯”手榴弹（Mills bomb），即蛋形（卵形）手榴弹，由英国的威廉•米尔斯爵士设计研发而得名。

的消息。

与此同时，隆美尔采取行动的决心，也因为一次非常奇怪的经历而得到了强化。《钢铁风暴》一书的作者恩斯特·荣格是一位到过前线的军人，即便是在经历了1914年至1918年的那场战争之后，他也依然认为，战争是男人最高尚的一种职业。他是第一批利用写作这种武器，在其寓言小说《大理石悬崖》一书中反抗纳粹的作家之一；那部小说，后来还被纳粹德国定为了禁书。此时，恩斯特·荣格正在秘密准备，打算根据“在基督教的基础之上建立一个统一的欧洲，取消各国边界，让大众回归基督教信仰”的思想，起草一份和平条约。只有这样，才能打退布尔什维主义的威胁。隆美尔发现这种思想很令人激动，很具有说服力，因此曾经急切地盼望，在机会到来的时候可以公开发表这份草约，如今，该由他来创造这样一种机会了。

从2月份起，隆美尔就处在一种最非同寻常的位置之上，处在这种位置上的任何一位将领，或许都会有同样的感受。一方面，他是希特勒选定来防守“大西洋壁垒”的人，后者把在海滩上击退来犯之敌的任务交给了他。这样，他便再次得到了德国新闻媒体的公开宣传；这样，他不但获得了盟军的尊敬，同时也获得了德国陆军上下的敬重。另一方面，他很确信盟军的这次进攻事实上无法打退，因而正暗中忙碌着，准备在盟军进击成功之后向艾森豪威尔与蒙哥马利两位将领提出停战，除非他能够先让希特勒恢复理智。

这种两难的处境，他与海军中将鲁格曾在多次长谈中讨论过。“再打下去就真是疯了，”他曾经如此说道，“每天都让我国付出一座城镇的代价，可目的又是为了什么呢？不过是让人们更加确信共产主义会席卷整个欧洲，将所有的西方列强全都打垮罢了。”与此同时，他还认识到，想不经过希特勒就讲和是没有用处的，除非盟军的进攻行动获得成功，也只有到了盟军进攻获胜之后才能讲和。“在非洲的时候，我都是自己做主，”他曾经说道，“部队也全都指望我来做决策。可在这里呢，我不过是希特勒的代理人罢了。”由于每天都看到密集的宣传，并且绝对相信德国拥有种种神奇的秘密武器，因此普通官兵会把任何一个谈到投降的人都当成叛国者，并且绝大多数下级军官也会拒绝追随这种人。所以，德军必须努力击败敌人的进攻，同时也必须做好与盟军接触的准备工作。

带着一种了不起的心理平衡本领，隆美尔努力在这两个方面齐头并举。作为一名军人，他尽了最大的努力去唤醒西线陆军这头睡狮，同时用阻止盟军登陆的坚定决心，激发出部队的战斗意志。他还不分昼夜地工作，完善“大西洋壁垒”中那些被忽视了的防御工事。在命令中，他宣称“大西洋壁垒”是牢不可破的，或者说很快就会变得固若金汤。至于盟军的指挥官，他们也形成了一种夸张的印象，也认为这道壁垒无法攻破。盟军成功登陆之后，隆美尔又奋力作战，想将盟军赶下海滩。就算他当时完全是一心一意，就算他绝对相信自己预计的情况，他也不可能采取更多的措施。任何一位将领，也不可能比他更能持续不断地拿自己的生命去冒险。这样，从职业上来看，他就是忠于元首的，他也忠于德国陆军。在指挥过程中，他没有出现过一丝犹豫不决的迹象。尽管他向来都不喜欢无谓地牺牲手下的部队，可他还是将部队投入了反击当中；那是一种什么样的感受，我们完全可以想象得出。“我以前从来都没有让手下白白地送过死。”他曾经对鲁格说。他的战略与战术或许会受到人们的批评，可我方却没有一个人曾经说他“手下留过情”。

与此同时，他也切切实实地履行了2月份与斯特罗林博士会谈时提到的那些条件。他在6月12日呈送的形势报告，对希特勒提出了合理的警告，提醒他说局势已经“异常艰难”，而盟军的优势，尤其是空中优势，也让德军几乎失去了阻止盟军突破的希望。6月17日，他在苏瓦松获得了一次与希特勒单独会面的机会，大家曾一致认为，他应当努力寻求这样的机会。于是，他又给希特勒摆出了在军事上提出讲和的另一种选择，那就是在奥恩河后面构筑起一道防线。这一提议没有获得希特勒的批准之后，他和冯·龙德施泰特才开始讨论与西方列强签订和平条约的问题。最终，在7月15日，他向希特勒呈送了最后一份报告。可不待他收到希特勒的回复，因而也不待他能够实施最后一步，即与盟军指挥官进行接洽，他便受伤了。只有在这个方面，大家一致同意的计划才没有得到实施。

结果就是，隆美尔要是在这次受伤中去世了的话，反而会更好。在这种情况下，绝大多数人都是会重伤不治的，可他再一次表现出了异乎寻常的恢复本领与异常强大的生命力。巴伦·冯·埃西贝克自己勉强逃过一劫，因为他经常与隆美尔同行，7月17日那天之所以留在隆美尔的司令部里，只是为了撰写一篇关于后者的“小文章”；7月23日左右，他还到韦斯内特的医院里去见过隆美尔。当时，隆美尔正坐在自己的病床一侧。“很高兴见到您，”隆美尔说，“我还担心是医生呢。他不许我坐起来。我敢肯定，他认为我必死无疑。”他又说道，“可我一点都还不想死呢。您不妨给我拍张照片。”他一边说，一边站起身来，在病号服上套上自己的军装，没有受伤的右脸朝前，让冯·埃西贝克给他拍了一张侧面照。“英军将会看到，他们没有实现目标，还没有杀了我。”他说道。接下来，他继续相当正常地与冯·埃西贝克交谈了一会儿，将6月12日向希特勒呈交报告时已经说过的那些话又说了一遍，即德国已经打输了这场战争。冯·埃西贝克后来说：“他对纳粹空军的彻底惨败尤其不满，他没有说过任何想要刺杀希特勒的话。”

施派德尔和鲁格两人，也在隆美尔受伤几天之后去看望过他。他们发现，隆美尔竟然自己刮了胡子！有一位倒霉的少将医生曾经告诫隆美尔，说他必须真正保持安静，却被隆美尔狠狠地“批了一通”。“不要对我说准做什么、不准做什么，”隆美尔说，“我清楚自己能做什么。”此后，鲁格几乎每天都去看他，给他读些东西。“我看了凯勒曼写的一本叫作《隧道》的书，”鲁格说，“内容是关于修建一条从欧洲通往美国的隧道，隆美尔喜欢的正是这种东西。我们常常谈起‘战后’的情况。他对布列塔尼亚沿海气势雄伟的潮涨潮落印象深刻，还说想积极关注一个从潮汐中获取电力的项目。总而言之，他希望去做某种含有技术性和实用性的工作。”

隆美尔还与海军中将鲁格随意地谈到了那桩谋刺案。

“那样做，完全是一种错误的方法，”隆美尔说，“那个人就是一个混世魔王，为什么要努力让他变成一个英雄和烈士呢？他应当由军队逮捕，并且接受审判。除非德国人民了解到整个真相，否则我们永远都打不破希特勒这个神话。”

“当时，我真为隆美尔感到害怕，”鲁格说，“因此希望可以让他落入英军的手中。但是，由于我们是好朋友，因此我一直都没有鼓起勇气对他提出这一点。不管怎样，他都一心想要回国。”

8月8日，不顾韦斯内特医院首席军医埃斯克教授的反对，以及“B集团军群”军医史尼格大夫的反对，隆美尔坚持将自己转移到位于赫尔林根的家里去。“他已经下定了决心，”隆美尔夫人说，“绝对不能在身负重伤的情况下落入敌人的手中。”前面提到的那两位医生都陪着他一起前往，他们把隆美尔交给了图宾根大学医院的阿尔布雷希特和斯托克，由这两位教授负责治疗。阿尔布雷希特教授是大脑外科领域的专家，检查了隆美尔的伤情之后，他说：“我必须修改我给学生们上课时用的讲义了。受了这样严重的伤之后，原本是没有人能够活下来的。”他还说，“为了保证隆美尔自身的安全”，隆美尔最好是留在图宾根的疗养院里进行治疗。

出乎所有人的意料，隆美尔的伤情恢复得很快。他的身体一天天明显地强壮起来。与此同时，隆美尔夫人发现了一件奇怪的事情，那就是帝国和陆军司令部里所有位高权重的人物当中，竟然没有一个打电话来问一问他的情况。

她还不知道，希特勒的魔爪已经伸向了她的丈夫。不管怎样，他都会因为已经表达过那种“失败主义”的观点而受到怀疑的。不过，却有一条捷径，直接指向了他。7月20日傍晚，刺杀希特勒未遂、希特勒仍然活着并在发号施令的消息传开后，海因里希·冯·斯图普纳格尔将军就被陆军元帅冯·克鲁格召到了拉罗什盖恩。冯·克鲁格对这场谋刺是知情的，只是没有积极参与。假如刺杀成功，他就会公开站到密谋者一边去，还会亲自去跟盟军接触，签署停战协定。不料竟然是这样一种结果，因此他认为如今已经无计可施了，他对冯·斯图普纳格尔也是这样说的。接下来，令他惊恐的是，他得知后者在离开巴黎之前，竟然已经下令逮捕那里的盖世太保和党卫军的安全警察。而且，后者竟然希望冯·克鲁格继续实施最初制订的那个计划。冯·克鲁格元帅马上明确回答说，他无意去做那样的事情。两人气氛非常紧张地讨论了一会儿之后，他便命令冯·斯图普纳格尔返回巴黎，并且马上释放那些已经逮捕了的安全警察。

党卫军司令奥贝格将军原本已经做好了掩盖此事的准备，打算假称冯·斯图普纳格尔的逮捕命令只是一种演习。然而，第二天却传来了冯·斯图普纳格尔将军要到柏林去向陆军司令部汇报的消息，他是坐汽车出发的。没人说得清楚，他在那段漫长的驾车途中，究竟是什么时候决定自杀的。或许是在快到凡尔登的时候吧，因为第一次世界大战期间，冯·斯图普纳格尔将军曾经在这里打过一场场血仗，并且表现优异，总之，他选择的地点就是那里。他命令司机把车开到默兹运河的河堤上，把他留在那里。然后，他走到水中，掏出手枪，朝着自己的脑袋开了一枪。不过，这一枪只是打坏了他的眼睛。司机听到枪声，找到了他，把他从水中拖了出来。

司机开着车，把昏迷不醒的冯·斯图普纳格尔将军送到了凡尔登的医院里。医生实施了手术，摘除了他的一只眼睛。就在他开始恢复意识的过程中，冯·斯图普纳格尔将军还不停地喊着：“隆美尔！”据沃尔夫冈·穆勒上校称，是医院里的那位外科医生联系了巴黎的盖世太保。可据施派德尔将军称，当时党卫军与盖世太保已经围在他的病床边了。这两种说法的差异，可能只是一个时间的问题罢了。不管是直接得知还是间接得知的，反正盖世太保是得到了消息。在盖世太保的护送下，冯·斯图普纳格尔将军走完了前往柏林的那趟旅程。在柏林，他受到了严刑拷打。就算他又吐露了一些情况，事实上也没人知道他到底说了些什么。他精神错乱的时候，说的已经够多了。折磨过后，他受到审判并被判处了绞刑。施派德尔说他是一个勇敢可敬的人，是一位“见义勇为的骑士”。遗憾的是，他用手枪自杀的时候，准头差了一点儿。[1]

8月18日，陆军元帅冯·克鲁格也被召至柏林，得知当局决定用同样的方法对付他之后，冯·克鲁格便服了毒，没出岔子地自杀身亡了。

在赫尔林根，时间一周一周地安然过去了；唯一的事情，就是阿尔布雷希特教授不时前来给隆美尔进行治疗，他为病人的康复情况感到高兴。隆美尔能够下床，坐在花园里晒太阳，不久后又能散散步了。在康复初期，只发生了一件相当奇怪的事情。8月中旬，他回到家里后不久，有人曾经想要从一条通往防空洞的隧道进入他家，遭到了盘问，而警卫也开了枪之后，那人便逃走了。没人太过关注这件事情，1944年夏季，德国国内可有很多的怪人、逃兵、逃跑的战俘和外国劳工，在到处乱蹿呢。

9月6日，隆美尔家又来了一位不速之客。施派德尔将军来到隆美尔家，告诉后者说，前一天他已经被暂停“B集团军群”参谋长一职了。第二天，他就要到柏林去向此时担任陆军司令部参谋长一职的古德里安将军报到。

“他告诉我们，”隆美尔夫人回忆道，“说凯特尔和约德尔一直在说我的丈夫是个‘失败主义者’，因此提醒我的丈夫，要提防这两个人。由于我的丈夫身体状况不好，所以他没有说更多的事情。我的丈夫认为，凯特尔和约德尔两人是在寻找一个替罪羊，来承担西线战事失利的责任。他认为，这就说明了德国的报纸和广播之所以报道了他的这次‘事故’，却没有报道敌人进攻的原因，说明了德国的报纸和广播之所以在公布消息方面速度极慢，外国报纸好几天前就登出来了的消息，国内却迟迟不登出来的原因。”

施派德尔并没有获得前往柏林去报到的机会。或许是因为对他的性格

---

[1] 请不要把他与奥托•冯•斯图普纳格尔混淆起来。奥托•冯•斯图普纳格尔在他因为对俘虏犯下了罪行而等待审判的时候，在法国的一座监狱里自杀身亡了，我没有听说当局对海因里希提出过这样的指控。——原注

判断失误，有人担心他会像陆军元帅冯·克鲁格、贝克将军、冯·斯图普纳格尔以及其他人那样，担心他会想用一种较为容易的方式获得解脱。早上6点钟，就有人使劲地敲他位于弗罗伊登施塔特的家门。来者是一名党卫军军官，以及一名武装警卫。那名军官要求施派德尔将军马上跟他走一趟，由于时间太过仓促，那名军官并没有停下来搜查施派德尔的家里。因此，施派德尔夫人才能将挂在他们家客厅里显眼之处的、贝克将军的一幅照片取了下来（如今这幅照片依然挂在他们家的客厅里呢），她还有时间将一些文件藏匿起来。党卫军用汽车把她的丈夫带到了斯图加特，然后又在那里改乘火车，在警卫森严的情况下前往柏林，关进了盖世太保位于阿尔布雷希特王子街上的那座监狱。那天上午晚些时候，他的私人秘书往赫尔林根打了个电话，把施派德尔将军被捕的消息告诉了隆美尔。尽管隆美尔此时名义上仍是“B集团军群”的司令，却一直没有接到施派德尔被捕的正式通知。隆美尔写了一封信，亲自向希特勒表达不满；他派人把这封信送给了赛普·迪特里希，请后者呈交给元首。就算后者呈交了，希特勒也没有给出任何回复。

当天下午，赫尔林根的一些朋友都打电话给隆美尔夫人，提醒她说，有人看到她家附近有模样可疑的人，那些人显然是想要进入她家。只要有人前去盘问，那些人便会走开。阿尔丁格尔能够证实，当天下午大概3点半钟的时候，两个可疑者中那个戴着墨镜的人，就已经在隆美尔家后面那处高地上的树林中就位了。阿尔丁格尔还得知，那两个人持有新的通行证，上面说他们是来自雷根斯堡的工程人员。他们自称从事的是战时特殊工作，如今撤退到了赫尔林根地区。当地一家小旅馆的老板，也向已经跟随了隆美尔多年的秘书伯特赫尔副官报告，说那些人的汽车就停在隆美尔家附近。傍晚时分，由于已经获知施派德尔被捕的消息，斯特罗林博士冒着风险，从斯图加特来到了赫尔林根。他发现，隆美尔家已经被警戒，而隆美尔既忧心忡忡，又有一点儿惊慌，向他打了一个手势，要他用很小的声音说话。隆美尔说，家里有可能被人偷偷安装了窃听器。隆美尔的办公桌上，摆着一支手枪。斯特罗林问，他为什么想用手枪。“我不是怕英军或者美军，”隆美尔回答道，“只怕苏联人，还有德国人。”接着，他给斯特罗林博士看了看他写给希特勒的那封信的副本，两人还讨论了有没有可能帮到施派德尔的办法。隆美尔解释说，他已经给陆军司令部打过电话，却无法得到满意的答复。陆军司令部里的人，连他手下这位参谋长被捕的原因都不愿告诉他。这是斯特罗林在隆美尔生前最后一次见到他，过后不久，隆美尔夫人便打电话给斯特罗林，要求他不要再去她家了。此时，她已经在担忧，认为盖世太保没准哪天就会找上门来。

几天之后，又来了一位访客，此人叫梅耶尔，是纳粹党的地方党魁，来自乌尔姆。他表面上是隆美尔的朋友，在一起喝茶的时候，他问隆美尔信不信得过自己的手下。乌尔姆的党卫军头头已经告诉他说，隆美尔不再相信德国有任何获胜的机会，并且正在习惯性批评希特勒和德国最高统帅部。连曼弗雷德也觉得，当时父亲跟梅耶尔说话太过随便了。“获胜！”隆美尔大声说道，“您何不去看一看地图呢？英军在这里，美军在这里，苏军在这里，谈论获胜还有什么意义呢？”梅耶尔说到了希特勒之后，隆美尔又回答说：“那个该死的蠢货！”梅耶尔请他说话时小心一点儿，“您不该说这样的话，陆军元帅，”他提醒道，“您会招来盖世太保的，就算他们现在还没有注意您。”

最近，有位意大利记者撰写了一个故事，大意就是梅耶尔回家之后，写了一份3页的报告，记述了此次谈话的情况，并于第二天带着报告前往柏林，亲自交给了鲍曼。隆美尔的家人却不相信这个故事，梅耶尔出生于海登海姆，后来与曼弗雷德·隆美尔在法国林道市的一座战俘营里一起关押了好几个月；他曾信誓旦旦地对曼弗雷德说，后者的父亲是被人谋杀的，他对此深信不疑。此人后来死在美军的一座集中营里，因此我无法再去询问他了。这个故事很有可能是真的，要知道，利用诱饵可是纳粹分子惯用的手段。

又过了1个月，上头才采取下一步措施。此时，隆美尔能够坐车到图宾根去接受治疗了。不久，他就会在10月10日按期前去治疗。10月7日，陆军元帅凯特尔给他打来了电话，隆美尔必须在10月10日赶到柏林，参加一场重要的会议。9日晚会派一辆专列来接他，隆美尔给阿尔布雷希特教授打了电话，解释说自己受命要前往柏林，要求将这次治疗延期。阿尔布雷希特和斯托克两位教授都强烈反对，建议他不进行这样的长途奔波。隆美尔便让阿尔丁格尔给凯特尔本人打电话，接电话的是陆军人事部门的布格多夫将军。“我的丈夫亲自跟他说了话，”隆美尔夫人说，“阿尔丁格尔上尉和我都在房间里。他请布格多夫将军转告陆军元帅凯特尔，说医生不许他在目前的身体状态下前往。接着，他问此次会议的内容是什么，有没有可能派一位军官来见他。布格多夫将军回答说，元首已经下了命令，陆军元帅凯特尔必须见到他，讨论他日后职务的问题。”与元首之间经过了那么多的事情之后，隆美尔已经不指望自己能够被元首再度起用了。再说，在将来的好几个月内，他也不适合担任现役指挥职务。阿尔丁格尔的印象是，隆美尔当时心神不安；但只有这一次，隆美尔没有跟他谈起自己的想法。隆美尔对妻子也没说什么；只是自施派德尔将军被捕以来，她一直就在为他担着心。那天上午，曼弗雷德返回他隶属的防空炮兵部队去了。

又过了5天，柏林那边没有传来进一步的消息。10月11日，海军中将鲁格来他家吃晚饭，并且留在那里过夜，两人一直交谈到午夜过后。隆美尔将凯特尔元帅命令他前往柏林的事情告诉了鲁格，说自己因为觉得身体不舒服而没有服从命令。他还说：“我不应当前往柏林，我绝对不会活着到达那里的。”鲁格说：“听到这话，起初我呸呸了几声，可他接着说：‘我知道，他们会在路上干掉我，然后伪装成一场事故。’我认为，正是这种想法，影响了他在两天之后做出的决定。”

10月13日，位于斯图加特的第5战区司令部打来了电话。当时，隆美尔和阿尔丁格尔都出去了，电话是一名勤务兵接的。对方告诉勤务兵，要他通知陆军元帅，说布格多夫将军第二天中午将会抵达赫尔林根，陪同布格多夫将军前来的，将是梅赛尔将军。梅塞尔将军也是陆军人事部门的官员，自7月20日起，他就一直在调查一些军官参与刺杀希特勒的案子。隆美尔接到这一消息之后，几乎什么都没有说。他曾告诉阿尔丁格尔，两位将军无疑是前来跟他讨论敌军进攻的问题，或者是讨论他担任新职的问题。那天的其他时间里，他表现得异常安静。

第二天早上，曼弗雷德放假，坐6点的火车回到了家里。到家后他发现，父亲已经起床了。他们一起吃了早饭，然后出去散了很久的步。隆美尔把布格多夫将军与梅赛尔将军即将前来的消息告诉了儿子。“他们来干什么？”曼弗雷德问道，“是要给您委任新的职务吗？”“他们是那样说的。”隆美尔回答道。曼弗雷德觉得，父亲当时的神色显得忧心忡忡。然而，他还是强打精神，跟儿子说话，聊了聊曼弗雷德的一些事情和前途问题。隆美尔希望儿子当一名医生，而不是军人。他们回到家里的时候，刚好是上午11点钟。

正午时分，布格多夫将军准时到了，随行的除了梅赛尔将军，还有一位艾伦伯格少校，另一人则是初级参谋，他们是乘坐一辆绿色小车来的，司机身穿党卫军的黑色制服。两位将军同隆美尔握了握手，后者向他们介绍了隆美尔夫人、曼弗雷德和阿尔丁格尔等人。过了一会儿，布格多夫将军说，他希望能同陆军元帅单独谈一谈。隆美尔夫人上楼，回到了自己的房间。隆美尔领着布格多夫来到楼下的一个房间里，梅赛尔将军也跟了进去。就在他们去往那个房间的时候，隆美尔向阿尔丁格尔转过头去，要他把文件准备好。他早已提醒过阿尔丁格尔，要后者把他在诺曼底一战中发布的命令与形势报告等文件准备妥当，因为他推断自己一定会受到讯问，而内容则是关于盟军进攻方面的情况。阿尔丁格尔自然早已将文件整理好了，因此他继续与前门外面的艾伦伯格少校攀谈，而曼弗雷德则走到楼上，继续给父亲用的一些地图上色。过了差不多1个小时之后，梅赛尔将军出来了。随后又过了一两分钟，布格多夫将军也走出了房间。隆美尔没有同他们一起出来。他上楼见自己的妻子去了。

“他一走进房间，”隆美尔夫人回忆道，“脸上带着一种极其古怪而可怕的神情，我一下子就惊叫了一声：‘您怎么啦？发生什么事情了？您病了吗？’他看了看我，回答道：‘我是来跟你道别的。15分钟之后，我就要死了……他们怀疑我参与了谋刺希特勒的案子。似乎是因为我被列入了格德勒的那份名单，说我要当帝国总统……我一生中从来都没有见过格德勒这个人……他们说冯·斯图普纳格尔、施派德尔将军和冯·霍法克上校揭发了我……这是他们惯用的手段……我已经跟他们说过，我不相信，这不可能是真的……元首给了我两个选择，要么服毒自杀，要么就是被他们押到人民法庭去接受审判，他们已经把毒药带来了，他们说，这种毒药只要3秒钟就会起效。’”隆美尔夫人央求丈夫接受法庭审判。他绝对没有参与谋刺希特勒一事，也绝对不会同意别人那样去做。“不，”隆美尔回答说，“我并不害怕公开接受审判，因为我可以为自己所做的一切进行辩护。只是我很清楚，我是绝对不可能活着到达柏林的。”

就在他向妻子道别的时候，曼弗雷德高高兴兴地走进房里，正好目睹了父亲的这一幕，那两位将军正在等着隆美尔。他跟儿子也道了别，接下来，他转身走进了隔壁的房间，曼弗雷德跟着走了进去。隆美尔叫来了勤务兵，让后者把阿尔丁格尔找来，他向阿尔丁格尔解释了自己即将面对的结局。此时他非常平静，可阿尔丁格尔却听得到隆美尔夫人在自己房间里啜泣的声音。阿尔丁格尔可不愿意他这样束手就擒，“我对他说，”后来阿尔丁格尔如此描述道，“他起码也应当试着逃走。我们为什么不能一起开枪，杀出一条路逃走呢？以前我们也身处过这样的险境，并且成功逃脱了。‘这样不好，我的朋友，’他回答道，‘就这样吧。所有街道都被党卫军的车辆封锁了，这座房子四周也全都是盖世太保，我们是绝对不可能回到部队里的。他们已经控制了电话，连给指挥部打个电话我也办不到。’我说，我们起码也可以打死布格多夫和梅赛尔两人。‘不行，’隆美尔说，‘他们只是奉命行事。而且，我还要替妻子和儿子考虑。’接下来隆美尔告诉我说，他们已经答应，如果他选择第一种办法，就不会伤害他的妻子和儿子，他们会支付一笔抚恤金给隆美尔的家人。他们会给隆美尔举行国葬，他们会把隆美尔葬在他的家乡赫尔林根。他们已经想好了葬礼的所有细节，并且一一向他解释过了……不过，假如他被押到人民法庭去接受审判（并且自然也会被定罪），那就完全是另外一种情形了……‘我已经跟夫人谈过，已经下定了决心，’他说，‘我绝不允许自己被希特勒那样的人绞死。我没有想过要谋杀他，我只是努力为祖国服务，并且终生如此；但是，如今我必须这样做。大概半个小时之后，乌尔姆那边就会打来电话，说我遭遇了事故，不幸身亡的。’他下定决心之后，再去跟他争论就是毫无用处的了……”

参与这次谋杀后幸存下来的、为数不多的人中，有些人觉得隆美尔应当坚持到人民法庭去接受审判，应当揭发希特勒的暴行，为德国进行最后一搏。他们说，隆美尔站到被告席上，会动摇民众对那个政权的信任。假如隆美尔更加狂热一点儿，假如他做好了牺牲掉妻子和儿子的心理准备，假如他的身体更好一点儿，假如他确信自己能够活着到达柏林，假如他愿意被人说成是一个恶棍，愿意公开赴死，或许甚至没有说话的机会，那么他的选择可能就会不同了。他不管采取哪种正确的做法，都是永远会让人产生争议的；可当时这种选择不管勇不勇敢，都必须在1个小时内做出。

做出决定之后，隆美尔便同曼弗雷德、阿尔丁格尔一起走下楼去，两位将军正在看着花园那边。他们来到汽车边上，隆美尔先上车，坐在后座上。布格多夫和梅赛尔跟着上了车，艾伦伯格少校早已离开，去做安排，汽车开走了。

25分钟后，电话响了，阿尔丁格尔接过了电话，电话是艾伦伯格少校从乌尔姆打来的。“阿尔丁格尔，”他说，“发生了一件可怕的事情。陆军元帅在车里得了脑出血，他已经去世了。”阿尔丁格尔没有回答。“您听到我说的话了吗？”艾伦伯格问道。“是的，”阿尔丁格尔回答说，“我听到了。”“那么请您转告隆美尔夫人，我马上就会返回她家。”阿尔丁格尔步履沉重，慢慢上楼，向隆美尔的遗孀走过去，他根本就没有必要对她说什么。半个小时后，他听到了一辆汽车沿着车道驶来的声音，阿尔丁格尔向门口走去。艾伦伯格说，他希望见一见隆美尔夫人。阿尔丁格尔回答道，夫人无法接待。艾伦伯格并没有坚持，他和阿尔丁格尔开着车子前往乌尔姆的医院，一路无话。然后，他把阿尔丁格尔带到了一个小房间，里面停放着隆美尔的遗体。“我原想跟他单独待一会儿，”阿尔丁格尔说，“可艾伦伯格不准。”

他在给我述说这段往事的时候，泪水顺着脸颊滑落下来。30年来，隆美尔一直都是他的朋友，也是他心目中的英雄。我需要努力定一定神才能记住，阿尔丁格尔这个态度严谨的小个子，原本可以在某个政府部门安逸地度过一生，可他竟然出生入死，在两次战争中经历过那么多的战斗。在餐桌的后面，他那位身材丰满、相当年轻的妻子安静敏捷地缝补着衣服。在这个家里，隆美尔永远都不会被人遗忘。

阿尔丁格尔走后，担任驻乌尔姆部队司令一职的库兹马尼上校来到了隆美尔位于赫尔林根的家里，隆美尔夫人接待了他。库兹马尼上校深受感动，只是他并没有怀疑，其中竟然另有真相。他称，隆美尔被送到医院后不久，布格多夫将军和梅赛尔将军便来到了他的指挥部，宣布了陆军元帅突然身亡的消息。接下来，他们便命令他做好举行一场国葬的准备工作。

那天下午晚些时候，阿尔丁格尔开车，将隆美尔夫人和曼弗雷德送到了那家医院。医院的首席军医告诉他们说，两位将军下午1点25分把人送来的时候，隆美尔已经去世了。根据两位将军的命令，他还是给隆美尔打了一针强心针。“他没有任何反应。”那名军医用平平淡淡的语气说道。阿尔丁格尔觉得，那位军医似乎还想说点什么，却又不敢。然而，那位军医的确还是说了几句，他说，根据上头的命令，任何人都不准给隆美尔做尸体解剖。接下来，他领着众人来到那个房间里。“看到丈夫的时候，”隆美尔夫人回忆道，“我马上就注意到，他的脸上带着一种深深的蔑视之情，这种表情，我们终生都没有在他的脸上看到过。”这种表情，如今在他死后拓下的面部模型上，可能还会看得出来。

第二天晚上，即15日晚，他们前往火车站去接隆美尔的姐姐，她是他们打电话，从斯图加特过来的。当时，阿尔丁格尔受命前往乌尔姆的军事指挥部去报告，他们便顺道把他送了过去。“我们正在外面等着的时候，”隆美尔夫人说，“梅赛尔将军突然出现了，他向汽车走来，开始向我表达他的同情之意。我一边大声说着话，一边转过头去，假装没有看到他伸过来的手。”阿尔丁格尔称，梅赛尔将军曾经向他打听，问隆美尔夫人在哪里，看“她受不受得了这种打击”。“在外面的汽车里，”阿尔丁格尔回答说，“您要干什么呢？”隆美尔的姐姐看到弟弟的遗体之后，也像前天晚上其他人都已注意到的那样，说她马上便看出了隆美尔脸上的那种蔑视表情。

此时，他们还没有把隆美尔的死因告诉她。

隆美尔的遗体被送回了家里，身上覆盖着纳粹党的万字旗，脸没有被蒙住，停放在他曾经与两位将军会谈过的那个房间里。根据乌尔姆发来的命令，两名军官举着拔出的军刀，守卫着隆美尔的遗体。

布格多夫将军和梅赛尔将军返回柏林去了，他们走了之后，阿尔丁格尔才发现，隆美尔的军帽和陆军元帅权杖不见了。出于性格使然，他便立即给布格多夫将军打电话，要求归还这两件东西，以及他们从隆美尔身上拿走的任何文件。军帽和元帅权杖失而复得了，可隆美尔在7月15日写的那封信，即阿尔丁格尔知道隆美尔胸前口袋里放着的那份副本，却没有归还。在柏林最后一天的战斗中，布格多夫将军战死了，梅赛尔将军如今仍然住在美军占领区里。

两年之前，在法兰克福一个“整肃纳粹法庭”出庭受审的梅赛尔曾经透露说，汽车开出隆美尔家几百码之后，就在布劳博伊伦路上停了下来。布格多夫将军命令梅赛尔和司机下车，因为他希望与隆美尔元帅单独待一会儿。

“大约5分钟后，我们注意到布格多夫将军也下了车，在旁边的马路上走来走去。又过了5分钟，他向我们挥了挥手。我们走过去之后，看到陆军元帅斜靠在后座上，一动不动。”那名党卫军司机名叫多泽，据他说，隆美尔当时正弓着腰呻吟着，可实际上已经神志不清，显然已经到了临死前痛苦挣扎的那个阶段。党卫军都是判断这种事情的好手，多泽将隆美尔扶起来，把掉到地上的帽子也给他戴好了。

梅赛尔将军还对法庭说，他原本无意相信隆美尔与刺杀希特勒的阴谋有牵连，因为希特勒特别喜欢隆美尔。不过，待布格多夫将军将打印在两页纸上的那份声明宣读出来之后，隆美尔的行为就完全不是那么回事了，因为“我的印象就是，指控他的罪名都是绝对正确的”。没人对他的说法提出质疑。隆美尔夫人曾经受到法庭邀请，要她去作证，可她拒绝了，因为即便是在梅赛尔将军站在被告席上的时候，她也不希望再见到这个人。该案押后再审，以便搜集更多的证据。1949年夏季，法庭判决梅赛尔将军犯下了《整肃纳粹法》规定的第二类罪行。法庭判处他两年监禁。由于梅赛尔将军在此案调查的过程中，羁押的时间已经远远超过了两年，因此宣判之后，他并没有入监服刑。有人曾对我说，布格多夫是一个“经常喝得醉醺醺、满嘴脏话的刽子手，原本绝不应该当上将军”。至于梅赛尔，与他相熟的一位将领曾经如此评价道：“如果有什么肮脏、阴险的事情正在进行，那么您就可以肯定，梅赛尔必定在这件事情的哪个地方插了一手。”

“我恨不得亲手掐死梅赛尔将军。”“非洲军团”的约翰·克拉莫将军曾经如此说道。

隆美尔的死讯公布之后，各地开始涌来潮水一般的唁电与悼念信。10月17日，希特勒也发来了一份语气不是很热情的唁电：

“请接受我对您失去丈夫表示最深挚的同情。”电文说道，“隆美尔元帅的名字，将永远与北非地区的英勇战斗联系在一起。”我们看得出，电文中既没有提到诺曼底，也没有提到隆美尔受伤的事情。戈培尔博士及其夫人也表达了深切的悼念之意。约阿希姆·冯·里宾特洛甫则说，得知隆美尔“因为在法国身受重伤”而不幸去世的消息，他深为感动。他还鼓励隆美尔夫人说：“他（隆美尔）的成就将载入这个伟大时期的史册之中。”

后来，凯瑟林元帅曾经如此写道：“有些时候，我并不是完全同意他的观点，就像他也并不是始终都理解我的想法一样……（不过）他被委派担任西线的指挥要职后，我还是非常高兴的，因为我明白，他与英美两军的作战经验将发挥出最大的价值……他的精力、他那种鼓舞人心的性格以及他的直觉，将会防止许多原本可以防止出现的问题。”甘巴拉将军是印军中最优秀的将领之一，他曾写道：“他将永远活在那些像我一样，有幸见过他在炮火之下始终保持冷静与无畏的人的心中。”陆军元帅莫德尔继冯·克鲁格之后任西线总司令一职，他曾经颁布了一份《反攻动员令》，其中在提到隆美尔的时候，说他是“德国最伟大的指挥官之一……具有一种闪电般迅速的决断力，是一位最勇敢、具有无与伦比之锐气的军人……他始终处在前线上，以身作则，激励手下的官兵做出新的英勇事迹……”

也有一两个对此无动于衷的人，当时也好，后来也罢，凯特尔与约德尔两人都没有对隆美尔表达过任何敬意。至于希特勒的副手海因里希·鲍曼，他在信中竟然忘记加上惯常所用的“希特勒万岁”。几天之后，此人便辞职了。

希姆莱的慰问，用的则是一种不同寻常的方式。至于慰问的内容，也很不寻常。隆美尔去世三天之后，希姆莱曾派自己的私人秘书贝恩特送了一封私函给隆美尔夫人；关于贝恩特这个人，本书前面已经提到过，他是从德国宣传部加入“非洲军团”的。私函的内容是，希姆莱了解整个真相，此事让他觉得非常恐怖，他绝对不会参与这样的事情。此时，贝恩特正在党卫军中服役，他原本已经回到了宣传部，可因为重复了隆美尔关于德国在此战中已经失败的论调而被戈培尔一脚踢了出去。在希姆莱的私函中，贝恩特还加上了自己的评注。他宣称，希特勒同样是清白的，此事是凯特尔与约德尔两人的“杰作”。后来，他还在前线上写了一封奇怪而疯狂的信，过后他就战死了。他在信中称，隆美尔的死具有某种“更高的目标”，但希特勒对此没有责任。他无疑是确信这一点的，因为他正是那些从未对元首失去过信任的人之一。不过，就算希姆莱的确没有参与此事，他至少也知道，凯特尔与约德尔两人是绝对不敢在没有主子命令的情况下除掉隆美尔的。而在这两个人除掉许多重要人物的过程中，他们没去征求过希姆莱本人意见的，也没有几桩。安排此事的责任究竟在谁身上，我们可能永远都无法确定下来。即便是在系统化的纳粹德国，杀害陆军元帅这种级别的人物，其命令几乎也是不会形成书面记录的。隆美尔的家人和朋友，对于究竟是谁下的命令，却没有过丝毫的怀疑。

葬礼在10月18日举行。这可是一件极其烦琐的事情，跟美国芝加哥的黑帮分子一样，纳粹党徒具有一种重视丧葬的意识。他们在葬礼方面也没有吝惜，因为这些人都是长于举办仪式的高手。希特勒已经下令全国哀悼，而隆美尔也是带着最高的军人荣誉下葬的。附近地区的所有部队，全都参加了葬礼。灵柩运出家门的时候，上面覆盖着一面大大的纳粹党旗，一名头戴钢盔、手上戴着白色手套的警卫举枪敬礼。

后来，灵柩运到了乌尔姆的市政大厅。隆美尔静静地躺在那里，躺在乌尔姆市民原本用于娱乐和进行其他活动、有座穹顶的那个大房间里。市政厅外，挂满了旗帜；室内的柱子上，顶端都装饰着雄鹰、国旗和桂冠。他的灵柩上面，放着他的元帅权杖、钢盔和佩剑。他在两次世界大战期间荣获的那些勋章上的宝石，在一块天鹅绒垫子上闪烁着光芒。四名佩戴着“非洲军团”臂章的军官担任护灵任务。随着仪式即将开始，他们被国防军的四名将军换了下来。外面的广场上，整齐地排列着两个连的步兵，加上一个空军连；当时的微妙之处就是，广场上还有一个党卫军连。此外，还有一支军乐队。

成千上万的人挤到广场上，其中有许多的男孩子和姑娘，在他们的心中，隆美尔一直都是一位英雄。他们看到，各个兵种的高级军官，纳粹党、帝国和德国盟国的代表都陆续抵达了。最后，陆军元帅冯·龙德施泰特这位德军中资历最老的现役军官也来了。他与隆美尔的家人一起走进大厅的时候，乐队奏起了选自《诸神的黄昏》[1]中的那首葬礼进行曲。接下来，陆军元帅冯·龙德施泰特以元首的名义发表了讲话，说元首“以军队领袖的身份，将我们召到这里，跟这位在战场之上光荣倒下的陆军元帅道别”。

冯·龙德施泰特此时年事已高，据说当时他描述了隆美尔在诺曼底与敌人作战时受伤的过程。“无情的命运，”他接着说，“就在战斗已经打到了转折点的那一刻，把他从我们的手中夺走了。”然后，他又列举了隆美尔在两次世界大战中担任过的军职，详细地说明了他在非洲进行的一场场战役，以及他在其间获得的尊重、连敌人也敬重他的情况。他较为轻描淡写地将诺曼底一役带过，只是说隆美尔“不知疲倦地为抗击入侵做准备”，而在战斗打响之后，又丝毫没有考虑到个人的安危，毅然投入了战斗。

当他宣称“这位在推进元首和帝国的事业中不知疲倦的斗士”的内心“充满了国家社会主义精神”，并且正是这一点给了他无穷的毅力，是他所有行动的主要动力时，冯·龙德施泰特这位陆军元帅，或者是撰写讲稿的那位不知名的作者，便将这次演讲推到了高潮，也将其中的讽刺意味推到了高潮。最后，他以这样一句不朽的名言，结束了演讲：“他的心，永远属于元首。”

接下来，冯·龙德施泰特又“以希特勒的名义”，将一个巨大的花圈放到了隆美尔的脚头，而军乐队则演奏起《我有一位同志》；这首曲子，或许是一位军人向另一位军人表达的所有敬意中最令人动容的一种，希特勒终究是一个多愁善感的人。隆美尔的灵柩被人们从市政大厅抬到一座炮架上，由一辆巨大的步兵半履带车拖着，前往火葬场。在这种情况下，他们是不会留下让人把遗体挖掘出来就可以找到的那种证据的。那辆半履带车的座位上，坐着几排年轻的士兵，他们坐得笔直，双手合在一起。接下来，警卫再次举枪敬礼，军乐队开始演奏，将领们和纳粹党的头子们都硬挺挺地立正，又有一些人发表了讲话，隆美尔的勋章放在天鹅绒垫子上，摆到了他的前面，元首送的花圈则摆在最前面。

---

[1] 《诸神的黄昏》（Götterdammerung），德国浪漫主义音乐大师瓦格纳（Wilhelm Richard Wagner，1813—1883）所作的一部著名歌剧。

海军中将鲁格是搭专列从柏林赶过来，代表德国海军参加葬礼的。他并不了解真相，但冯·龙德施泰特在市政大厅里的态度，以及这位陆军元帅没有跟到火葬场去的事实，却让他产生了某种怀疑。悼念者当中，还有施派德尔夫人、斯特罗林博士和冯·诺伊拉特。对于他们来说，前来参加葬礼需要具有极大的勇气才行。施派德尔夫人几乎不再指望自己能够看到活着的丈夫，因为阿尔布雷希特王子街上的那座监狱，进去之后几乎就不可能再出来，她和孩子们的处境极其危险。至于斯特罗林博士，隆美尔夫人在14日晚上给他打电话，告知她丈夫已经去世的消息之后，他马上便猜出了真相。从那时候起，他每天上午都是在清晨就开始等着，等待唤醒施派德尔夫妇的那种猛烈的敲门声了。难道不是他，才让隆美尔走上了这条不归路吗？冯·诺伊拉特也深深卷入了此事。葬礼现场肯定有盖世太保，当时，的确有一名有点儿孤僻、样子文雅、身穿平民服装的小伙子，在围墙后面注视着。难怪，施派德尔夫人对斯特罗林博士的问候，似乎都不敢做出回应呢。然而，在这种场合下将他们逮捕，将是很不合适的。希特勒这位“制片人”已经决定，最后这一幕必须带着庄严和悲哀的调子演完。演出的指令，就是“深切缅怀已故的陆军元帅”。

第二天，隆美尔的骨灰被带回了赫尔林根的家里。赫尔林根坐落在一个山谷当中，两侧都峭立着林木密布的山岳，白色的房子上面是红瓦屋顶，家家窗台之上都摆着花盆箱，是一个美丽的村庄。一道清澈、水流湍急的小溪，穿村而过。每年春季，各家花园里开满鲜花的时候，或者在当时所处的秋季，树叶全都变成金黄的时候，这里的景色最佳。村中那座白色的教堂也很有魅力，因为教堂的屋顶陡峭得有点儿像是谷仓，上面覆盖着饱经风雨的瓦片，还有一座方塔，上面是一个褪了色的绿色穹顶。由于第一任符腾堡国王在1816年曾经重新修复过，因此教堂里如今还保存着可以追溯到14世纪的遗迹。教堂的周围，是密集的村居。教堂墓地呈梯田状，往下一直延伸到路上，而路的另一侧，就是那条小河；尽管这座教堂是一座天主堂，但天主教徒和新教徒死后都是安葬在这里。春季里，墓地上会开满紫罗兰和桂竹香。在父辈们的墓碑前面，立着一个个小小的木制十字架，正是我们在军队墓地看到的那种十字架的微缩版；它们用于纪念赫尔林根那些在非洲、卡西诺、里加、别尔哥罗德等地牺牲的年轻人，可更为常见的情况是，其中很多人完全是“在东方”牺牲的。教堂墓地四周有一道白色的围墙，墙边种着开花的灌木。这道围墙一角上的那一小块地，就是专门给隆美尔留出的墓地。

站在那里，我们只能看到后面的教堂、马路那边的树顶，以及左边一座有如马塔杰尔山那样陡峭的荒山上的草坡。这是一个宁静的地方，在这里，当着他的朋友和家人的面，所有可能随着隆美尔逝去的东西，全都埋进了墓穴当中。

尽管我们很难去问一位女性，看她站在被别人谋杀的丈夫墓穴旁边时有什么样的感受，但由于我已经与隆美尔夫人很熟悉，因此我才能够问她，当时她有没有禁不住想大闹一场，公开谴责谋杀隆美尔的那些人。“很难不那样做啊。”她回答说，“在市政厅里，陆军元帅冯·龙德施泰特讲话的时候，我真的很想大喊一声，说他们全都是在骗人。不过，那样做又有什么用呢？他们会想方设法掩盖，不然的话，我的丈夫就会公开受辱。不管怎么说，他都已经死了……而且，我还得替曼弗雷德考虑。我不再在乎自己，可您一定知道，他们连那些在7月20日后处决的人的远亲都不放过，知道他们对那些人都干了些什么事情吧……曼弗雷德会被他们杀掉。他们靠的全是这一点，他们都非常狡猾。不，那是我丈夫做出的决定，我不能在他死后再去改变他的决定。”

这样，一切都按部就班，顺利地完成了。只有一位过分苛求的旁观者才会去深究，为什么冯·龙德施泰特元帅照着讲稿发言的时候会结结巴巴，仿佛几分钟之前这份讲稿才交到他手里似的？为什么他没有想要跟隆美尔夫人谈一谈？为什么在经过斯特罗林博士和冯·诺伊拉特身边的时候，他会抬起眼睛，那么奇怪地看了他们一眼？“他要么是知道真相，要么就是推断出了真相，”斯特罗林曾经说，“因此厌恶他们让他扮演的那个角色。”他一定也痛恨自己念出来的那些台词吧。冯·龙德施泰特本是一名军人和一位君子，长久以来都瞧不起希特勒和纳粹党呢。[1]

还有一位属于另一类型的军人，却也产生了自己的怀疑。“那场葬礼究竟出了什么问题呢？”斯特罗林博士认识的一位党卫军军官曾经问道，“不知道怎么的，我总觉得当时有什么地方不是很对劲。”

这种怀疑，并不是非常普遍。除了纳粹党和最高统帅部的内部人员，大量德国民众都相信，隆美尔是死于重伤，因此都真心实意地哀悼他，即便是他们自己也陷入了麻烦当中。我曾经问过来自海登海姆的哈特曼上尉，看他有没

---

[1] 后来，F. M. 冯·龙德施泰特曾向我保证说，他根本就没有产生过这样的怀疑，说要是有的话，他就会拒绝参加葬礼。我毫不犹豫地认可他的说法，但之所以没有删掉这一段，是因为它反映出了斯特罗林和其他人的感受，反映出了那天人们心底涌动的暗流。——原注

有起过什么疑心。“起初的时候完全没有，”他回答道，“接下来，葬礼过了几天之后，我同一位朋友出去散步。他突然向我转过头来，问我知不知道些什么，因为葬礼上的一切都显得很古怪。于是我开始回想。我见到了隆美尔去世后的样子，他的模样显得非常安详。他身上没有遭受过暴力的迹象，没有枪伤痕迹或其他诸如此类的东西。不过，三周之前我还跟他在赫尔林根待过一整天的时间。当时，他的伤势几乎已经彻底康复，精神上也完全正常。我们谈到了第一次世界大战，他还记得每个人的名字和日期。他似乎并不指望能够再次得到起用，因为戈林和陆军司令部都跟他是死对头。他还确信，德国在这场战争中已经失败。不过，他从来都没有说过什么话，表明他对自己的安危感到担忧。”哈特曼接着就想知道，这一切当中是不是真的没有什么奇怪的地方。但直到1945年4月，隆美尔夫人对他和盘托出之后，他才得知真相。

在此期间，山上这座孤零零的房子里，隆美尔母子带着可以想见的勇气，重新开始了生活。他们在生活习惯上有了一点点变化，上级曾经给隆美尔夫人派了一名年老的勤务兵，帮着她干家务。那名勤务兵完全可以说是个残疾，因为他的一只脚几乎全都被子弹打掉了，他的胸部也曾被一块炮弹碎片击中，受过重伤。除了干些轻活，他常常还负责接电话。10月13日那天，接到布格多夫将军和梅赛尔将军即将抵达的那个电话的人，就是他。葬礼过后不久，隆美尔夫人便接到了命令，他们要把此人召回部队去服役。尽管她提出了抗议，说此人连跛着脚走路都很困难，可他还是被送走，派到了布拉格附近的前线上。隆美尔夫人给陆军司令部里一位有影响力的朋友打电话，终于又想法把此人调了回来。可他只在赫尔林根待了短短的一段时间，便又接到命令，要他回原来的那个团里去服役。据说不久之后，此人就战死了。这种情况，可能完全是由于当时德国兵员短缺所致，或者由于隆美尔夫人如今只是一位陆军元帅的遗孀、不再有资格配备勤务兵所致。然而，如今她依然觉得，高层竟然对一名跛了脚的列兵如此关注，这一点是非常奇怪的。

在其他方面，她倒是没有遇到什么麻烦。有天晚上，她发现自家花园里有两名党卫军；不过，他们到那里可能并未怀有什么阴险的意图。反正，她一盘问，问他们在那里干什么之后，两人就走了。“我并不紧张，”她说道，“我倒是很期待他们来抓走我，尤其是到了最后，他们屠杀了那么多知道太多秘密的人，我更是希望那样呢。我始终都在为曼弗雷德担忧。说他在战斗中牺牲了，可是很容易的一件事情。”

曼弗雷德把手放到母亲的肩膀上，“我既担心您的安危，也担心自己的安危，”他说，“我也知道太多的秘密，他们也有可能认为，我还很年轻，没准会把这些秘密泄漏出去。我从高炮部队调入的那个营的营长，是一名狂热的纳粹分子；我以前常常觉得，他在盯着我。其实，这有可能纯属我的想象。不管怎么说，我都在4月份下定了决心，一旦美军攻入乌尔姆，我就要自己送上门去，当美军的俘虏；因为我知道，那样的话，我的母亲就安全了。”

他很幸运，没有在这样干的时候被打死。他从多瑙河上的里德林根设法跑到法军那边去的时候，曾经碰上了党卫军的一支巡逻队。当时，党卫军正在执行差不多算是他们的最后一次任务。逮捕凡是在沿线发现的、没有正当理由出现在那些地方的德国士兵，并且立即把被捕者挂在最近的树上吊死，既是他们的职责，无疑也让他们乐此不疲。黑森林和其他地方那些挂在树上晃来晃去的德军遗体，当时一定把我方部队搞糊涂了。实际上，他们属于纳粹政权最后的象征。曼弗雷德被那支巡逻队拦了下来，接受盘问。然而，他早已准备好了一番说辞。

他说，自己几分钟之前差点儿就落入了法军的手中，只是侥幸逃脱了。现在，他正急于找到自己的所属连队的指挥官，法军就在那个村子里。于是，那支党卫军巡逻队便让他过去了。不久之后，曼弗雷德就成了一名货真价实的战俘，他受到了优待。让·拉特尔·德·塔西尼将军[1]得知他是隆美尔的儿子之后，不但给了他一份工作，让他担任通讯翻译，还煞费苦心地打听到了他母亲的消息。

阿尔丁格尔知道的秘密也不少于别人，可奇怪得很，尽管他在德国投降前也经历了一段焦虑不安的时间，却没有受到过任何打扰。斯特罗林也逃过了一劫，没有遭到逮捕。之所以出现他这种情况，原因似乎就是盖世太保情报部门的工作效率不高，始终都没有发现直接指向他的线索。而且，此人还极受斯图加特民众敬重，在国外的名气也很大，因此不去动他似乎更加明智。或许，他那位曾经担任过警察总监一职的朋友，也在这个方面起到了作用。在斯特罗林自己看来，这仍然是一个未解之谜。

施派德尔将军逃脱的经历则几近奇迹，是他那种敏锐的才智与铁一般的

[1] 让·拉特尔·德·塔西尼（Jean de Lattre de Tassigny，1889—1952），第二次世界大战期间法国著名的军事指挥官、陆军元帅，曾担任法国第一集团军司令、法国驻德国部队总司令等职，战后又率领法军参加了第一次印度支那战争。

自制力的结果；凡是具有这两个方面的人，都有可能创造出奇迹。这一过程表明了，这位哲学家是如何全副武装地与一个野蛮残忍、毫无理性的世界作斗争的。在阿尔布雷希特王子街的那座监狱里，盖世太保审问他的时候，已经确信他是罪责难逃了，自然，他的名字必定也在格德勒博士的名单之上。而且，在酷刑之下，格德勒已经屈服，把许多人供了出来，这一点如今也已众所周知。那么，施派德尔将军为什么没有立即被盖世太保绞死呢？“我认为，”他后来对我说，“是因为我始终都非常镇定，在完全符合逻辑和不带感情的基础上，把他们提出的指控一一驳倒了。我让他们觉得，我关心的并不是自己的命运，而是事实。他们让我跟冯·斯图普纳格尔将军手下的冯·霍法克上校当面对质的时候，情形可真是凶险，因为我听说，他们给冯·霍法克上校注射了药物，或者进行了严刑拷打，才让他开口的。不过，我努力保持镇定，跟他对视了片刻；此人终于冷静下来，说他们是不可能准确地记下其证词的。”

在阿尔布雷希特王子街的那座监狱里，施派德尔经历了两场重要的“审讯”，以及多次较小的讯问，他始终都没有让盖世太保有机可乘。他不可能说服盖世太保，让后者相信他是清白的；可他要比盖世太保聪明得太多，因此让后者心中始终都疑惑不定，他甚至还让那帮人觉得自己有点儿愚蠢。正是因为这样，他才暂时保住了自己的性命。此外，他还差点儿让盖世太保确信了一种说法，用他自己的话来说，那就是“隆美尔绝对不可能与1944年7月20日的事件有任何瓜葛”。说这话的时候，他运用了辩证逻辑，既不带有任何感情，表面上也看不出他有任何的焦虑之情。他之所以无法救挽隆美尔的性命，是因为希特勒本人已经妒火中烧，怨恨隆美尔。希特勒之所以想要杀了隆美尔，似乎并非全然因为他认为隆美尔是个叛国者，而是因为在北非战役的问题上，以及在诺曼底战役的问题上，隆美尔的观点是正确的，而希特勒、凯特尔和约德尔却错了。由此，他开始讨厌隆美尔；可对于希特勒这样的人来说，厌恶却只有一种表达方式。施派德尔并没有让他感到厌恶，这或许也是因为，希特勒可能觉得处决隆美尔的参谋长会引发人们的怀疑，让人们怀疑这场闹剧是他精心导演的，就是用来掩盖他亲自除掉了隆美尔这一真相的。

于是，在7个月的时间里，施派德尔将军（或者哲学家施派德尔博士）彻底击败了纳粹的所谓“正义”。当然，他并没有获释，盖世太保不会如此轻易地在其受害者面前低头，可能仍在希望找出不容辩驳的铁证。在战争结束前的最后几个星期里，施派德尔将军仍然跟其他嫌犯一起关在康斯坦茨湖附近的乌尔纳。那里有一支特别警卫队，由一名党卫军军官指挥；施派德尔将军几乎毫不怀疑，此人接到的命令就是确保他们这些嫌犯不会活着落入盟军的手中。他大脑中精于军事的那一部分，此时便开始发挥出作用了。在那位态度友善的监狱长默许下，施派德尔将军伪造了一份电报，声称是希姆莱亲自发来的。电报命令那名党卫军军官做好准备，将在押的囚犯转移到一个更安全的地方去。因此，那名党卫军军官只能到别的地方去打电话核实。他走了以后，监狱长便任由这些囚犯们，即施派德尔将军和其他20多人，一起越狱逃跑了。他们跑到一位罗马天主教牧师的家里避难，牧师便将他们藏了起来。没等到党卫军搜出他们，盟国军队便占领了这个地区。

关于隆美尔的故事，到此差不多就结束了。然而，我还须回顾一下几个星期之前的一件事情，因为在我看来，这是整个故事当中最离奇的一个部分。1945年3月初，就在希特勒的世界眼看着就要彻底崩溃的时候，隆美尔夫人接到了一封信，信上标注的日期是3月7日。这封信，是“阵亡军人墓地管理委员会”写来的。

元首已经给我下令，为已故的陆军元帅隆美尔建造一座纪念碑，因此我已经要求许多雕塑家提交设计稿，此信附有其中的一些设计方案。当此之际，我们既无法建造这座纪念碑，也无法进行运输。我们只能制作出一个模型……我认为，应当用一头雄狮来象征陆军元帅。有位艺术家设计了一头垂死之狮，另一位艺术家设计了一头哭泣之狮，第三位艺术家设计的则是一头准备跃起的狮子……我本人更喜欢最后一种；不过，倘若您更喜欢一头垂死之狮，我们也可以安排。

模型可以立即着手制造，因为我有施佩尔部长[1]签发的特许令。通常来说，我们此时是不可能建造石制纪念碑的。但这是特殊情况，我们也可以建造一座石制纪念碑，并且迅速运送过来……

这封信，隆美尔夫人没有回复。

[1] 施佩尔（Berthold Konrad Hermann Albert Speer，1905—1981），德国建筑工程师，曾任纳粹德国军备和战时生产部部长，是纳粹德国后期战时经济的支柱性人物。1946年，他被纽伦堡国际军事法庭以战争罪和违反人道罪判处20年徒刑，1966年刑满出狱，后病死于伦敦，著有《第三帝国内幕》一书。

致谢

感谢陆军元帅克劳德·奥金莱克[1]爵士，在我有幸为其效力的那些年里，一直都亲切地关照着我；感谢陆军元帅韦维尔[2]伯爵、陆军中将理查德·奥康纳[3]爵士和陆军中将阿瑟·史密斯[4]爵士，他们把自己褒扬隆美尔这位指挥官的评论性文章都奉献了出来；感谢陆军准将E. J. 希勒（“巴斯勋章”[5]获得者）、陆军准将E. T. 威廉姆斯（“巴斯勋章”及“优异服务勋章”获得者）、陆军准将C. D. 奎利姆（“司令勋章”获得者）以及陆军少校迪格比·雷伯恩（“优异服务勋章”获得者），他们让我了解到了隆美尔首次来到非洲“西部沙漠”时的情况；感谢陆军上校G. H. 克利夫顿（“优异服务勋章”及“军功十字勋章”获得者），他向我介绍了身为战俘时与隆美尔交谈的经过；感谢陆军中校R. M. P. 卡弗（“巴斯勋章”“优异服务勋章”及“军功十字勋章”获得者），他不但允许我引用他对1941年11月至12

[1] 克劳德·奥金莱克（Claude Auchinleck，1884—1981），英国著名将领、陆军元帅。在第二次世界大战中，他曾出任中东英军总司令并力挽狂澜，为最终战胜隆美尔奠定了基础。隆美尔曾经如此评价说：“他是英国众多将领中唯一具有大将之才的人，其能力远在蒙哥马利之上。”

[2] 韦维尔（Archibald Wavell，1883—1950），英国著名将领、陆军元帅。在第二次世界大战当中，曾担任印度英军总司令、西南太平洋地区美英荷澳盟军最高司令及印度总督等职，著有《巴勒斯坦战役》《艾伦比在埃及》等历史作品。

[3] 理查德·奥康纳（Richard O'Connor，1889—1981），英国著名将领。在第二次世界大战期间，曾担任总部位于埃及的“西部沙漠部队”司令，并且打败了北非地区的意大利军队，使希特勒不得不派隆美尔率“非洲军团”前去扭转战局。他曾被德军俘虏过，并在意大利关押了两年，直到墨索里尼倒台后才逃脱。

[4] 阿瑟·史密斯（Arthur Smith，1890—1977），英国高级将领，在第二次世界大战期间曾荣获苏联颁发的二等“库图佐夫勋章”。

[5] 巴斯勋章（The Most Honourable Order of the Bath），英国1725年首次设立的一种骑士勋章。后文提及的各种勋章，都是为褒奖杰出人士而设立的荣誉，译者在此不再一一介绍。

月间那场战役的详细描述（发表在《皇家装甲兵团日报》上），而且允许我使用了他绘制的地图。

衷心感谢切斯特·威尔莫特，他在“资料出处”方面为我提供了宝贵的帮助；感谢陆军少将J. F. C. 富勒、上尉B. H. 利德尔·哈特和阿伦·穆尔黑德，他们提出了许多有益的建议，并且允许我引用他们的著作；感谢陆军中校P. 芬德利，他翻译了隆美尔的《步兵作战》一书；感谢伯尔尼的保罗·韦伯博士，他在瑞士设法为我找到了许多资料；感谢我的朋友、瑞士纳沙泰尔州的戈夫夫妇，他们驾车带我游历了德国的许多地方；感谢美军驻法兰克福“美国陆军军史部”的H. O. 拉特尔中校，我在法兰克福调查的时候，他为我提供了方便。我还要感谢双日出版社，该社允许我引用了艾森豪威尔将军所著《欧洲十字军》一书中的部分内容；感谢“齐亚诺伯爵[1]资产理事会”，该理事会允许我引用了《齐亚诺日记》中的部分材料。

在“山的那一边”[2]，隆美尔夫人及其儿子曼弗雷德、海军中将鲁格、拜尔莱因将军、冯·埃斯贝克将军、冯·拉文施泰因将军、施派德尔将军、阿尔丁格尔上校和哈特曼上校，都竭尽所能地帮助过我；还有斯图加特的卡尔·斯特罗林博士，他向我讲述了隆美尔涉及谋刺希特勒一案的全部经过；还有战地记者兼军事历史学家巴伦·冯·埃西贝克，他是隆美尔的朋友，曾在西非和诺曼底为隆美尔效过力，以及“非洲军团”的战地画家威廉·韦瑟尔斯和曾经为隆美尔当过4年勤务兵的赫伯特·冈特尔，他们也给了我最大的帮助。

最后，还要感谢我的妻子；她不但向我提出了撰写本书的设想，鼓励我坚持下去，不但在购物、做饭和清理家中宠物的粪便之余，抽空为我打印了稿件，还通过提出批评意见，协助我完善了本书。

——德斯蒙德·扬

[1] 齐亚诺伯爵（Gian Galeazzo Ciano，1903—1944），意大利贵族，法西斯领袖墨索里尼的女婿，曾担任意大利法西斯最高委员会委员和外交大臣等职，参与过慕尼黑会议、德意结盟等重大历史事件，是第二次世界大战期间意大利政坛的风云人物，后因主张和谈并发动政变而被墨索里尼处死。

[2] 指阿尔卑斯山的那一边。德国与奥、意两国间隔着阿尔卑斯山脉，此话为隆美尔在意大利领兵时所说。